AF747107

Les Publications de l'Université Euromed de Fès

FUSION DES HORIZONS

Ahlam Mohammadi - Abdelkamel AlJ -
Outmane Soussi Noufail

MÉTHODES ET APPLICATIONS DE LA STATISTIQUE DESCRIPTIVE

EXERCICES PRATIQUES CORRIGÉS

L'Harmattan

ACC
ALLIANCE OF CIVILIZATIONS CHAIR
CHAIRE ALLIANCE DES CIVILISATIONS

UEMF
الجامعة الأورومتوسطية بفاس
EUROMED UNIVERSITY OF FES
UNIVERSITÉ EUROMED DE FÈS

© L'Harmattan, 2025

5-7, rue de l'École-Polytechnique - 75005 Paris

www.editions-harmattan.fr

ISBN : 978-2-336-54003-0

EAN : 9782336540030

TABLE DES MATIÈRES

PRÉFACE

La statistique descriptive est une discipline incontournable dans le cursus fondamental des étudiants en économie et en gestion. Elle est également essentielle pour quiconque souhaite interpréter et analyser des données avec rigueur et objectivité.

Ce livre, intitulé Méthodes et applications en statistiques descriptives, a été conçu pour offrir aux étudiants et aux professionnels une base solide en statistique descriptive, tout en démontrant l'utilité de ces méthodes dans des contextes variés. L'objectif est d'amener le lecteur à non seulement comprendre les méthodes statistiques, mais aussi à les appliquer efficacement dans des situations concrètes, en s'appuyant sur des logiciels et tableurs tels qu'EXCEL. De plus, des exercices pratiques sont proposés pour renforcer les compétences acquises et familiariser le lecteur avec les outils essentiels de l'analyse de données.

Ce livre s'adresse à tous ceux qui cherchent à maîtriser l'art de l'analyse descriptive des données. Le contenu proposé est structuré en deux parties. La première partie, intitulée *Méthodes de la statistique descriptive*, rassemble sept chapitres soigneusement organisés pour offrir une compréhension intuitive des concepts et techniques fondamentaux. Chaque chapitre est enrichi d'illustrations et d'applications numériques, facilitant ainsi l'appropriation progressive des méthodes statistiques par le lecteur.

La deuxième partie, intitulée *Applications et exercices corrigés*, propose un chapitre dédié aux exercices corrigés qui renforcent la pratique et la compréhension des notions abordées. Cette partie comprend également un tutoriel détaillé sur l'utilisation d'EXCEL pour l'analyse statistique, permettant au lecteur de se familiariser avec des outils numériques essentiels. De plus, des applications pratiques et des questions à choix multiples (QCM) sont incluses pour encourager l'auto-évaluation et l'entraînement dans des situations réelles.

Cette répartition permet une approche progressive, allant de la théorie aux applications concrètes, et rend ce livre particulièrement adapté aux étudiants et professionnels désireux de renforcer leurs compétences en statistique descriptive.

PARTIE 1

MÉTHODES DE LA STATISTIQUE DESCRIPTIVE

CHAPITRE I

MÉTHODES QUANTITATIVES ET DONNÉES COMMERCIALES

Dans un environnement économique de plus en plus complexe, les entreprises doivent s'appuyer sur des méthodes quantitatives pour prendre des décisions robustes. Ces méthodes permettent d'analyser des données, d'identifier des tendances et de prévoir des résultats, offrant ainsi un avantage stratégique.

Ce chapitre introductif a pour objectif de présenter les concepts essentiels nécessaires à une approche générale de l'analyse quantitative, ainsi qu'une analyse descriptive des données de manière plus précise. Il aborde également la notion de distribution statistique et sa présentation tabulaire en fonction de la typologie des variables étudiées.

En outre, l'utilisation de logiciels et de tableurs facilite grandement l'analyse des données, rendant ces outils accessibles même aux non-spécialistes et permettant une exploitation optimale des informations disponibles.

I.1 Importance des Méthodes quantitatives en Entreprise

La statistique, avec sa panoplie de méthodes et d'outils, est devenue indispensable dans l'entreprise moderne. En transformant des données brutes en informations structurées et exploitables, elle facilite le processus de prise de décision de manière plus éclairée et efficace.

L'une des principales utilisations des méthodes statistiques en entreprise est d'approfondir la compréhension du marché. Cette approche est essentielle pour les organisations soucieuses de maintenir leur compétitivité. En effet, pour anticiper les tendances, repérer les opportunités et réduire les risques, les entreprises ont besoin d'outils statistiques. Ceux-ci leur permettent d'affiner leurs stratégies et de les ajuster de manière proactive pour s'adapter aux évolutions du marché.

Les prévisions constituent un autre domaine clé où les statistiques jouent un rôle déterminant. L'analyse des séries chronologiques est une méthode statistique essentielle dans ce contexte. Cette technique permet de distinguer différents motifs dans les données, telles que les tendances à long terme, qui montrent l'évolution générale d'un phénomène (qu'il s'agisse d'une croissance, d'une décroissance ou d'une stabilité), les variations saisonnières, qui sont liées à des cycles récurrents (comme les saisons ou les jours de la semaine), et les fluctuations irrégulières, causées par des événements imprévus ou ponctuels (comme des crises ou des innovations). Grâce à cette analyse, les entreprises peuvent mieux prévoir les évolutions futures et ajuster leurs opérations en fonction des tendances identifiées, leur permettant ainsi de rester réactives et compétitives.

Enfin, les méthodes statistiques fournissent également une gamme d'outils pour l'analyse des risques, permettant de quantifier la probabilité et l'impact d'événements potentiellement problématiques, facilitant ainsi l'élaboration de stratégies de prévention efficaces. Des techniques telles que la programmation linéaire et la simulation sont cruciales pour optimiser la gestion des ressources en tenant compte des contraintes et objectifs de l'entreprise. Par ailleurs, l'analyse de corrélation permet de révéler les liens entre différentes variables, enrichissant ainsi la compréhension des mécanismes sous-jacents et aidant à prendre des décisions plus éclairées.

Dans un contexte économique de plus en plus compétitif, les méthodes statistiques sont alors un atout indispensable pour les entreprises. Dans un environnement économique de plus en plus compétitif, les méthodes statistiques se révèlent être des atouts essentiels pour les entreprises. En convertissant les données brutes en informations exploitables, elles permettent d'obtenir des analyses détaillées des tendances du marché et des performances internes. Cette capacité à transformer les données en atouts stratégiques aide les entreprises à identifier des opportunités, à anticiper les risques et à affiner leurs stratégies. Ainsi, les méthodes statistiques sont indispensables pour renforcer la compétitivité, améliorer la prise de décision et s'adapter de manière agile aux défis du marché.

I.2 Définitions et concepts clés de la Statistique Descriptive

I.2.1 Définition de la Statistique Descriptive

Définition I.2.1. La statistique descriptive est une discipline des statistiques qui englobe diverses techniques pour décrire un ensemble de données. Son but est de résumer et de représenter ces données de manière claire et concise, afin de rendre leur compréhension et leur analyse plus aisées.

Notons que la démarche statistique se distingue par son objectif de tirer des conclusions générales à partir d'un ensemble de données. Elle ne s'intéresse pas à analyser les caractéristiques individuelles de chaque élément de la population étudiée.

Définition I.2.2. L'analyse statistique s'attache à identifier des tendances et des relations au sein des données. En organisant et en synthétisant ces informations, elle fournit des éléments essentiels pour la prise de décisions éclairées et la compréhension de phénomènes complexes.

Définition I.2.3. En d'autres termes, la statistique descriptive permet de :

— Organiser et structurer les données : en les triant, les classant, et en créant des tableaux ou des graphiques pour une présentation claire des données.

— Résumer les données : en fournissant des mesures numériques qui synthétisent les informations contenues dans les données étudiées, permettant ainsi d'en déduire diverses propriétés.

— Visualiser les données : en utilisant des représentations graphiques telles que les histogrammes, les diagrammes à barres et les nuages de points pour faciliter l'interprétation.

— Identifier les tendances et les modèles : en détectant les tendances générales et les valeurs aberrantes ou inhabituelles dans les données.

Définition I.2.4. Quoique, il est à noter que le terme « statistique » revêt deux sens distincts, selon qu'il est employé au singulier ou au pluriel :

— Au pluriel, « les statistiques » désignent l'ensemble des données chiffrées collectées et organisées. Il s'agit de la matière première de l'analyse statistique. Par exemple, on peut parler des « statistiques de chômage », des « statistiques de santé » ou des « statistiques climatiques ».

— Au singulier, « la statistique » désigne la science qui développe des méthodes et des outils qui permettent de collecter, organiser, analyser et interpréter des données. Elle fournit un cadre théorique et des techniques pour exploiter efficacement les informations statistiques.

Exemple I.2.1. Pour illustrer cette distinction, prenons l'exemple des statistiques de vente d'une entreprise :

— Au pluriel : « Les statistiques » de vente font référence aux données quantitatives détaillées sur les ventes réalisées par l'entreprise. Cela inclut des informations telles que le nombre de produits vendus, les prix de vente, les revenus générés, et d'autres détails pertinents pour une période spécifique, par exemple, un trimestre ou une année. En résumé, les statistiques de vente regroupent toutes les données chiffrées sur les transactions commerciales.

— Au singulier : « La statistique » désigne le processus méthodologique employé pour analyser ces données. Ce processus inclut la collecte, l'organisation et l'interprétation des informations de vente. Grâce aux méthodes statistiques, il est possible de tirer des conclusions importantes, telles que l'analyse du volume moyen de ventes, l'identification des tendances de consommation, la détermination des produits les plus populaires, et d'autres aspects pertinents. En résumé, la statistique permet de convertir des données brutes en informations claires et exploitables, facilitant ainsi la prise de décisions éclairées.

I.2.2 Distinction entre la Statistique Descriptive et la Statistique Inférentielle

L'un de ses principaux objectifs de la statistique est de faire des estimations ou des inférences sur une population entière. Étant donné que recueillir des données complètes sur toute une population est souvent impraticable, on se tourne alors vers un échantillon, qui est un sous-ensemble représentatif de la population totale. En conséquence, la statistique se divise en deux grandes branches : la statistique descriptive et la statistique inférentielle.

La statistique descriptive offre des outils pour décrire et résumer les caractéristiques d'un échantillon. Elle se concentre sur la présentation des données à travers des mesures telles que la moyenne, la médiane, l'écart-type, ainsi que diverses représentations graphiques comme les histogrammes, les diagrammes en secteurs, et bien d'autres. Ces outils permettent de comprendre et de résumer les données de manière claire, mais se limitent à la description des informations disponibles dans l'échantillon sans extrapoler à la population entière.

Définition I.2.5. La statistique inférentielle, quant à elle, utilise les informations obtenues à partir de l'échantillon pour faire des inférences sur la population entière. Le terme "inférence" fait référence au processus par lequel on tire des conclusions sur un ensemble plus large en se basant sur les observations faites dans un sous-ensemble plus petit. En d'autres termes, il s'agit de généraliser les résultats observés dans un échantillon pour estimer les caractéristiques d'une population plus vaste.

L'objectif de la statistique inférentielle est donc de déduire les paramètres inconnus de la population en utilisant les paramètres connus de l'échantillon. Pour ce faire, elle emploie des méthodes telles que les tests d'hypothèses et les intervalles de confiance. Ces techniques permettent d'estimer et de vérifier les caractéristiques de la population, offrant ainsi la possibilité de faire des généralisations et des prévisions fondées sur les données de l'échantillon étudié.

Exemple I.2.2. Imaginons qu'une entreprise de e-commerce souhaite optimiser sa campagne publicitaire sur les réseaux sociaux pour augmenter ses ventes. La première étape consiste à collecter les données nécessaires pour évaluer l'efficacité de la campagne. L'entreprise commence par prélever un échantillon représentatif de clients ayant été exposés à la campagne, en enregistrant des informations telles que l'âge, le sexe, la localisation, les produits consultés et les achats réalisés. Ensuite, elle mesure divers indicateurs de performance, incluant le taux de clic, le taux de conversion, et le montant moyen des paniers. Ces données fournissent

	Statistique descriptive	*Statistique inférentielle*
Objectifs	Décrire et résumer les caractéristiques d'un échantillon.	Faire des généralisations et des inférences sur une population entière.
Outils	Moyenne, médiane, écart-type, représentations graphiques...	Tests d'hypothèses, intervalles de confiance, estimation de paramètres.
Résultats	Synthétiser les données collectées	Tirer des conclusions et faire des estimations sur la population.

TABLE I.1 – Différences entre la statistique descriptive et la statistique inférentielle

une base pour analyser l'impact de la campagne et guider les ajustements nécessaires pour maximiser les résultats.

Lorsque l'on utilise la statistique descriptive, on peut effectuer plusieurs analyses clés :

- Description des données : Cette étape consiste à calculer des mesures centrales et de dispersion pour chaque variable, telles que la moyenne, la médiane, le mode et l'écart-type. Par exemple, on peut déterminer l'âge moyen des clients ayant cliqué sur l'annonce ou le montant moyen des paniers d'achats pour les femmes.
- Visualisation des données : On utilise des graphiques tels que des histogrammes, des diagrammes en barres, et d'autres visualisations pour représenter la distribution des données de manière intuitive. Par exemple, un histogramme illustrant les âges des clients permet de visualiser si l'audience est majoritairement jeune ou plus âgée.
- Élaboration d'un tableau de bord : On crée un tableau de bord pour suivre et surveiller les principales métriques de la campagne, comme l'évolution du chiffre d'affaires et du taux de conversion, en facilitant une analyse continue des performances au fil du temps.

Pour aller plus loin, on pourra faire appel aux outils de la statistique inférentielle en vue d'explorer les données de manière plus approfondie et de tirer des conclusions au-delà de l'échantillon observé :

— Test d'hypothèses : On utilise des tests statistiques pour évaluer la significativité des résultats observés. Par exemple, on peut tester si les différences de taux de conversion entre différents groupes d'âge sont statistiquement significatives ou simplement dues au hasard. Les tests courants incluent le test t pour comparer les moyennes de deux groupes et l'analyse de variance (ANOVA) pour plusieurs groupes.

— Estimation des paramètres : La statistique inférentielle permet également d'estimer des paramètres pour la population totale. Par exemple, en utilisant les données sur les taux de clic, on peut estimer la proportion de clients potentiels qui pourraient cliquer sur les annonces si la campagne était étendue à l'ensemble de la population cible.

— Modélisation statistique : On peut construire des modèles statistiques pour comprendre les relations entre les variables. Par exemple, un modèle de régression pourrait être utilisé pour analyser comment différentes variables, telles que l'âge, le sexe, et la localisation, influencent le montant moyen des paniers ou le taux de conversion. Cela aide à identifier les facteurs les plus influents et à ajuster la campagne en conséquence.

En combinant les analyses descriptives et inférentielles, l'entreprise peut obtenir une vue complète de l'efficacité de sa campagne marketing digitale. Cela permet non seulement de comprendre les performances passées, mais aussi de prendre des décisions éclairées pour optimiser les campagnes futures. En appliquant les enseignements tirés de ces analyses, l'entreprise peut améliorer continuellement ses stratégies marketing, entraînant ainsi une augmentation des ventes et une meilleure satisfaction des clients.

I.2.3 Vocabulaire et autres distinctions

Depuis ses origines, la statistique a conservé une partie de la terminologie de la démographie. Par exemple, le terme « population » désigne un ensemble complet d'éléments, tandis que « individu » fait référence à un élément unique de cet ensemble. Cette terminologie souligne l'importance de la statistique dans l'analyse des données démographiques et sociales, où il est question de comprendre les caractéristiques et comportements d'un groupe d'individus.

Population et Individus

La compréhension de la différence entre population et unité statistique est essentielle pour mener à bien une analyse statistique descriptive rigoureuse et obtenir des conclusions valides.

Définition I.2.6. En statistique, une population se réfère à l'ensemble complet des éléments ou individus partageant une ou plusieurs caractéristiques communes.

Ces caractéristiques peuvent varier considérablement, allant des aspects physiques (tels que la taille ou la couleur des yeux) aux attributs géographiques (comme la région de résidence), en passant par des aspects démographiques (tels que l'âge ou le sexe), économiques (comme le revenu ou le niveau d'éducation), et sociaux (comme les habitudes de consommation ou les croyances). La population peut inclure différents types d'entités, qu'elles soient concrètes (comme des personnes, des animaux ou des objets) ou abstraites (comme des concepts ou des catégories théoriques). En d'autres termes, la population représente l'ensemble des unités statistiques ou des individus que le chercheur souhaite analyser.

Définition I.2.7. En revanche, un individu ou une unité statistique désigne chaque élément individuel ou chaque observation au sein de la population étudiée. Chaque unité est identifiable de manière unique grâce à une ou plusieurs caractéristiques qui lui sont propres et exclusives.

Cette propriété distinctive permet de différencier clairement chaque membre de la population des autres, facilitant ainsi leur analyse et leur traitement dans le cadre de l'étude statistique. En somme, les unités statistiques sont les constituants de la population, et leur identification précise est essentielle pour une analyse statistique efficace et valide.

Il est important de préciser que lorsque la population comprend un nombre fini N d'unités, elle est dite de taille finie N.

Exemple I.2.3. Supposons que nous souhaitons analyser les niveaux de satisfaction des clients d'une chaîne de magasins de vêtements pour une année donnée. Dans ce cas, la population est constituée de tous les clients ayant effectué des achats dans cette chaîne au cours de l'année considérée. Une unité statistique dans cette population est chaque client individuel, identifié par un numéro unique ou un autre identifiant spécifique. Chaque unité (ou client) peut être décrite par des caractéristiques telles que l'âge, le sexe et les achats effectués. Ces informations permettent de différencier et d'analyser les préférences ainsi que les niveaux de satisfaction des différents clients au sein de la population.

Exemple I.2.4. Supposons que nous souhaitons analyser le rendement académique des étudiants d'une université pour un semestre spécifique. Dans ce contexte, la population est constituée de tous les étudiants inscrits à l'université durant ce semestre. Chaque unité statistique est un étudiant individuel, identifiable par un numéro d'étudiant ou un autre identifiant spécifique. Les caractéristiques de chaque étudiant, telles que le programme d'études, le nombre de crédits suivis et les notes obtenues, permettent d'évaluer et de comparer les performances académiques au sein de cette population. Ces informations facilitent une analyse approfondie des résultats et des tendances académiques parmi les étudiants.

Dans chacun des deux exemples, la population représente l'ensemble global des éléments que l'on souhaite étudier, tandis que les unités statistiques désignent les éléments individuels au sein de cet ensemble.

Remarque I.2.1. Il est important de noter que, pour des raisons pratiques ou de coût, il est souvent impossible d'étudier l'intégralité d'une population. Dans ces cas, l'analyse est réalisée sur un échantillon, c'est-à-dire une fraction représentative de la population. Cette approche est appelée étude par échantillonnage.

ÉCHANTILLON

Définition I.2.8. Lorsqu'une population est trop grande ou inaccessible en totalité, on analyse un échantillon, c'est-à-dire un sous-ensemble plus petit prélevé de cette population. Cet échantillon représente une fraction de la population initiale ; il est de taille finie et se compose de n unités statistiques issues de la population de base.

Cependant, pour garantir la représentativité d'un échantillon, il est crucial d'appliquer des méthodes d'échantillonnage rigoureuses. Ces méthodes, qu'elles soient aléatoires ou basées sur des critères spécifiques, permettent de sélectionner les unités statistiques de manière à ce que l'échantillon reflète fidèlement les caractéristiques de la population totale. Ainsi, les conclusions tirées de l'échantillon peuvent être extrapolées avec un niveau élevé de confiance. En d'autres termes, un échantillon bien choisi permet d'obtenir des observations et des conclusions fiables, pouvant être étendus à l'ensemble de la population tout en minimisant le risque d'erreur.

Il est important de noter que l'analyse des échantillons offre plusieurs avantages significatifs, parmi lesquels :

- La réduction des coûts : En se concentrant sur un sous-ensemble de la population, les dépenses liées à la collecte et au traitement des données sont considérablement diminuées. Moins de personnel et de matériel sont nécessaires, ce qui diminue les coûts globaux de l'étude.
- Le gain de temps : Le temps consacré à la collecte et à l'analyse des données est significativement réduit, ce qui permet d'obtenir des résultats plus rapidement.

— La facilité de mise en œuvre : Gérer un échantillon est généralement plus simple que traiter une population entière, ce qui simplifie la logistique et l'organisation de l'étude.

— L'adaptabilité : Les échantillons permettent d'adapter les études aux contraintes pratiques, notamment dans les cas où la population est dispersée géographiquement ou évolue rapidement.

Il est très important d'utiliser des échantillons pour réaliser des études. Ceci permet de recueillir des données précises et utiles tout en maximisant l'efficacité des ressources et en réduisant le temps requis pour obtenir des résultats. Toutefois, déterminer la taille de l'échantillon n à partir d'une population de taille N est un enjeu majeur en statistique. Ce choix est crucial pour garantir que les résultats soient à la fois fiables et représentatifs. Il dépend essentiellement de deux facteurs déterminants :

— Le degré de précision, ou marge d'erreur est un facteur clé dans la détermination de la taille de l'échantillon. Il représente la précision avec laquelle on souhaite estimer une caractéristique de la population à partir des données de l'échantillon. Une marge d'erreur plus petite indique que les résultats doivent être plus précis. Pour obtenir cette précision accrue, il est nécessaire d'augmenter la taille de l'échantillon.

— Le niveau de confiance mesure la probabilité que l'estimation obtenue à partir de l'échantillon soit proche de la valeur réelle de la population. Il est souvent exprimé en pourcentage, tel que 90%, 95% ou 99%. Un niveau de confiance plus élevé implique que l'on souhaite être plus certain que les résultats de l'échantillon reflètent fidèlement la population.

En somme, la détermination de la taille de l'échantillon constitue un aspect fondamental de la conception d'une étude statistique. Une taille d'échantillon appropriée, fondée sur les exigences de précision et de confiance, assure que les résultats sont représentatifs et fiables tout en optimisant les ressources et le temps. Une approche méthodique dans la sélection de la taille de l'échantillon contribue à la robustesse des conclusions et à la validité des analyses, offrant ainsi une base solide pour des décisions éclairées et des recommandations pertinentes.

Caractère ou variable statistique

Définition I.2.9. Un caractère ou une variable statistique est une propriété mesurable ou observable, qui peut varier d'une unité statistique à une autre, au sein d'une population. Il représente une caractéristique spécifique que l'on souhaite étudier ou mesurer dans le cadre d'une analyse statistique. Ces variables se classifient en deux grandes catégories : qualitatives et quantitatives, selon leur nature et la manière dont elles sont mesurées.

Définition I.2.10. Un caractère statistique est qualifié de qualitatif lorsque ses valeurs ne sont pas mesurées quantitativement. Ce type de caractère ne se manifeste pas sous forme numérique et se divise en deux sous-catégories :

1. Caractère ordinal : Les valeurs peuvent être organisées selon un ordre logique ou une hiérarchie. Par exemple, les niveaux de satisfaction ou les échelles de classement permettent d'établir une hiérarchie entre les différentes valeurs.

   Exemple I.2.5. — Niveau de satisfaction : Les niveaux de satisfaction, tels que « très insatisfait », « insatisfait », « neutre », « satisfait » et « très satisfait », peuvent être organisés dans un ordre logique, allant de la moindre satisfaction à la plus grande satisfaction. Ces valeurs ont un ordre précis, mais les distances entre elles ne sont pas nécessairement égales ou mesurables.

   — Niveau d'éducation : Les niveaux d'éducation, tels que « Aucun diplôme », « Diplôme de secondaire », « Baccalauréat », « Master » et « Doctorat », sont classés selon un ordre hiérarchique et progressif. Chaque niveau reflète une étape successive dans le parcours éducatif, avec une hiérarchie claire des qualifications.

2. Caractère nominal : Les valeurs représentent simplement des catégories distinctes sans ordre implicite ou hiérarchie.

Par exemple, les types de fruits ou les groupes ethniques représentent des classifications où l'accent est mis sur la distinction entre les catégories, sans établir des relations d'ordre entre elles.

Exemple I.2.6. — Couleur des yeux : Les couleurs des yeux, comme « bleu », « vert » et « marron », sont des catégories distinctes sans ordre spécifique. Il n'existe pas de hiérarchie entre ces couleurs, et elles ne peuvent pas être ordonnées les unes par rapport aux autres.

— Type de voiture : Les types de voitures peuvent être classés selon le type de carburant en catégories distinctes, telles que « diesel », « essence », « hybride » et « électrique ». Ces catégories n'ont pas d'hiérarchie et ne présentent aucun ordre spécifique entre elles.

Cependant, un caractère est qualifié de quantitatif lorsque la caractéristique observée peut être exprimée en termes numériques, permettant ainsi une mesure précise.

Définition I.2.11. Selon la nature des valeurs que ces mesures peuvent prendre, les variables quantitatives se classifient en deux catégories :

1. Variables discrètes : Une variable quantitative est dite discrète si elle ne peut prendre que certaines valeurs spécifiques, c'est-à-dire un nombre fini ou dénombrable de valeurs distinctes. Par exemple, le nombre de personnes dans une salle ou le nombre de voitures dans un parking sont des variables discrètes.

   Exemple I.2.7. On note par exemple :

   — Nombre d'enfants dans une famille : Cette variable peut seulement prendre des valeurs entières spécifiques (0, 1, 2, 3, etc.) et ne peut pas adopter des valeurs fractionnaires. On compte les enfants, donc il s'agit d'une variable discrète.

   — Nombre de livres sur une étagère : Cette variable peut prendre des valeurs entières spécifiques (1, 2, 3, etc.).

Il est impossible d'avoir des valeurs fractionnaires ou décimales dans ce contexte.

2. Variables continues : Ces variables peuvent adopter une infinité de valeurs au sein d'un intervalle donné, permettant une précision théorique infinie dans les mesures. Par exemple, la taille d'une personne ou la température mesurée sont des variables continues, car elles peuvent être mesurées avec une grande exactitude.

   Exemple I.2.8. On note par exemple :

   — Taille d'une personne : Cette variable peut prendre une infinité de valeurs dans un intervalle donné et peut être mesurée avec précision (par exemple, 170,5 cm, 170,55 cm, etc.). Les valeurs de la taille ne sont pas limitées à des nombres entiers et peuvent être divisées en fractions infinies, ce qui en fait une variable continue.

   — Poids d'un colis : Le poids peut être mesuré avec une grande précision (par exemple, 2,34 kg, 2,345 kg, etc.) et peut varier de manière infinie au sein d'un intervalle donné. Cette capacité à prendre une infinité de valeurs fait du poids une variable continue.

Remarque I.2.2. Notations :

— La variable statistique est notée X, avec une majuscule ;

— Les différentes valeurs de la variable sont notées x_i, avec des minuscules.

Il est crucial de comprendre que, lorsqu'une variable discrète est regroupée en classes pour l'analyse, elle est souvent traitée comme une variable continue. Cette approche est particulièrement avantageuse lorsque la variable discrète comporte un grand nombre de valeurs ou d'unités statistiques observées. En regroupant ces valeurs en classes, on forme des intervalles qui regroupent plusieurs valeurs sous une même catégorie. Ce processus simplifie l'analyse des données en offrant une vue plus structurée et cohérente, tout en facilitant l'interprétation des résultats.

Pour chaque classe, c'est-à-dire pour chaque intervalle de regroupement des valeurs, deux notions principales sont introduites pour faciliter l'analyse des données. La première notion est la largeur de la classe, également appelée amplitude de la classe.

Définition I.2.12. L'amplitude représente l'étendue de l'intervalle, définie comme la différence entre la borne supérieure et la borne inférieure de la classe. (Limite supérieure - Limite inférieure).

Exemple I.2.9. Par exemple, si une classe regroupe les valeurs de 10 à 20, son amplitude est de 10 unités

Définition I.2.13. La deuxième notion est celle de la valeur centrale de la classe, qui correspond au point central de l'intervalle. Cette valeur centrale est souvent déterminée en calculant la moyenne des bornes inférieure et supérieure de la classe.

Exemple I.2.10. Par exemple, pour une classe allant de 10 à 20, la valeur centrale est (10 + 20) / 2 = 15. Cette valeur centrale simplifie la représentation de la classe et est considérée comme son élément représentatif.

Il est également important de noter qu'en statistique, une classe est conventionnellement considérée comme fermée du côté de la borne inférieure et ouverte du côté de la borne supérieure. Cela signifie que la borne inférieure est incluse dans la classe, tandis que la borne supérieure ne l'est pas. Par exemple, une classe allant de 10 à 20 est notée [10; 20[et comprend toutes les valeurs à partir de 10 jusqu'à, mais sans inclure, 20.

Ces deux notions, l'amplitude et la valeur centrale sont essentielles pour structurer les données regroupées en classes et pour faciliter leur interprétation dans les analyses statistiques.

I.2.4 Tableaux et distributions statistiques

À la fin du processus de collecte des données, nous disposons des valeurs spécifiques attribuées à chaque variable pour chaque individu. Ces informations, connues sous le nom de données brutes, sont initialement organisées dans un tableau de type "individu-variable".

Définition I.2.14. Le tableau statistique permet de visualiser toutes les valeurs collectées, où chaque ligne représente un individu et chaque colonne représente une variable.

Ensuite, ces données brutes peuvent être triées et regroupées en fonction des différentes valeurs que prend chaque variable. Cette opération de tri permet de créer un tableau récapitulatif, appelé tableau "modalités-effectifs". Dans ce tableau, chaque modalité (ou valeur distincte de la variable) est associée à son effectif, c'est-à-dire le nombre d'occurrences de cette valeur parmi les individus observés. Ce tableau facilite l'analyse statistique en fournissant une vue d'ensemble des distributions des variables dans l'ensemble des données collectées.

MODALITÉS

Définition I.2.15. En statistique, une modalité désigne une valeur distincte ou une catégorie qu'une variable qualitative ou une variable quantitative discrète peut prendre. Chaque modalité représente un aspect particulier du caractère étudié dans le cadre de l'analyse.

Exemple I.2.11. Par exemple, pour une variable qualitative comme " couleur des yeux", les modalités pourraient être "bleu", "vert", "marron", etc. Pour une variable quantitative discrète comme "nombre de voitures possédées", les modalités pourraient être " 0 ", "1", "2", etc. Les modalités sont utilisées pour organiser et analyser les données en regroupant les observations qui partagent les mêmes valeurs ou catégories.

Lorsque le nombre de modalités d'une variable est limité, chaque modalité peut être examinée individuellement. En revanche, lorsque la variable présente un grand nombre de modalités, comme c'est souvent le cas avec les variables quantitatives continues ou les variables discrètes ayant de nombreuses valeurs possibles, il est nécessaire de regrouper les modalités en classes. Ce regroupement facilite l'analyse en simplifiant la présentation des données et en rendant la structure des informations plus accessible.

Remarque I.2.3. L'effectif associé à une modalité i est noté n_i. La somme des effectifs de toutes les modalités donne l'effectif total de l'échantillon. Si l'échantillon comporte p modalités distinctes, l'effectif total n est donné par :

$$\boxed{n = \sum_{i=1}^{p} n_i} \tag{I.1}$$

Exemple I.2.12. Nous avons recueilli les 15 notes obtenues par un étudiant lors de ses devoirs au cours d'un trimestre. La variable statistique X représente la note obtenue pour chaque devoir. Après la collecte des données, nous disposons des valeurs prises par la variable pour chaque devoir passé. Ces données, appelées données brutes, sont organisées dans un tableau "*Individu-Variable*" comme suit :

N. i du devoir	1	2	3	4	5	6	7	8	9	10
Note obtenue x_i	16	17	16	12	10	8	8	7	15	16
i	11	12	13	14	15					
x_i	10	12	12	9	10					

Elles se présentent sous la forme du tableau "*Modalité-Effectif*" suivant :

Notes obtenues : x_i	Effectif de la modalité : n_i
7	1
8	2
9	1
10	3
12	3
15	1
16	3
17	1
Effectif total	*15*

Dans la colonne "Notes obtenues", sont listées les valeurs distinctes des notes. Pour chaque valeur, l'effectif de la modalité indique combien de fois cette note apparaît dans l'ensemble des données. Par exemple, la note 10 apparaît 3 fois parmi les 15 notes enregistrées. L'effectif total de 15 représente le nombre total de notes recueillies. Ce tableau permet ainsi de visualiser la fréquence de chaque note, facilitant ainsi l'analyse de la répartition des notes obtenues.

Il est également possible, en fonction des objectifs de l'analyse, de regrouper les valeurs de la variable selon d'autres critères. Par exemple, les notes peuvent être classées en "*Classes de Valeurs*" comme suit :

Notes obtenues : x_i	Effectif n_i
$[0;10[$	4
$[10;14[$	6
$[14;20[$	5
Effectif Total	*15*

Dans ce cas, la variable "Notes obtenues", bien que discrète par nature, a été regroupée en classes de valeurs et traitée comme une variable continue, avec 3 modalités distinctes.

Remarque I.2.4. — Les modalités doivent être mutuellement exclusives : Cela signifie que chaque observation ou donnée ne peut appartenir qu'à une seule modalité à la fois. Autrement dit, les modalités doivent être définies de manière à éviter tout chevauchement entre elles. Par exemple, pour la variable "tranche d'âge" avec les modalités "18-24 ans", "25-34 ans" et "35-44 ans", ces modalités sont mutuellement exclusives, car une personne ne peut appartenir qu'à une seule tranche d'âge à la fois. Il est impossible pour une personne d'être simultanément dans les tranches "18-24 ans" et "25-34 ans". La condition de mutualité exclusive garantit la clarté et la précision dans l'analyse des données, en veillant à ce que chaque observation soit classée de manière unique dans une seule catégorie.

— La liste des modalités doit être exhaustive : Ceci signifie que toutes les catégories possibles ou valeurs de la variable doivent être incluses dans la liste des modalités, de sorte qu'aucune possibilité ne soit omise. En d'autres termes, chaque observation ou donnée doit pouvoir être classée dans l'une des modalités définies. Par exemple, si la variable est "niveau d'éducation" et que les modalités sont "Diplôme de secondaire", "Baccalauréat", "Master", et "Doctorat", la liste est considérée comme exhaustive si elle couvre toutes les catégories possibles en termes de niveau d'éducation. Si une modalité est omise, comme "Sans diplôme", la liste ne sera pas exhaustive et certains individus ne pourront pas être correctement classés.

Amplitude de Classe

Comme mentionné précédemment, pour analyser une variable statistique continue (ou une variable discrète pouvant prendre un nombre infini de valeurs), il est parfois nécessaire de subdiviser l'ensemble des valeurs en intervalles ayant une amplitude constante ou variable. Ces intervalles sont appelés *classes*.

Définition I.2.16. Une classe est délimitée par deux bornes, une inférieure et une supérieure, et est notée : $[x_i; x_{i+1}[$.

Définition I.2.17. Pour chaque classe $[x_i; x_{i+1}[$, l'amplitude est calculée comme suit :

$$\boxed{a_i = x_{i+1} - x_i} \tag{I.2}$$

Où $x_{\max}$ est la borne supérieure et $x_{\min}$ est la borne inférieure de la classe. L'amplitude représente la différence entre ces deux bornes, définissant ainsi l'étendue de la classe.

Définition I.2.18. L'amplitude d'une classe est la différence entre la borne supérieure et la borne inférieure de l'intervalle. Pour la i-ème classe, notée $[x_i; x_{i+1}[$, l'amplitude est donc calculée comme la différence $x_{i+1} - x_i$.

Exemple I.2.13. Par exemple, si nous mesurons les hauteurs de personnes et choisissons des classes avec une amplitude de 10 cm, nous aurons des intervalles tels que $[150\,\text{cm}; 160\,\text{cm}[$ et $[160\,\text{cm}; 170\,\text{cm}[$, chacun ayant une amplitude de 10 cm.

Il est important de noter que, dans certains cas, les amplitudes des classes peuvent varier. Autrement dit, les intervalles peuvent avoir des largeurs différentes en fonction des besoins de l'analyse. Par exemple, pour l'analyse des âges, on peut choisir des intervalles de 10 ans pour les jeunes (comme $[0; 10[$ et $[10; 20[$), mais élargir les intervalles pour les adultes (comme $[30; 50[$ et $[50; 70[$). Cela permet d'adapter les classes aux caractéristiques spécifiques des données et de mieux refléter les variations dans la distribution des âges.

Lors de la définition des classes pour analyser des données, il est essentiel de choisir un nombre approprié de classes et de déterminer leurs amplitudes avec rigueur. Un nombre trop faible de classes risque de lisser excessivement les variations des données, entraînant une perte d'information significative. À l'inverse, un nombre trop élevé peut fragmenter les données au point de compliquer leur interprétation et de masquer les tendances générales.

Il convient également de veiller à ce qu'aucune classe ne soit vide, car cela pourrait fausser l'analyse et donner une impression erronée de la répartition des données. De plus, les classes doivent être de largeur adaptée afin d'assurer une répartition homogène des observations et d'éviter les distorsions dans l'analyse statistique.

Trouver le bon équilibre dans le choix et l'ajustement des classes garantit une représentation fidèle des données, facilite leur interprétation et permet de dégager des conclusions pertinentes.

Fréquences

Pour améliorer la compréhension des données, notamment lorsqu'il s'agit de comparer des populations de tailles différentes, il est souvent utile de convertir les effectifs en fréquences.

Définition I.2.19. La fréquence désigne la proportion d'individus appartenant à une modalité donnée. Elle est calculée en divisant l'effectif correspondant à la i-ème modalité, noté n_i, par l'effectif total n de la population observée.

Définition I.2.20. La fréquence, également appelée fréquence relative, associée à une modalité i, est notée f_i et se définit par :

$$\boxed{f_i = \frac{n_i}{n}} \tag{I.3}$$

Où n_i représente l'effectif associé à la modalité i, c'est-à-dire le nombre d'observations correspondant à cette modalité, et n l'effectif total de la population observée, soit la somme des effectifs associés à toutes les modalités.

Définition I.2.21. La fréquence peut être exprimée en pourcentage en la multipliant par 100.

Exemple I.2.14. Concrètement, pour une modalité i, si la fréquence relative f_i est égale à 0.20, cela signifie que la modalité i représente 20% de l'ensemble des observations dans l'échantillon ($20\% = 0.20 \times 100$). Cette conversion en pourcentage rend les résultats plus lisibles et comparables. En effet, les pourcentages sont plus intuitifs et facilitent l'interprétation des données. De plus, ils permettent de comparer facilement la distribution des modalités entre différents échantillons, même lorsqu'ils sont de tailles différentes.

Exemple I.2.15. Nous reprenons l'exemple précédent pour calculer les fréquences relatives de chacune des modalités, à la fois en décimales et en pourcentages :

Note obtenue x_i	Effectif de la modalité n_i	Fréquence f_i (en décimales)	Fréquence f_i (en %)
7	1	0.067	6.7%
8	2	0.133	13.3%
9	1	0.067	6.7%
10	3	0.200	20%
12	3	0.200	20%
15	1	0.067	6.7%
16	3	0.200	20%
17	1	0.067	6.7%
Effectif total	15	1.000	100%

Par exemple, la note de 8 apparaît 2 fois, ce qui correspond à 13.3% de l'ensemble des notes obtenues. En comparaison, les notes de 7, 10, 12 et 17 apparaissent chacune une fois, représentant 6.7% de l'ensemble des notes.

Il est important de vérifier que la somme des fréquences soit égale à 1 lorsqu'elles sont exprimées en décimales, ou à 100 % lorsqu'elles sont exprimées en pourcentages. Cette vérification est cruciale pour garantir la cohérence et l'exactitude des données. C'est une condition essentielle pour toute analyse statistique afin de s'assurer que les fréquences sont correctement calculées et que les données sont représentées de manière fiable.

Fréquence cumulée

Définition I.2.22. Les fréquences cumulées, calculées à partir des fréquences relatives f_i, fournissent une vue cumulative de la distribution des données. En additionnant les fréquences de manière progressive, soit croissante (cumul ascendant), soit décroissante (cumul descendant), on peut déterminer la proportion d'individus ou d'observations situés en dessous ou au-dessus d'une valeur donnée.

Cette approche facilite la compréhension de la répartition des données et permet d'identifier des tendances spécifiques.

Cependant, il est crucial de noter que la notion de fréquence cumulée est uniquement applicable aux variables quantitatives et aux variables qualitatives ordinales. Elle ne peut pas être utilisée pour les variables qualitatives nominales, qui ne possèdent pas d'ordre naturel entre les modalités.

Ainsi, on distingue deux types de fréquences cumulées :

— Les fréquences cumulées croissantes, qui totalisent les fréquences de manière ascendante, et

— Les fréquences cumulées décroissantes, qui totalisent les fréquences de manière descendante.

Définition I.2.23. La fréquence cumulée croissante indique la proportion d'individus ou d'observations dans une série statistique ayant une valeur inférieure ou égale à une valeur spécifique. Autrement dit, elle représente le pourcentage d'éléments qui se trouvent en dessous d'un seuil donné.

Définition I.2.24. Pour pouvoir déterminer cette fréquence cumulée croissante, on devra suivre les étapes suivantes :

1. Ordonner les modalités : Les modalités doivent d'abord être organisées en ordre croissant;

2. Déterminer les fréquences simples : ensuite, on procède au calcul des fréquences simples associées à chaque modalité;

3. Additionner les fréquences : En partant de la plus petite valeur, on cumule progressivement les fréquences simples pour obtenir les fréquences cumulées croissantes.

Pour illustrer cette démarche, on commencera par considérer le tableau statistique associé à une variable statistique quantitative discrète. On admettra que la variable admet p modalités distinctes. Le tableau se présentera donc comme suit :

x_i	f_i	Fréquences cumulées croissantes F_i^+ (en %)
x_1	f_1	$F_1^+ = f_1$
x_2	f_2	$F_2^+ = f_1 + f_2 = F_1^+ + f_2$
x_3	f_3	$F_3^+ = f_1 + f_2 + f_3 = F_2^+ + f_3$
$\vdots$	$\vdots$	$\vdots$
x_i	f_i	$F_i^+ = f_1 + f_2 + \cdots + f_{i-1} + f_i = F_{i-1}^+ + f_i$
$\vdots$	$\vdots$	$\vdots$
x_p	f_p	$F_p^+ = f_1 + \cdots + f_{p-1} + f_p = F_{p-1}^+ + f_p = 100\%$
		$\sum_{i=1}^{p} f_i = 100\%$

Dans ce tableau :

— Les fréquences relatives f_i expriment la proportion de chaque modalité en pourcentage.

— Les fréquences cumulées croissantes F_i^+ représentent la proportion cumulée des modalités jusqu'à x_i, également exprimée en pourcentage. Elles indiquent le pourcentage d'individus dont la valeur est inférieure ou égale à x_i.

La fréquence cumulée croissante F_p^+ pour la dernière modalité x_p est égale à 100% car elle représente la somme totale des fréquences relatives pour toutes les modalités de la variable statistique considérée. En effet, en additionnant toutes les fréquences relatives exprimées en pourcentage, on obtient la proportion totale des observations couvertes par l'échantillon. Ainsi, elle atteint 100% car elle englobe l'ensemble des données disponibles, assurant que toutes les observations sont prises en compte dans le calcul.

Définition I.2.25. La fréquence cumulée décroissante reflète la proportion d'individus ou d'observations ayant une valeur supérieure ou égale à une valeur spécifique dans une série statistique. En d'autres termes, elle indique le pourcentage d'éléments situés au-dessus d'un seuil donné.

Pour calculer cette fréquence cumulée décroissante, il convient de suivre une approche similaire à celle utilisée pour les fréquences cumulées croissantes, mais en procédant dans l'ordre inverse : on commence par cumuler les fréquences simples à partir de la plus grande valeur pour obtenir les fréquences cumulées décroissantes.

x_i	f_i	Fréquences cumulées décroissantes (en %) F_i^-
x_1	f_1	$F_1^- = f_1 + f_2 + \cdots + f_{p-1} + f_p = 100\%$
x_2	f_2	$F_2^- = f_2 + f_3 + \cdots + f_{p-1} + f_p = f_2 + F_3^-$
x_3	f_3	$F_3^- = f_3 + f_4 + \cdots + f_{p-1} + f_p = f_3 + F_4^-$
$\vdots$	$\vdots$	$\vdots$
x_i	f_i	$F_i^- = f_i + f_{i+1} + \cdots + f_{p-1} + f_p = f_i + F_{i+1}^-$
$\vdots$	$\vdots$	$\vdots$
x_{p-1}	f_{p-1}	$F_{p-1}^- = f_{p-1} + f_p = f_{p-1} + F_p^-$
x_p	f_p	$F_p^- = f_p$
		$\sum_{i=1}^{p} f_i = 100\%$

Dans ce tableau :

— Les fréquences relatives f_i expriment la proportion de chaque modalité en pourcentage.

— Les fréquences cumulées décroissantes F_i^- représentent la proportion cumulée des fréquences relatives à partir de chaque modalité jusqu'à la plus grande modalité, également exprimée en pourcentage. Pour chaque modalité x_i, F_i^- est calculé en cumulant les fréquences relatives de x_i à la modalité la plus élevée x_p.

Il convient de souligner que le total des fréquences cumulées décroissantes pour la première modalité x_1 est égal à 100%, car il inclut l'ensemble des fréquences relatives de toutes les modalités.

Remarque I.2.5. Il est important de noter que les modalités sont classées dans un ordre croissant, c'est-à-dire que $x_1 < x_2 < x_3 < \cdots < x_i < \cdots < x_p$.

Exemple I.2.16. Reprenons l'exemple précédent, où 15 notes obtenues par un étudiant durant ses devoirs au cours d'un trimestre ont été collectées, et calculons les fréquences cumulées croissantes et décroissantes :

Notes obtenues x_i	f_i (en %)	F_i^+ (en %)	F_i^- (en %)
7	6.7%	6.7%	100%
8	13.3%	20.0%	93.3%
9	6.7%	26.7%	80.0%
10	20.0%	46.7%	73.3%
12	20.0%	66.7%	53.3%
15	6.7%	73.4%	33.3%
16	20.0%	93.4%	26.6%
17	6.7%	100.0%	6.7%

On note que

— La colonne des fréquences cumulées croissantes F_i^+ indique la proportion d'observations ayant une valeur inférieure ou égale à chaque modalité x_i. Par exemple, 20% des notes obtenues sont inférieures ou égales à 8, et 73.4% sont inférieures ou égales à 15. Ce tableau offre ainsi une vue claire de la répartition des notes et aide à comprendre la concentration des données à différents niveaux.

— La colonne des fréquences cumulées décroissantes F_i^- représente la proportion d'observations ayant une valeur supérieure ou égale à chaque modalité x_i. Par exemple, 80% des notes sont supérieures ou égales à 9, et 26.6% sont supérieures ou égales à 16. Ainsi, cette colonne permet de visualiser la distribution des données au-dessus de chaque seuil, mettant en évidence la concentration des observations dans les niveaux supérieurs de la variable.

Si la variable est quantitative continue, le processus pour déterminer les fréquences cumulées croissantes et décroissantes reste le même. Cependant, au lieu de traiter des modalités discrètes, on travaille avec des intervalles de valeurs, et les fréquences sont calculées sur la base de ces intervalles.

Exemple I.2.17 (Variable quantitative continue). Pour illustrer la méthode de calcul des fréquences cumulées croissantes et décroissantes pour une variable quantitative continue, examinons un exemple où nous avons mesuré les hauteurs de 20 individus en centimètres. Les données collectées sont les suivantes :

Hauteurs (en cm) : 150 ; 155 ; 160 ; 162 ; 165 ; 170 ; 175 ; 175 ; 180 ; 180 ; 185 ; 190 ; 192 ; 195 ; 200 ; 205 ; 210 ; 215 ; 220 ; 225

Pour simplifier, nous allons regrouper ces données en intervalles d'amplitude de 5 cm et calculer les fréquences relatives, ainsi que les fréquences cumulées croissantes et décroissantes.

Hauteurs (en cm)	f_i (en %)	F_i^+ (en %)	F_i^- (en %)
[150; 155[	5%	5%	100%
[155; 160[	10%	15%	95%
[160; 165[	10%	25%	85%
[165; 170[	5%	30%	75%
[170; 175[	15%	45%	70%
[175; 180[	20%	65%	55%
[180; 185[	15%	80%	35%
[185; 190[	10%	90%	20%
[190; 195[	10%	100%	10%

La colonne des fréquences relatives indique la proportion d'individus dans chaque intervalle. Les fréquences cumulées croissantes F_i^+ montrent la proportion d'individus ayant une hauteur inférieure strictement à la borne supérieure de l'intervalle considéré. Par exemple $F_4^+ = 30\%$. Ceci signifie que 30% des individus ont une hauteur strictement inférieure à la borne supérieure relative au 4e intervalle, qui est 170 cm.

Les fréquences cumulées décroissantes F_i^- reflètent quant à elles la proportion d'individus ayant une hauteur strictement supérieure à la borne inférieure de l'intervalle considéré. Par exemple $F_6^- = 55\%$. Ceci signifie que 55% des individus ont une hauteur strictement supérieure à la borne inférieure du 6e intervalle, qui est 175 cm.

Exemple I.2.18 (Variable qualitative ordinale). Considérons un exemple où nous analysons les niveaux de satisfaction des clients pour un service. Les niveaux de satisfaction sont classés en quatre catégories ordinales : "Insatisfait", "Satisfait", "Très satisfait" et "Excellent". Supposons que nous avons collecté les réponses de 30 clients, réparties comme suit :

Insatisfait : 5 clients
Satisfait : 10 clients
Très satisfait : 8 clients
Excellent : 7 clients

À partir de ces effectifs, on calcule les fréquences relatives et les fréquences cumulées croissantes et décroissantes :

Niveau de satisfaction	f_i (en %)	F_i^+ (en %)	F_i^- (en %)
Insatisfait	16.7%	16.7%	100%
Satisfait	33.3%	50.0%	83.3%
Très satisfait	26.7%	76.7%	50.0%
Excellent	23.3%	100.0%	23.3%
Total	100%		

Ce tableau permet de comprendre la répartition des niveaux de satisfaction et d'analyser comment les clients sont répartis par rapport à chaque niveau de satisfaction. Les fréquences cumulées croissantes montrent la proportion de clients ayant un niveau de satisfaction inférieur ou égal à chaque catégorie, tandis que les fréquences cumulées décroissantes montrent la proportion de clients ayant un niveau de satisfaction supérieur ou égal à chaque catégorie.

Concrètement, si on prend par exemple la fréquence cumulée croissante associée au niveau "Très satisfait", on dira que 76,7% des clients ont un niveau de satisfaction "Très satisfait" ou inférieur. En d'autres termes, près de 77% des clients sont soit "insatisfaits", "satisfaits", ou "très satisfaits". En revanche, si l'on considère la fréquence cumulée décroissante pour le niveau "Très satisfait", on observe que 50% des clients ont un niveau de satisfaction " Très satisfait" ou supérieur. Cela signifie que la moitié des clients ont évalué le service comme étant au moins "Très satisfait". Ces mesures fournissent une vue complète de la répartition des niveaux de satisfaction parmi les clients, en montrant à la fois la proportion des clients à chaque niveau et la concentration des niveaux de satisfaction plus élevés.

Chapitre II

Présentation statistique des distributions univariées

Comme mentionné précédemment, les tableaux statistiques constituent un outil essentiel pour organiser les informations collectées. Cependant, pour synthétiser visuellement les données qu'ils contiennent, il est nécessaire de les traduire en représentations graphiques.

Les représentations graphiques permettent de visualiser les données et de fournir des informations rapides sur leur tendance, facilitant ainsi l'identification des tendances et des anomalies. De plus, elles représentent un outil de communication puissant, capable de transmettre des informations complexes de manière simple et intuitive, même à un public non spécialisé.

Il est important de noter que la forme des représentations graphiques des données dépend de la nature des variables étudiées.

II.1 Représentations graphiques d'une variable quantitative

Dans cette section, nous explorerons les différentes représentations graphiques des variables quantitatives, en tenant compte des deux principaux types : les variables discrètes et les variables continues. En effet, les représentations graphiques les plus couramment utilisées pour une variable discrète incluent les diagrammes en bâtons et les diagrammes de fréquences. Pour une variable continue, les données sont souvent représentées par des histogrammes et des courbes de densité.

II.1.1 Cas d'une variable discrète

Quand on veut représenter graphiquement une variable discrète, on utilise généralement deux types de représentations graphiques : le diagramme en bâton ou la courbe cumulative (aussi appelée diagramme en escalier).

Nous considérons une variable discrète X, observée sur une population d'effectif n, ayant k modalités distinctes x_i d'effectif n_i, pour tout i allant de 1 jusqu'à k.

Diagramme en bâton

Définition II.1.1. Le diagramme en bâtons est un graphique qui représente des variables discrètes à l'aide d'un segment vertical (bâton).

Sa construction repose sur la logique suivante : les valeurs ou modalités de la variable étudiée sont placées sur l'axe horizontal (l'axe des abscisses), tandis que les effectifs ou fréquences correspondants à chaque modalité sont indiqués par des barres verticales sur l'axe vertical (l'axe des ordonnées). Chaque barre du diagramme représente une modalité de la variable, et la hauteur de la barre reflète l'effectif ou la fréquence de cette modalité.

Par conséquent, conformément à la notation énoncée, pour chaque valeur x_i, on trace un segment vertical dont la longueur est proportionnelle à l'effectif n_i ou à la fréquence f_i associée à la modalité en question.

Ce type de diagramme est particulièrement utile pour comparer les tailles relatives des différentes catégories ou pour visualiser la distribution des données dans un ensemble. Il est souvent utilisé dans l'analyse de données pour faciliter l'interprétation et la communication des résultats.

Exemple II.1.1. Nous disposons de données sur le nombre de voyages effectués à l'étranger par 150 employés d'une même entreprise :

Voyages effectués x_i	Effectifs n_i	Fréquences (en %) f_i
0	30	20%
1	40	27%
2	35	23%
3	20	13%
4	15	10%
5	10	7%
Total	*150*	*100%*

Les deux types de diagrammes en bâtons que l'on peut obtenir, en fonction des effectifs et des fréquences, sont les suivants :

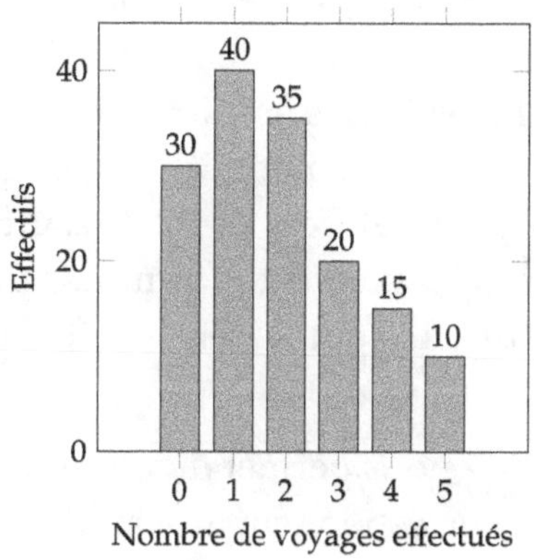

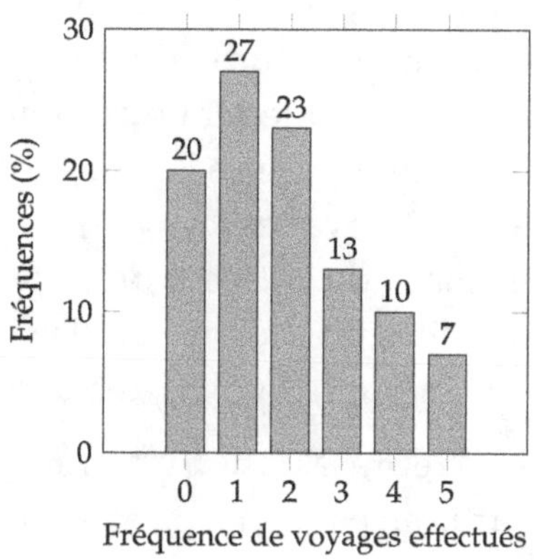

Définition II.1.2. La courbe cumulative des effectifs représente graphiquement les effectifs cumulés croissants et/ou décroissants, offrant une visualisation claire de l'accumulation progressive des données.

Définition II.1.3. En effet, les effectifs cumulés croissants, notés N_i^+, sont les effectifs n_i que l'on cumule progressivement dans le sens croissant. Ils permettent, pour chaque valeur d'une série de données ordonnées, de calculer la somme des effectifs de cette valeur et de toutes les valeurs qui la précèdent. Ce processus est similaire à celui des fréquences cumulées croissantes, mais il diffère en ce qu'il repose sur l'accumulation des effectifs n_i plutôt que des fréquences f_i.

Exemple II.1.2. En appliquant la méthode de calcul des effectifs cumulés croissants à l'exemple précédent, on obtient les résultats suivants :

Voyages effectués x_i	n_i	Effectifs cumulés croissants N_i^+
0	30	30
1	40	70
2	35	105
3	20	125
4	15	140
5	10	150
Total	*150*	-

L'explication de la colonne des effectifs cumulés croissants est la suivante : Pour la modalité de 0 voyage, l'effectif cumulatif est de 30, correspondant directement à l'effectif des employés n'ayant fait aucun voyage à l'étranger ($x_i = 0$). Pour la modalité correspondant à 3 voyages ($x_i = 3$), l'effectif cumulatif est de 125, résultat de l'ajout de l'effectif de cette modalité aux effectifs cumulés des modalités précédentes. Cela signifie que 125 employés ont effectué au maximum 3 voyages à l'étranger.

La représentation graphique des N_i^+ nous permet d'obtenir une courbe en escaliers, dont les marches correspondent aux modalités

x_i et sont à des hauteurs proportionnelles aux effectifs cumulés croissants.

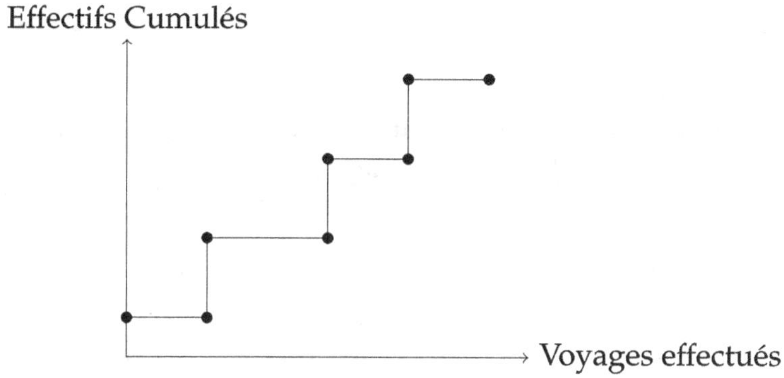

En utilisant ce processus pour les fréquences cumulées croissantes, on obtient la courbe cumulative des fréquences, qui montre graphiquement l'accumulation des fréquences à mesure que l'on intègre chaque modalité, offrant ainsi une vue d'ensemble de la répartition cumulative des données.

Il convient de noter que l'on peut aussi réaliser les courbes cumulatives décroissantes des effectifs ou des fréquences :

— Les effectifs cumulés décroissants, notés N_i^-, sont les effectifs n_i que l'on cumule progressivement dans le sens décroissant. Ils permettent, pour chaque valeur d'une série de données ordonnées, de calculer la somme des effectifs de cette valeur et de toutes les valeurs qui la suivent. Ce processus est similaire à celui des fréquences cumulées décroissantes, mais il repose sur l'accumulation des effectifs n_i plutôt que des fréquences f_i.

— La courbe cumulative décroissante des effectifs est la représentation graphique des effectifs cumulés décroissants. C'est également un graphique en escalier, où les paliers horizontaux ont pour ordonnées respectives les N_i^- et des hauteurs proportionnelles aux effectifs cumulés décroissants.

— La courbe cumulative décroissante des fréquences est un graphique représentant les fréquences cumulées décroissantes F_i^-.

II.1.2 Cas d'une variable continue

Il existe généralement deux types de représentations graphiques utilisées pour les variables continues : l'histogramme et le polygone cumulatif.

Définition II.1.4. On considère une variable continue notée X possédant k modalités distinctes. Chaque modalité i est représentée par une classe $[x_i; x_{i+1}[$ d'effectif n_i et de fréquence f_i, où i varie de 1 à k.

Histogramme

Définition II.1.5. L'histogramme est un outil essentiel en statistique descriptive pour représenter graphiquement et comprendre la distribution d'un ensemble de données continues. Pour réaliser cette représentation, on place les bornes des classes sur l'axe des abscisses. À chaque classe $[x_i; x_{i+1}[$ portée en abscisse correspond un rectangle dont :

- La base est proportionnelle à l'amplitude de la classe,
- La hauteur est telle que l'aire du rectangle est proportionnelle à l'effectif ou à la fréquence de la classe.

Remarque II.1.1. On rappelle que l'amplitude d'une classe $[x_i; x_{i+1}[$, notée a_i, est la différence entre les bornes supérieure et inférieure de cette classe :

$$\boxed{a_i = x_{i+1} - x_i} \tag{II.1}$$

Définition II.1.6. Le graphique résultant, constitué de rectangles adjacents, est appelé histogramme. Cependant, il convient de faire la distinction entre deux cas pour sa représentation :

- Lorsque les classes ont des amplitudes égales : les classes sont représentées par des rectangles de base uniforme. Pour chaque classe, la hauteur du rectangle correspond à son effectif ou sa fréquence.
- Lorsque les classes ont des amplitudes différentes : une amplitude de référence, notée U, servira d'unité de base pour la

réalisation du graphique. Dans cette nouvelle unité, la classe $[x_i; x_{i+1}[$ aura pour nouvelle amplitude $d_i = \frac{a_i}{U}$. La hauteur proportionnelle du rectangle correspondant devient égale à $h_i = \frac{n_i}{d_i}$.

Exemple II.1.3. Une étude sur l'âge de 100 employés d'une entreprise donnée nous livre les résultats suivants :

Âge des employés	Effectif
[20; 25[	12
[25; 30[	18
[30; 35[	25
[35; 40[	20
[40; 45[	15
[45; 50[	10

L'histogramme des effectifs pour l'âge des employés est le suivant :

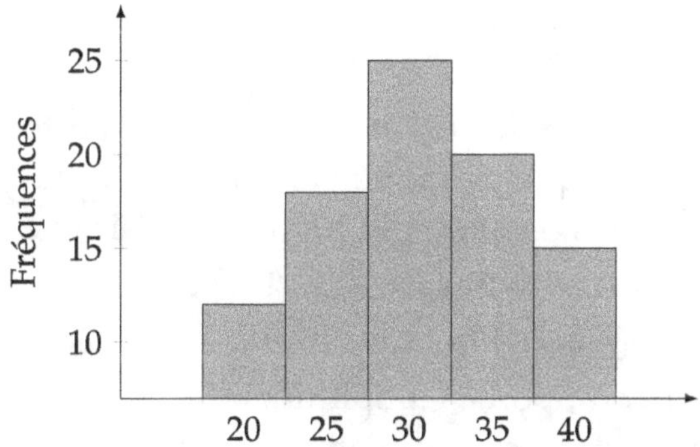

Histogramme de la répartition des âges des employés

Lorsque les classes ont des amplitudes égales, chaque rectangle de l'histogramme possède une largeur uniforme. Cela signifie que les rectangles sont alignés côte à côte, avec une largeur constante pour chaque classe. La hauteur de chaque rectangle, en revanche, reflète l'effectif de la classe correspondante : plus la hauteur est importante, plus l'effectif de la classe est élevé.

Exemple II.1.4. Prenons l'exemple suivant, qui analyse la répartition de 150 employés d'une entreprise en fonction de leur salaire horaire, exprimé en dirhams.

Salaire horaire	Effectif
[120; 140[	20
[140; 160[	30
[160; 200[	55
[200; 240[	25
[240; 300[	20

Comme indiqué précédemment, il est nécessaire de choisir une unité de base pour normaliser les amplitudes des différentes classes lorsqu'elles sont inégales. Cette unité de base, appelée amplitude de référence, permet de convertir les amplitudes réelles des classes en amplitudes normalisées, assurant ainsi une comparaison cohérente et précise des différentes classes sur un graphique.

Salaire horaire	Amplitude a_i	Effectif n_i
[120; 140[	20	20
[140; 160[	20	30
[160; 200[	40	55
[200; 240[	40	25
[240; 300[	60	20

L'amplitude de référence est souvent choisie en fonction de l'amplitude la plus fréquente ou de l'amplitude la plus courante dans les données. Dans cet exemple, on peut choisir une valeur de 20 pour l'amplitude de référence : $U = 20$.

Ensuite, il faut convertir les amplitudes des classes en unités proportionnelles par rapport à l'amplitude de référence de 20. Cela rendra les largeurs des rectangles comparables.

Salaire horaire	a_i	$d_i = \frac{a_i}{U}$	Effectif n_i
[120; 140[	20	1	20
[140; 160[	20	1	30
[160; 200[	40	2	55
[200; 240[	40	2	25
[240; 300[	60	3	20

Les hauteurs des rectangles sont calculées en divisant les effectifs par la nouvelle amplitude de chaque classe. Cela permet d'ajuster les hauteurs en fonction de la largeur uniforme des rectangles.

Salaire horaire	a_i	$d_i = \frac{a_i}{U}$	Effectif n_i	Hauteur h_i
[120; 140[	20	1	20	20
[140; 160[	20	1	30	30
[160; 200[	40	2	55	27.5
[200; 240[	40	2	25	12.5
[240; 300[	60	3	20	6.67

À partir de là, on trace l'histogramme en dessinant des rectangles utilisant les largeurs normalisées et les hauteurs proportionnelles pour chaque classe.

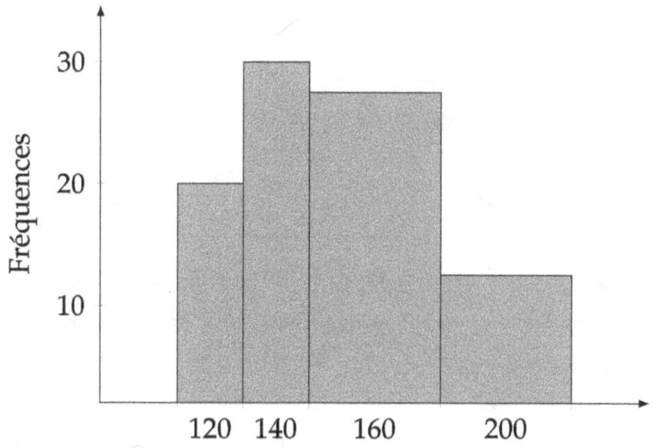

Histogramme des Salaires Horaires avec Amplitudes Normalisées X

En choisissant une amplitude de référence de 20, les hauteurs des rectangles sont ajustées, rendant l'histogramme homogène et comparable, malgré les différences d'amplitudes entre les classes.

Une fois l'histogramme construit, il est possible de définir le polygone des effectifs pour illustrer l'évolution des effectifs à travers les différentes classes. Ce polygone se dessine en joignant les points centraux des sommets des rectangles de l'histogramme par des segments linéaires.

Définition II.1.7. Le polygone des effectifs est un graphique souvent utilisé en complément de l'histogramme pour représenter les données de manière plus fluide. Contrairement à l'histogramme, qui utilise des barres pour afficher les effectifs de chaque classe, le polygone des effectifs relie les points centraux des barres par des segments linéaires.

Exemple II.1.5. Reprenant les données de l'exemple (II.1.3), le polygone des fréquences est le suivant :

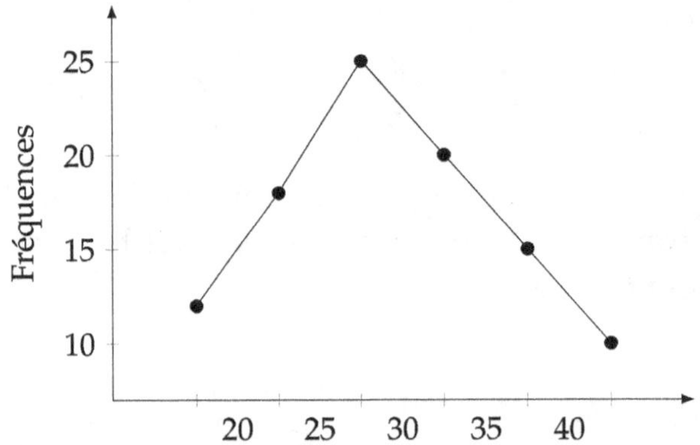

Polygone des fréquences des âges des employés

Cette approche permet de visualiser les variations des effectifs à travers les différentes classes de manière continue. Il est particulièrement utile pour comparer plusieurs distributions sur le même graphique, car il rend les changements dans les effectifs plus apparents et facilite l'observation des tendances et des fluctuations dans les données.

Remarque II.1.2. L'histogramme peut également être réalisé en utilisant les fréquences relatives pour chaque classe, suivant la même logique que pour l'histogramme des effectifs. En remplaçant les effectifs par les fréquences relatives, on obtient une représentation qui reflète la proportion de chaque classe par rapport au total, plutôt que les effectifs absolus. De même, le polygone des fréquences peut être tracé en utilisant les fréquences relatives. Cette approche permet de comparer les distributions en termes de proportions, facilitant l'analyse des données lorsqu'on souhaite comprendre les parts relatives de chaque classe au lieu des nombres absolus.

POLYGONE CUMULATIF

Définition II.1.8. La courbe cumulative croissante des effectifs est un graphique qui relie par une ligne brisée les points correspondants aux couples de coordonnées $(x_1; 0)$, $(x_2; N_1^+)$, ..., $(x_{i+1}; N_i^+)$,

..., $(x_{k+1}; n)$, où n représente l'effectif total de la population observée. Cette courbe permet de visualiser l'accumulation progressive des effectifs à travers les différentes classes.

Exemple II.1.6. La courbe cumulative croissante des fréquences se présente comme suit :

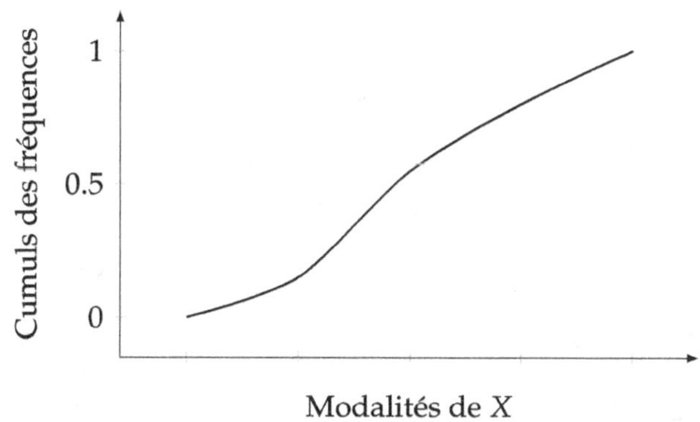

Définition II.1.9. En revanche, la courbe cumulative décroissante des effectifs est la ligne brisée qui relie les points correspondant aux couples de coordonnées $(x_1; n)$, $(x_2; n - N_1^+)$, ..., $(x_{i+1}; n - N_i^+)$, ..., $(x_{k+1}; 0)$. Elle permet de visualiser la diminution progressive des effectifs à travers les différentes classes, en partant de l'effectif total et en soustrayant les effectifs cumulés croissants.

Exemple II.1.7. La courbe cumulative décroissante des fréquences se présente comme suit :

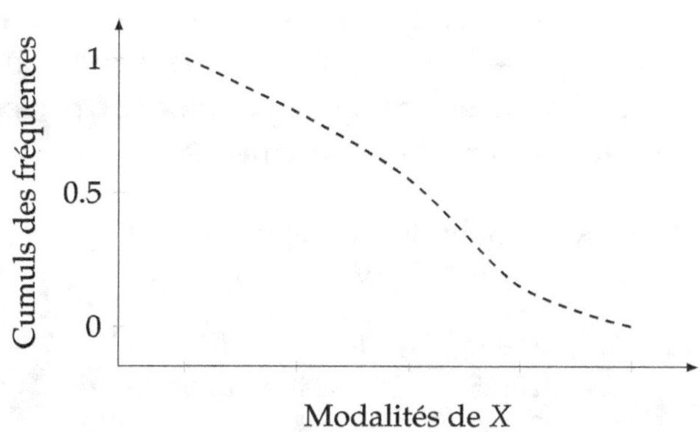

Exemple II.1.8. On reprend l'exemple précédent portant sur l'étude des âges de 100 employés et nous déterminons les effectifs cumulés croissants et décroissants :

Âge des employés	n_i	N_i^+	N_i^-
[20;25[	12	12	100
[25;30[	18	30	88
[30;35[	25	55	70
[35;40[	20	75	45
[40;45[	15	90	25
[45;50[	10	100	10

Les polygones cumulatifs, croissants et décroissants, ont donc la forme suivante :

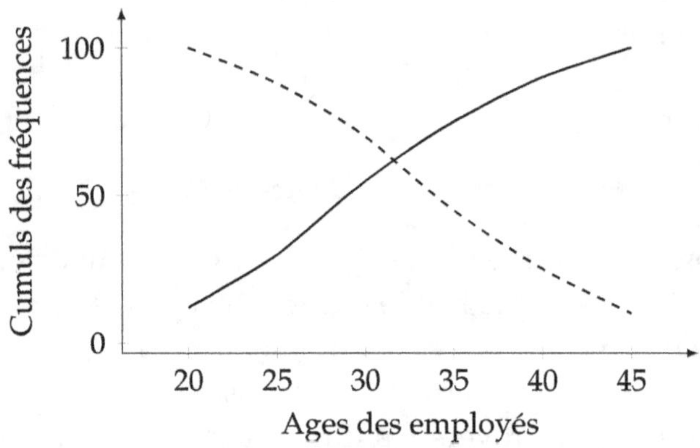

De manière similaire, la courbe cumulative des fréquences est tracée en reliant les points correspondant aux couples de coordonnées des fréquences cumulées relatives. Cette courbe illustre comment les fréquences relatives s'accumulent au fur et à mesure que l'on progresse à travers les classes, offrant une perspective sur la répartition proportionnelle des données.

Exemple II.1.9. Reprenant l'exemple précédent.

Âge des employés	f_i	F_i^+	F_i^-
[20;25[	12%	12%	100%
[25;30[	18%	30%	88%
[30;35[	25%	55%	70%
[35;40[	20%	75%	45%
[40;45[	15%	90%	25%
[40;50[	10%	100%	10%

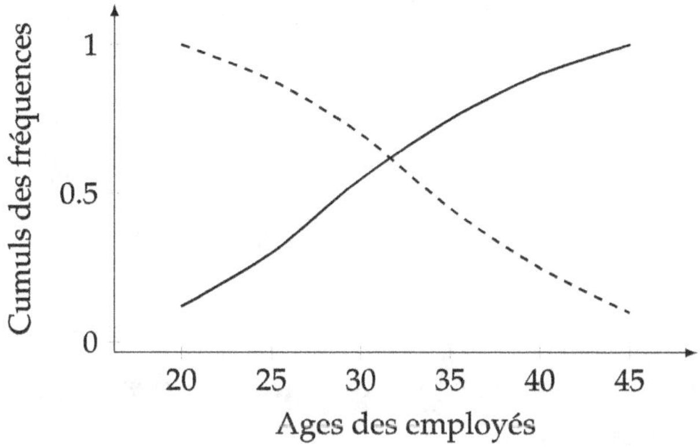

Pour illustrer l'utilité des polygones des fréquences, supposons que nous souhaitons déterminer le pourcentage d'employés âgés de 42 ans ou moins. Le tableau seul ne fournit pas cette information directement. On peut donc utiliser deux méthodes :

MÉTHODE GRAPHIQUE

Sur la courbe cumulative croissante, on détermine l'ordonnée du point d'abscisse 42 ans.

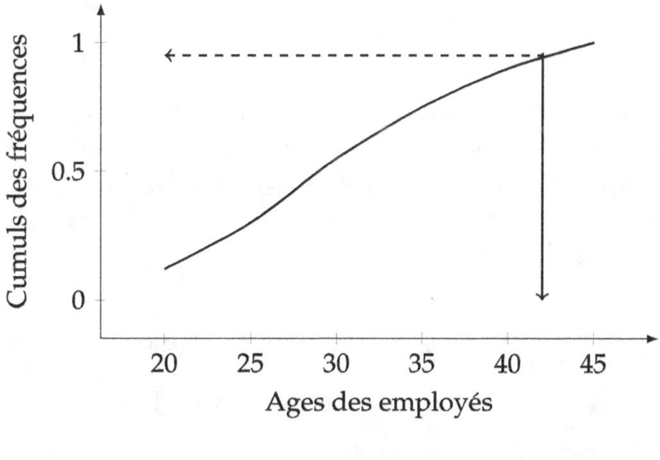

MÉTHODE D'INTERPOLATION AFFINE

La valeur 42 se trouve dans la classe $[40;45[$. Les ordonnées des points de la courbe cumulative d'abscisses 40 et 45 sont respectivement 75% et 90%. On utilise alors la formule d'interpolation affine. Si y représente l'ordonnée du point d'abscisse 42, alors :

$$\frac{y - 75\%}{90\% - 75\%} = \frac{42 - 40}{45 - 40}$$
$$\Rightarrow y = 81\%$$

Ce résultat permet de conclure que 81% des employés ont un âge inférieur ou égal à 42 ans.

De manière similaire, pour évaluer le pourcentage d'employés âgés, par exemple, de 27 ans et plus, il est possible d'utiliser les fréquences cumulées décroissantes. Cette méthode permet de déterminer directement la proportion d'employés au-dessus d'un âge donné en se basant sur les valeurs cumulées décroissantes.

II.2 Représentation graphique d'une variable qualitative

Pour une variable qualitative, les principales représentations couramment utilisées sont les diagrammes à secteurs (circulaires ou semi-circulaires) et les diagrammes en barres, également appelés tuyaux d'orgue.

II.2.1 Diagrammes à secteurs circulaires

Définition II.2.1. Ce type de diagramme, également appelé « camembert » ou « pie chart » en anglais, est construit à partir d'un cercle de rayon donné. Chaque modalité x_i est représentée par un secteur angulaire dont l'angle θ_i est proportionnel à l'effectif n_i ou à la fréquence f_i de cette modalité.

L'angle correspondant à chaque modalité x_i est calculé en utilisant la relation de proportionnalité suivante :

$$\frac{\theta_i}{n_i} = \frac{360^\circ}{n} \quad \text{pour } i = 1, 2, \ldots, k \tag{II.2}$$

Ce qui permet de conclure que :

$$\theta_i = \frac{n_i}{n} \times 360^\circ = f_i \times 360^\circ \quad \text{pour } i = 1, 2, \ldots, k \tag{II.3}$$

Cette représentation permet de saisir la contribution relative de chaque modalité dans l'ensemble de la population et d'illustrer les écarts entre elles.

Exemple II.2.1. Dans un échantillon de 90 personnes, une enquête sur la situation matrimoniale a donné les résultats suivants :

Situation matrimoniale	Effectif n_i	Fréquence f_i
Célibataire	35	39%
Divorcé(e)	18	20%
Marié(e)	26	29%
Veuf(ve)	11	12%

TABLE II.1 – Situation matrimoniale de 90 personnes

La variable étudiée est la « situation matrimoniale ». Pour effectuer la représentation en secteurs circulaires, on considère un cercle de rayon donné. Ensuite, l'angle correspondant à chaque modalité est calculé. Le tableau suivant résume les résultats obtenus :

Situation matrimoniale	n_i	f_i	Angle θ_i
Célibataire	35	39%	140°
Divorcé(e)	18	20%	72°
Marié(e)	26	29%	104°
Veuf(ve)	11	12%	44°

La représentation met en évidence une proportion significative de célibataires au sein de la population étudiée, par rapport aux autres modalités. Le diagramme circulaire correspondant est donc présenté comme suit :

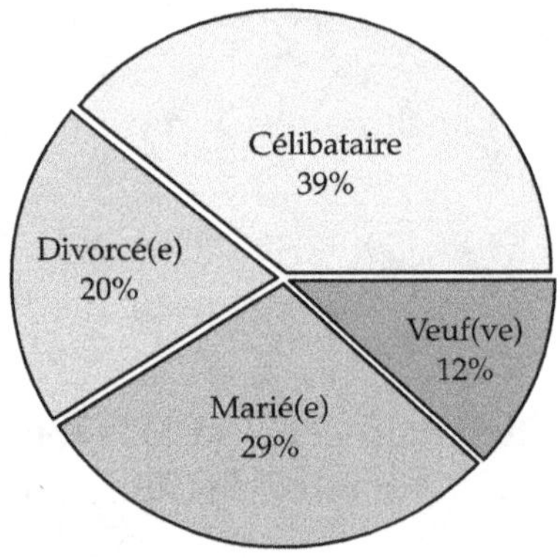

Définition II.2.2. Il est également possible de représenter les données à l'aide d'un diagramme semi-circulaire en remplaçant le cercle complet par un demi-cercle. Dans ce cas, les angles correspondant à chaque modalité seront déterminés par :

$$\theta_i = \frac{n_i}{n} \times 180^\circ = f_i \times 180^\circ \quad \text{pour } i = 1, 2, \ldots, k \tag{II.4}$$

où θ_i est l'angle du secteur semi-circulaire correspondant à la modalité x_i, n_i est l'effectif de la modalité x_i, et f_i est la fréquence de cette modalité.

Exemple II.2.2. Le diagramme circulaire à 180 degrés est donné par :

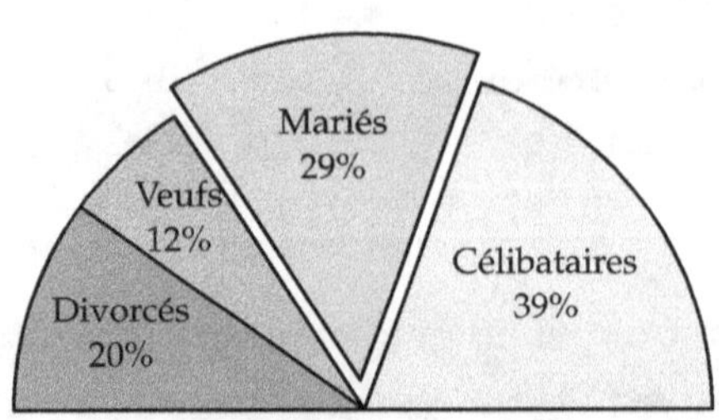

II.2.2 Tuyaux d'orgue

Définition II.2.3. Dans ce diagramme, les différentes modalités du caractère sont représentées par des rectangles de même base, équidistants, et dont les aires sont proportionnelles aux effectifs (ou aux fréquences). Étant donné que les rectangles ont la même base, leurs hauteurs sont donc proportionnelles aux effectifs (ou aux fréquences).

Cela donne lieu à ce qu'on appelle un diagramme en tuyaux d'orgue (ou diagramme à bandes). Dans ce type de graphique, la longueur de chaque "tuyau" est proportionnelle à l'effectif de la modalité correspondante.

Exemple II.2.3. Nous allons reprendre l'exemple de l'enquête sur la "situation matrimoniale" et créer le diagramme en barres correspondant.

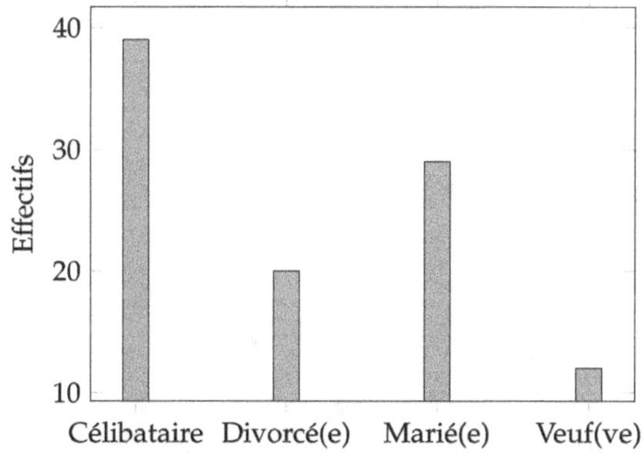

Exemple II.2.4. Imaginons que l'on veut analyser les couleurs préférées des étudiants dans une classe.

Voici un exemple de données fictives avec les effectifs correspondants :

Couleurs	Effectifs
Rouge	15
Bleu	20
Vert	10
Jaune	8

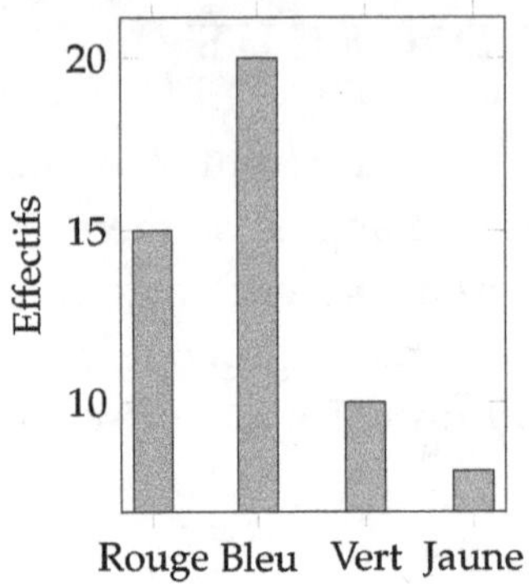

Le diagramme à bandes facilite ainsi la comparaison des différentes catégories de X en montrant clairement les différences de hauteur entre les barres. Simple à comprendre, il offre une vue rapide et intuitive des données, ce qui le rend efficace pour illustrer les différences entre les catégories.

CHAPITRE III

MESURES DE LOCALISATION

Après avoir donné une vue d'ensemble ou représenté les observations, il est intéressant de calculer les caractéristiques de la série d'observations c'est-à-dire de déterminer des indicateurs numériques (paramètres) permettant de résumer l'information contenue dans les données. Ces calculs ne sont pas réalisables principalement pour les caractères quantitatifs. On distingue deux types de caractéristiques numériques :

— les caractéristiques de tendance centrale ou paramètres de position, qui permettent de résumer l'ensemble des valeurs de la variable ;

— les caractéristiques ou paramètres de dispersion, qui permettent d'appréhender la disparité des valeurs observées de la variable.

Lorsque l'on dispose de données et que l'on souhaite déterminer une valeur représentative, il est courant de calculer une mesure de localisation. Autrement dit, on cherche à identifier un nombre qui exprime la tendance centrale de cette distribution.

Les paramètres de position permettent de savoir autour de quelles valeurs se situent les valeurs d'une variable statistique. Parmi les paramètres de position, nous trouvons :

— Le mode

— La médiane

— La moyenne

— Les quantiles

Ce qui suit est consacré à la description de ce type de mesure, tant pour les distributions individuelles (discrètes) que pour les distributions centrées, classées ou groupées.

III.1 Mode

Définition III.1.1. Le mode, noté M_0, est la modalité qui admet la plus grande fréquence.

Le Mode dans les séries discrètes ou qualitatives

La détermination du mode dans le cas d'une distribution avec des observations quantitatives discrètes ou qualitatives doit suivre les étapes suivantes :

1. Algébriquement, on applique la définition : C'est la valeur x_i la plus fréquente (dont la fréquence la plus élevée).
2. Graphiquement, c'est la valeur du caractère correspondant au bâton le plus haut.

Exemple III.1.1 (Cas des données qualitatives). Nous avons relevé dans un groupe de 300 personnes la couleur des yeux. On obtient le tableau suivant :

Modalités "Couleur des yeux"	Effectifs
Noir	65
Bleu	110
Vert	50
Marron	75
Total	*300*

Pour déterminer le mode à partir du tableau, nous devons identifier la modalité (ou catégorie) qui a le plus grand effectif. Le mode est la valeur qui apparaît le plus fréquemment dans la distribution.

Le mode est donc la couleur des yeux "Bleu", car elle a le plus grand effectif avec 110 occurrences. Par conséquent, la modalité "Bleu" est celle qui caractérise le mieux la tendance centrale de cette distribution.

Exemple III.1.2 (Cas des observations individuelles). Le tableau suivant donne le nombre de personnes vivant au foyer des individus interrogés dans une entreprise.

Modalités "Nombre de personnes au foyer"	Effectifs
2	16
3	19
4	34
5	11
Total	*80*

Dans cet exemple, pour déterminer le mode, nous devons identifier le nombre de personnes au foyer qui apparaît le plus fréquemment, c'est-à-dire celui qui a le plus grand effectif.

Le mode est donc "4 personnes", car cette modalité a le plus grand effectif avec 34 foyers (c'est la modalité qui se répète le plus souvent). Cela signifie que la majorité des foyers comptent 4 personnes vivant dans le même foyer, faisant de cette valeur la tendance centrale exprimant le mode de cette distribution.

LE MODE AVEC DES OBSERVATIONS CONTINUES

La détermination algébrique du mode dans le cas d'une distribution avec des observations groupées (classées) doit suivre les étapes suivantes :

1. La classe modale est celle qui présente l'effectif (n_i) ou la fréquence f_i la plus élevée. Si les amplitudes des classes ne sont pas égales, la classe modale est celle ayant la fréquence corrigée la plus élevée.

2. Pour calculer *algébriquement* le mode, il faut appliquer la formule suivante (méthode des diagonales) :

$$\boxed{M_o = L_i + a_i \times \frac{d_1}{d_1 + d_2}} \qquad \text{(III.1)}$$

On note :

— L_i est la borne inférieure de la classe modale

— a_i est l'amplitude de classe

— d_1 est la différence : $d_1 = n_i - n_{i-1}$

— d_2 est la différence : $d_2 = n_i - n_{i+1}$

— n_i est l'effectif absolu (corrigé si les amplitudes sont inégales)

Exemple III.1.3 (Cas des amplitudes inégales). Nous considérons les notes de Statistique descriptive des 240 étudiants de la première année BS, regroupées à l'intérieur de trois classes :

Notes x_i	n_i	a_i	Effectifs par unités d'amplitude
$[0;8[$	120	8 – 0 =8	120/8 = 15
$[8;12[$	80	12 – 8 = 4	80/4 = 20 ⇐
$[12;20[$	40	20 – 12 = 8	40/8 = 5
Total	*240*		

La classe modale est la classe $[8;12[$, c'est en effet pour cette classe que l'effectif par unité d'amplitude est le plus élevé. La note modale correspond au (Eq. III.1) :

$$M_o = 8 + 4 \times \frac{(20 - 15)}{(20 - 15) + (20 - 5)} = 9$$

Remarque III.1.1. Graphiquement, la classe modale correspond au plus haut rectangle de l'histogramme, les hauteurs des rectangles de l'histogramme étant égales aux effectifs par unité d'amplitude.

Pour déterminer *graphiquement* le mode à partir d'un histogramme, il faut suivre les étapes suivantes :

1. On commence par tracer l'histogramme à partir des données.
2. On identifie la classe (rectangle) la plus haute dans l'histogramme. Cette classe est souvent celle associée à la valeur modale.
3. On localise le mode en identifiant le point le plus élevé sur la barre de cette classe. Le sommet de la barre la plus haute représente graphiquement le mode.
4. Pour marquer le mode sur l'histogramme de manière claire, tracez une ligne verticale. Cette ligne doit être créée en reliant l'intersection de la ligne représentant la borne inférieure de la classe modale avec la borne inférieure de la classe suivante, et la ligne représentant la borne supérieure de la classe modale avec la borne supérieure de la classe précédente.

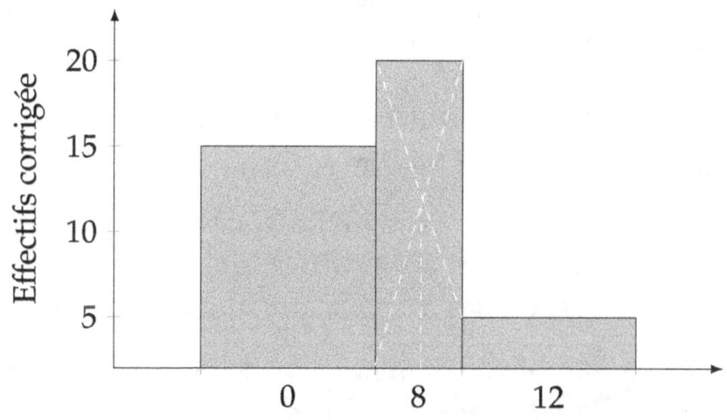

Histogramme des effectifs et visualisation du Mode

III.2 MÉDIANE

La Médiane d'un ensemble de données notée M_e est l'observation placée au milieu d'une série *classée* par ordre croissant ou décroissant. C'est aussi la valeur qui divise l'ensemble en deux parties égales lorsqu'il est *ordonné* par ordre croissant ou décroissant.

Définition III.2.1. La Médiane M_e est telle que l'effectif des observations dont les modalités sont inférieures à M_e est égal à l'effectif des observations dont les modalités sont supérieures à M_e. Cette définition n'a de sens que si les modalités sont toutes ordonnées.

Remarque III.2.1. La Médiane est une mesure de position centrale robuste, ce qui signifie qu'elle n'est pas sensiblement influencée par les valeurs extrêmes (valeurs aberrantes) dans l'ensemble de données. Elle est souvent utilisée pour représenter la valeur centrale d'une distribution, en particulier lorsque la distribution n'est pas symétrique.

III.2.1 MÉDIANE EN DONNÉES DISCRÈTES

La détermination de la médiane dans le cas des distributions observées individuellement, doit suivre les étapes suivantes :

1. Classement croissant ou décroissant de la série : calcul d'une fonction cumulée : c'est-à-dire N_i^+, $N_i \searrow^-$ ou F_i^+, F_i^-
2. Chercher le Rang : ici on cherche la valeur qui divise l'ensemble des données en deux parties égales à partir des effectifs cumulés N_i, ou des fréquences cumulées F_i. Mais :

   (a) Si l'ensemble de données a un nombre d'éléments *impair*. C'est-à-dire : N est *impair*. La médiane est alors la valeur qui représente le milieu. Et son rang est calculé en utilisant la formule suivante :

   $$\boxed{\text{Rang}(M_e) = \frac{N+1}{2}} \qquad \text{(III.2)}$$

   Exemple III.2.1. Soit la série de données suivante $75, 62, 57, 12, 18$. On dispose de $N = 5$ (c'est impair). Le *rang* de la médiane est calculé à partir de la relation : $(\frac{5+1}{2} = 3)$. Ce qui signifie que le rang est égal au $3^{\text{éme}}$ terme, ce qui correspond à $M_e = 57$.

(b) Si l'ensemble de données a un nombre *pair* d'éléments. C'est-à-dire : N est *pair*. La médiane est la moyenne des deux valeurs centrales (Intervalle médian). Et elle est calculée en utilisant la formule suivante :

$$\boxed{\text{Rang}(M_e) = [\frac{N}{2};\frac{N}{2}+1]} \tag{III.3}$$

Exemple III.2.2. Soit la série de données suivante : $12, 25, 32, 44, 52, 69$. Le nombre d'éléments est pair ($N = 6$). L'intervalle médian est déterminé par : $\text{Rang}(M_e) = [\frac{6}{2};\frac{6}{2}+1] = [3^{\text{éme}};4^{\text{éme}}]$. Donc la médiane est déduite à partir du calcul de la valeur centrale de l'intervalle : $[32;44]$. Le centre de cette classe est égal à $M_e = \dfrac{32+44}{2} = 38$.

La détermination de la médiane peut-être aussi réalisée aussi par un calcul direct en fonction de la parité de la taille de la série :

1. Lorsque n est impair :

$$M_e = x_{(\frac{n+1}{2})}$$

2. Lorsque n est pair :

$$M_e = \frac{x_{(\frac{n}{2})} + x_{(\frac{n}{2}+1)}}{2}$$

Exemple III.2.3. 1. Si les notes d'un élève sont $4, 7, 9, 9, 12, 13$ et 18, alors la médiane vaut 9.

2. Si les notes sont $4, 7, 9, 9, 9, 12, 13$ et 18, alors la médiane est $\dfrac{9+9}{2}$ soit 9.

III.2.2 Médiane en série continue : Méthode algébrique

Définition III.2.2 (La classe médiane). Les fréquences cumulées (ou les effectifs cumulés) permettent de déterminer dans quelle classe se situe la médiane. La classe ainsi obtenue est appelée classe médiane.

Pour déterminer la médiane dans le cas des distributions groupées, il faut suivre les étapes suivantes :

1. Classer les données par ordre croissant ou décroissant et calculer la fonction cumulée.
2. On repère le rang de la médiane Rang $= \frac{N}{2}$
3. On repère la classe de M_e (trouver la classe ou appartient le i'éme individu, pour cela on classe les individus par ordre croissant, puis le calcul par interpolation linéaire.
4. On peut utiliser la formule suivante pour obtenir la médiane avec plus de précision :

$$\boxed{M_e = L_i + a_i \times \frac{50\% - F_{i-1}}{f_i}} \qquad \text{(III.4)}$$

avec

— L_i : la borne inférieure de la classe médiane.

— a_i : l'amplitude de la classe médiane.

— F_{i-1} : la fréquence cumulée de la classe qui précède la classe médiane.

— f_i : la fréquence de la classe médiane.

Remarque III.2.2. Le calcul de la médiane peut aussi être réalisé sur la base des effectifs absolus cumulés. En appliquant le même principe :

$$\boxed{\frac{M_e - L_{inf}}{L_{sup} - L_{inf}} = \frac{N/2 - N^+_{m-1}}{N^+_m - N^+_{m-1}}} \qquad \text{(III.5)}$$

Exemple III.2.4. Le tableau suivant donne l'âge des 80 joueurs lors d'une compétition sportive. Les effectifs cumulés croissants ont déjà été calculés.

Classes d'âge x_i	n_i	Effectifs cumulés croissants N_i^+
[15; 16[	10	10
[16; 17[	17	27
[17; 18[	28	55
[18; 19[	19	74
[19; 20[	6	80
Total	*80*	

1. Détermination de la classe médiane.

   La médiane est la valeur prise par la variable pour le $\frac{n}{2} = \frac{80}{2} = 40^e$ individu, toutes les valeurs ayant été classées par ordre croissant (corresponds à 50% des fréquences cumulées croissantes). La classe médiane est la classe [17; 18[qui contient cet effectif. En effet, 27 personnes ont moins de 17 ans, et 55 moins de 18 ans. 40 personnes ont donc moins d'un âge situé dans cette fourchette.

2. Détermination de la médiane par *interpolation linéaire* à l'intérieur de la classe [17 ; 18[.

   Nous nous plaçons sous l'hypothèse que les effectifs sont uniformément répartis à l'intérieur de la classe :

   — 27 personnes ont moins de 17 ans ;

   — 40 personnes ont moins de M_e années, où M est l'âge médian ;

   — 55 personnes ont moins de 18 ans.

   Alors,

   $$M_e = 17 + 1 \times \frac{40 - 27}{28}$$

   D'où la médiane $M_e = 17 + 0,46 = 17,46$ ans.

Remarque III.2.3. — La médiane est un indicateur dit robuste, qui ne dépend que des rangs des valeurs de la variable, par exemple la médiane des trois notes est la même si ces notes sont égales à 2, 10, et 12 ou si ces trois notes sont 8, 10, et 18, ce qui n'est pas le cas de la moyenne qui dépend des valeurs de la variable.

— La médiane et la moyenne ne coïncident que dans le cas particulier où les valeurs de la variable sont symétriques par rapport à la moyenne.

III.2.3 Médiane en série continue : Méthode graphique

Définition III.2.3. — Sur un histogramme, la médiane d'une variable statistique continue est la valeur qui divise l'histogramme en deux parties de la même aire.

— Sur le diagramme intégral, la médiane correspondre au point d'intersection des deux courbes cumulatives.

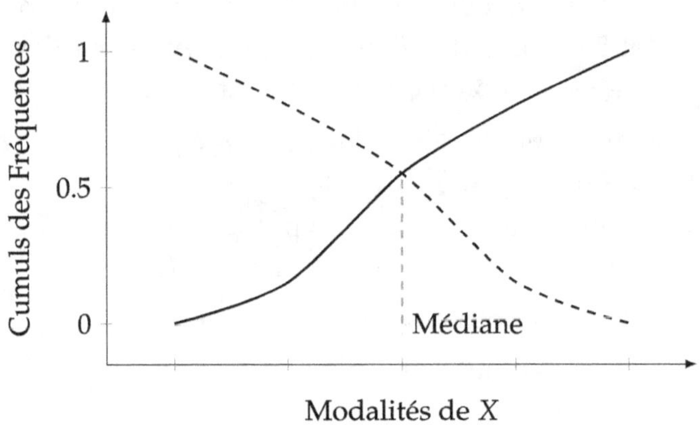

Exemple III.2.5. Dans une étude sur les revenus mensuels de 100 ménages dans une ville donnée, les données suivantes ont été collectées. Le tableau ci-dessous présente les modalités de revenus et les cumuls de fréquences correspondants :

Revenus (en Dhs)	Fréquence cumulée
100	0
110	10
120	40
130	60
140	90
150	100

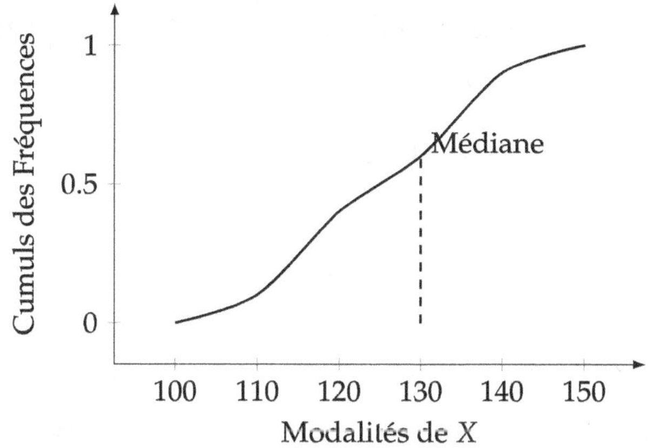

Graphiquement, on peut dire que la médiane vaut 130 dhs.

III.3 Notion de la Moyenne

La moyenne tire son origine du latin "*medius*", signifiant "valeur située au milieu". Elle est également considérée comme une mesure de tendance centrale représentant la valeur typique ou centrale (au milieu) d'un ensemble de données. Différents types de moyennes sont distingués, tels que la moyenne arithmétique, la moyenne géométrique, la moyenne harmonique et la moyenne quadratique. Chacune de ces moyennes est utilisée en fonction du contexte et de la nature des données.

III.3.1 Moyenne arithmétique

Définition III.3.1. La moyenne arithmétique est la caractéristique de position la plus souvent utilisée, elle prend en compte toutes les différentes valeurs prises par la variable. La moyenne empirique notée $\bar{x}$ ne se définit que pour une variable statistique quantitative.

Définition III.3.2. Pour une variable statistique *discrète*, la moyenne arithmétique *simple* est définie par :

$$\boxed{\bar{x} = \frac{1}{n}\sum_{i=1}^{n} x_i} \qquad \text{(III.6)}$$

Avec n le nombre des unités statistiques (i) et x_i est la variable statistique de $i^{\text{éme}}$ individu.

Exemple III.3.1. Considérons les notes d'un élève durant un semestre : $4, 7, 9, 9, 12, 13$ et 18, alors la moyenne arithmétique est donnée par :

$$\bar{x} = \frac{1}{7}\sum_{i=1}^{7} x_i = \frac{1}{7}(4 \times 7 \times 9 \times 9 \times 12 \times 13 \times 18) \approx 10,3$$

Définition III.3.3. Pour une variable statistique *continue*, la moyenne arithmétique *pondérée* est donnée par :

$$\boxed{\bar{x} = \frac{1}{n}\sum_{i=1}^{p} n_i X_i^c = \sum_{i=1}^{p} f_i X_i^c} \qquad \text{(III.7)}$$

Avec n le nombre des unités statistiques i et X_i^c est le centre de la $i^{\text{éme}}$ classe.

Exemple III.3.2. Reprenons maintenant l'exemple précédent (III.2.4) portant sur la variable âge des 80 joueurs lors d'une compétition sportive. Les centres des classes ont déjà été calculés.

Classes d'âge x_i	n_i	Centres des classes X_i^c
$[15;16[$	10	$\frac{15+16}{2} = 15,5$
$[16;17[$	17	$16,5$
$[17;18[$	28	$17,5$
$[18;19[$	19	$18,5$
$[19;20[$	6	$19,5$
Total	*80*	

Dans ce cas, la valeur moyenne arithmétique *pondérée* est égale à :

$$\bar{x} = \frac{1}{n}\sum_{i=1}^{5} n_i X_i^c = \frac{1}{80}(10 \times 15,5 + 17 \times 16,5 +$$

$$28 \times 17,5 + 19 \times 18,5 + 6 \times 19,5)$$

L'âge moyen est donc égal à $17,425$ ans.

Remarque III.3.1. Soient X et Y deux variables statistiques, et λ un nombre réel, alors nous avons :

1. *Somme :*
$$\overline{X+Y} = \overline{X} + \overline{Y}$$

2. *Produit par un scalaire :*
$$\overline{\lambda X} = \lambda \overline{X}$$

III.3.2 GÉNÉRALISATION DE LA NOTION DE LA MOYENNE

Dans certaines situations, le calcul d'une moyenne arithmétique pour quelques grandeurs n'a pas de sens, c'est d'autres types de moyennes qui caractérisent les valeurs de la variable. Par exemple, les taux d'intérêt et les vitesses.

Définition III.3.4. Soient X une variable statistique et

$$\phi : \mathbb{R}_+^* \to \mathbb{R}$$

une application monotone (injection croissante ou décroissante) continue. Alors $\phi(X)$ est une variable statistique quantitative à valeurs dans $\mathbb{R}$. Nous pouvons calculer sa moyenne

$$\overline{\phi(X)} = \frac{1}{n} \sum_{i=1}^{p} n_i \phi(X_i) \qquad \text{(III.8)}$$

Et on définit :

— La moyenne quadratique

— La moyenne harmonique

— La moyenne géométrique

Définition III.3.5. La *moyenne quadratique* : Si $\phi(X) = X^2$ et nous obtenons

$$\overline{X_Q}^2 = \frac{1}{n}\sum_{i=1}^{p} n_i X_i^2$$

Et on note pour les données discrètes, la moyenne quadratique simple :

$$\boxed{Q = \sqrt{\frac{1}{n}\sum_{i=1}^{n} x_i^2}} \tag{III.9}$$

Et pour les observations continues, la moyenne quadratique pondérée :

$$\boxed{Q = \sqrt{\frac{1}{n}\sum_{i=1}^{k}(n_i \times x_i^2)}} \tag{III.10}$$

Exemple III.3.3 (Cas des observations individuelles). Supposons qu'une usine mesure les déviations par rapport à une longueur cible pour cinq types de pièces produites en série. Les déviations (en millimètres) par rapport à la longueur cible sont données par : 2, 3, 5, 4, 6 mm.

On peut calculer la moyenne quadratique définie par :

$$Q = \sqrt{\frac{1}{n}\sum_{i=1}^{n} x_i^2}$$

Où $n = 5$ et x_i représente la déviation pour chaque type de pièce.

$$Q = \sqrt{\frac{1}{5}(2^2 + 3^2 + 5^2 + 4^2 + 6^2)}$$

$$Q = \sqrt{\frac{1}{5}(4 + 9 + 25 + 16 + 36)} = \sqrt{\frac{90}{5}} = \sqrt{18} \approx 4{,}24\,\text{mm}$$

La moyenne quadratique obtenue, $Q \approx 4{,}24$ mm, représente la moyenne quadratique des déviations par rapport à la longueur cible. Cela signifie que, en moyenne, les pièces produites dans l'usine dévient de 4,24 mm par rapport à la longueur cible.

Exemple III.3.4 (Cas des observations individuelles). Soit la série de chiffres $\{-4, -2, 0, 2, 4\}$. La moyenne quadratique de cette série est égale à :

$$Q = \sqrt{\frac{1}{5}\sum_{i=1}^{n} x_i^2} = \sqrt{\frac{(-4)^2 + (-2)^2 + 2^2 + 4^2}{5}} = \sqrt{\frac{40}{5}}$$

$$Q \approx 2,8284$$

Exemple III.3.5 (Cas des observations continues). Considérons les données de l'exemple (III.2.4), pour calculer la moyenne quadratique on applique la formule adéquate :

$$Q = \sqrt{\frac{1}{80}\sum_{i=1}^{5}(n_i \times x_i^2)}$$

$$Q = \sqrt{\frac{1}{80}(10 \times 15,5^2 + 17 \times 16,5^2 + 28 \times 17,5^2 +}$$
$$= \overline{19 \times 18,5^2 + 6 \times 19,5^2)}$$
$$Q \approx 17.46$$

MOYENNE HARMONIQUE

Définition III.3.6. La *moyenne harmonique* : Si $\phi(X) = \dfrac{1}{X}$ et nous obtenons

$$\frac{1}{\overline{X_H}} = \frac{1}{n}\sum_{i=1}^{p} n_i \frac{1}{X_i}$$

La moyenne harmonique est donc la manière appropriée de calculer la vitesse moyenne.

Et on note pour les données discrètes, la moyenne harmonique simple :

$$\boxed{H = \frac{n}{\sum_{i=1}^{n} \frac{1}{x_i}}} \tag{III.11}$$

Et pour les observations continues, la moyenne harmonique pondérée :

$$\boxed{H = \frac{n}{\sum_{i=1}^{k} \frac{n_i}{x_i}}} \tag{III.12}$$

Exemple III.3.6 (Cas des observations discrètes). Soit la série de chiffres $\{8, 5, 9, 13, 25\}$. La moyenne harmonique de cette série est égale à :

$$H = \frac{5}{\sum_{i=1}^{5} \frac{1}{x_i}} = \frac{5}{\frac{1}{8} + \frac{1}{5} + \frac{1}{9} + \frac{1}{13} + \frac{1}{25}} = \frac{5}{0,553034}$$

$$H \approx 9,04$$

Exemple III.3.7 (Cas des observations continues). Considérons les données de l'exemple (III.2.4), pour calculer la moyenne harmonique dans ce cas, on applique la formule suivante :

$$H = \frac{n}{\sum_{i=1}^{k} \dfrac{n_i}{x_i}} = \frac{80}{\dfrac{10}{15.5} + \dfrac{17}{16.5} + \cdots + \dfrac{6}{19.5}} \approx 17.35$$

Il convient de dire que la moyenne harmonique qui correspond à l'âge des 80 joueurs s'élève à 17.35 ans.

Moyenne géométrique

Définition III.3.7. La *moyenne géométrique* : Si $\phi(X) = \log(X)$ et nous obtenons

$$\log(\overline{X_g}) = \frac{1}{n} \sum_{i=1}^{p} n_i \log(X_i)$$

La moyenne géométrique s'utilise, par exemple, quand on veut calculer la moyenne de taux d'intérêt.

On note la formule où l'on dispose des observations isolées :

$$G = \sqrt[n]{\prod_{i=1}^{n} x_i} = \sqrt[n]{x_1 \times x_2 \times .... \times x_n} \qquad \text{(III.13)}$$

Et pour les observations pondérées :

$$G = \sqrt[n]{\prod_{i=1}^{k} x_i^{n_i}} = \sqrt[n]{x_1^{n_1} \times x_2^{n_2} \times .... \times x_k^{n_k}} \qquad \text{(III.14)}$$

Exemple III.3.8 (Cas des observations discrètes). Supposons que nous ayons les taux de croissance annuels d'un indicateur économique au cours de trois années consécutives : 5%, 8%, et 10%. Pour calculer le taux de croissance annuel moyen, on utilise la moyenne géométrique donnée par la formule ci-dessus.

Il faut noter que lorsque nous parlons de taux de croissance, une augmentation de 5% est représentée par un facteur multiplicatif de $(1 + 0,05)$.

$$G = \sqrt[3]{x_1 \times x_2 \times x_3} = \sqrt[3]{1.05 \times 1.08 \times 1.1} = \sqrt[3]{1,2474}$$

$$G \approx 1.07647$$

Ainsi, le taux de croissance annuel moyen sur cette période de trois ans est d'environs 7.65%.

Exemple III.3.9 (Cas des observations continues). Considérons un ensemble de données d'une étude représentant les taux de croissance d'un indicateur économique classés en classes. Voici un tableau récapitulatif des taux de croissance annuels pour différentes classes afférents à un ensemble de pays :

Croissance	Effectif
[0 − 2[	3
[3 − 5[	5
[6 − 8[	7
[9 − 11[	4
[12 − 14]	1

— *Lecture* : 3 signifie que, pour cette étude, il existe 3 pays qui ont un taux de croissance annuel inférieur à 2%

— *Lecture* : 7 signifie qu'il existe 3 pays qui ont un taux de croissance annuel compris entre 6% et 8%

La moyenne géométrique est calculée en utilisant la formule suivante :

$$G = \sqrt[20]{1.01^3 \times 1.05^5 \times .... \times 1.13^1} \approx 1.062$$

Donc la moyenne géométrique des taux de croissance s'élève à 6.2% par an.

III.4 Familles de quantiles

Les quantiles sont aussi des paramètres de position. Ce sont des valeurs qui divisent un ensemble de données *ordonnées* en plusieurs parts égales. Ces valeurs sont utilisées pour comprendre la distribution d'un ensemble de données et sont particulièrement utiles pour analyser des statistiques descriptives. Les quantiles couramment utilisés sont principalement :

— Les quartiles (Q1) (Q2) (Q3)

— Les quintiles (K1) (K2) (K3) (K4)

— Les déciles (D1) (D2) ...(D9)

— Les percentiles (P1) (P2) ...(P99)

Définition III.4.1. Les quartiles sont les valeurs de la variable qui partagent la série en quatre sous-séries de même effectif. On les calcule de la même façon que la médiane qui est égale au 2e quartile. Autrement, les quartiles se sont les nombres réels Q_1, Q_2, Q_3, pour lesquels les fréquences cumulées de X sont respectivement $0,25, 0,50, 0,75$.

— Le premier quartile Q_1 est la valeur de la variable telle que 25 % des valeurs de la variable sont inférieures à Q_1 (et donc 75 % des valeurs sont supérieures).

— Le deuxième quartile Q_2 est la valeur de la variable telle que 50 % des valeurs de la variable sont inférieures à Q_2 (et donc

50 % des valeurs sont supérieures). Le deuxième quartile est égal à la médiane.

— Le troisième quartile Q_3 est donc la valeur de la variable telle que 75 % des valeurs de la variable sont inférieures à Q3 (et donc 25 % des valeurs sont supérieures).

Remarque III.4.1. — La médiane est le quantile d'ordre $\frac{1}{2}$.

— En pratique, les quantiles les plus couramment utilisés sont :

  — Le premier quartile : Q_1,

  — Le troisième quartile : Q_3,

  — Le premier décile : D_1,

  — Le premier quintile : K_1,

  — Le quatrième quintile : K_4,

  — Le neuvième décile : D_9,

  — Le cinquième percentile : P_5,

  — Le nonante-cinquième percentile : P_{95}.

Définition III.4.2. La méthode de détermination des quartiles est similaire à celle utilisée pour la médiane. Cependant, ce qui diffère, c'est la façon de calculer le rang dans chaque cas.

Remarque III.4.2. On peut de la même façon déterminer les déciles, les percentiles, etc. Par exemple :

— Le premier décile D_1 d'une série statistique est la plus petite valeur de la série telle qu'au moins 10 % des valeurs de celle-ci lui sont inférieures ou égales.

— Le neuvième décile D_9 correspond à 90 %.

Exemple III.4.1. Soit la série suivante qui indique le temps consacré à la production (en minutes) de 12 unités d'un produit : $32, 35, 37, 40, 41, 43, 45, 48, 50, 52, 53, 55$.

A noter que cette série est classée d'ordre croissant avec ($n = 12$).

— Le premier quartile : Comme n est pair et par conséquent son rang $= 0{,}25 \times 12 = 3$ est un nombre entier, on a :

$$Q_1 = \frac{x_{(3)} + x_{(4)}}{2} = \frac{37 + 40}{2} = 38{,}5 \text{ minutes}$$

Cela indique que 25% des unités prennent 38,5 minutes ou moins pour être produites.

— La médiane : Comme $np = 0{,}5 \times 12 = 6$ est un nombre entier, on a :

$$\text{Médiane} = \frac{x_{(6)} + x_{(7)}}{2} = \frac{43 + 45}{2} = 44 \text{ minutes.}$$

Cela indique que 50 % des unités prennent 44 minutes ou moins pour être produites.

— Le troisième quartile : Comme $np = 0{,}75 \times 12 = 9$ est un nombre entier, on a :

$$Q_3 = \frac{x_{(9)} + x_{(10)}}{2} = \frac{50 + 52}{2} = 51 \text{ minutes.}$$

Cela montre que 75 % des unités prennent 51 minutes ou moins pour être produites.

Exemple III.4.2. Soit la série statistique : $12, 13, 15, 16, 18, 19, 22, 24, 25, 27, 28, 34$ contenant 12 observations ($n = 12$).

— Premier décile (D_1) : Comme $np = 0{,}1 \times 12 = 1{,}2$, on prend $k = 2$ et on a :

$$D_1 = x_{(2)} = 13.$$

— Cinquième décile (D_5) ou médiane : Comme $np = 0{,}5 \times 12 = 6$ est un nombre entier, on prend la moyenne des 6e et 7e valeurs :

$$D_5 = \frac{x_{(6)} + x_{(7)}}{2} = \frac{19 + 22}{2} = 20{,}5.$$

— Neuvième décile (D_9) : Comme $np = 0{,}9 \times 12 = 10{,}8$, on prend $k = 11$ et on a :

$$D_9 = x_{(11)} = 28.$$

— Cinquième percentile (P_5) : Comme $np = 0{,}05 \times 12 = 0{,}6$, on prend $k = 1$ et on a :

$$P_5 = x_{(1)} = 12.$$

— Vingt-cinquième percentile (P_{25}) : Ce percentile correspond au premier quartile Q_1 :

$$P_{25} = \frac{x_{(3)} + x_{(4)}}{2} = \frac{15 + 16}{2} = 15{,}5.$$

— Quatre-vingt-quinzième percentile (P_{95}) : Comme $np = 0{,}95 \times 12 = 11{,}4$, on prend $k = 12$ et on a :

$$P_{95} = x_{(12)} = 34.$$

Exemple III.4.3. Supposons que les salaires (en dirhams) d'une entreprise dont la distribution est répartie en classes d'intervalle selon le tableau suivant :

Classes de salaire (dhs)	Effectifs	Effectifs cumulés
$[1000, 1500[$	5	5
$[1500, 2000[$	8	13
$[2000, 2500[$	12	25
$[2500, 3000[$	7	32
$[3000, 3500[$	3	35

— Médiane (Q_2 notée aussi Me, D_5, P_{50}) :
L'effectif total $n = 35$. La médiane se situe donc dans la classe où l'effectif cumulé atteint ou dépasse $\frac{n}{2} = 17{,}5$, soit dans la classe [2000, 2500[.
La formule pour calculer la médiane à partir de ce tableau est :

$$Q_2 = L_{inf} + a_i \times \left(\frac{\frac{n}{2} - N^{+}_{Q_2}}{n_i} \right)$$

où :

— $L_{inf} = 2000$ est la borne inférieure de la classe médiane,

— $N^+_{Q_2} = 13$ est l'effectif cumulé avant la classe médiane,

— $n_i = 12$ est l'effectif de la classe médiane,

— $a_i = 500$ est l'amplitude de la classe.

D'où :

$$Q_2 = 2000 + \left(\frac{17{,}5 - 13}{12}\right) \times 500 = 2000 + \left(\frac{4{,}5}{12}\right) \times 500$$

$$= 2187{,}5 \text{ dhs}$$

La médiane est le salaire qui divise la distribution (masse salariale) en deux parties égales. Autrement dit, 50% des employés gagnent moins de 2187,5 dhs, tandis que l'autre moitié gagne plus de 2187,5 dhs. Cela représente le salaire "typique" au sein de l'entreprise, minimisant l'impact des valeurs extrêmes (très bas ou très élevés).

— Premier quartile (Q_1) : Comme son rang est $\frac{n}{4} = \frac{35}{4}$. Le premier quartile se situe dans la classe [1500, 2000[, où l'effectif cumulé atteint ou dépasse $\frac{n}{4} = 8{,}75$. La formule pour calculer Q_1 est similaire à celle de la médiane :

$$Q_1 = L_{inf} + \left(\frac{\frac{n}{4} - N^+_{Q_1}}{n_i}\right) \times a_i$$

où :

— $L_{inf} = 1500$ est la borne inférieure de la classe du premier quartile,

— $N^+ = 5$ est l'effectif cumulé avant cette classe,

— $n_i = 8$ est l'effectif de cette classe,

— $a_i = 500$ est l'amplitude de la classe.

D'où :

$$Q_1 = 1500 + \left(\frac{8{,}75 - 5}{8}\right) \times 500 = 1500 + \left(\frac{3{,}75}{8}\right) \times 500$$

$$= 1684{,}375 \text{ dhs}$$

Le premier quartile est le salaire en dessous duquel se situent 25 % des employés. En d'autres termes, 25 % des salariés de cette entreprise gagnent moins de 1684,375 dhs. Ce quartile est souvent utilisé pour identifier le *niveau* de salaire le plus bas dans une entreprise.

— Neuvième décile (D_9) : Le neuvième décile se situe dans la classe [2500, 3000[, où l'effectif cumulé atteint ou dépasse $0{,}9 \times n = 31{,}5$. La formule pour calculer D_9 est :

$$D_9 = L_{inf} + \left(\frac{0{,}9 \times n - N^+_{D_9}}{n_i} \right) \times a_i$$

où :

- — $L_{inf} = 2500$ est la borne inférieure de la classe du neuvième décile,
- — $N^+ = 25$ est l'effectif cumulé avant cette classe,
- — $n_i = 7$ est l'effectif de cette classe,
- — $a_i = 500$ est l'amplitude de la classe.

D'où :

$$D_9 = 2500 + \left(\frac{31{,}5 - 25}{7} \right) \times 500 = 2500 + \left(\frac{6{,}5}{7} \right) \times 500$$
$$= 2964{,}29 \text{ dhs}$$

Le neuvième décile est le salaire en dessous duquel se situent 90 % des employés. Par conséquent, 90 % des salariés gagnent moins de 2964,29 dhs, tandis que les 10 % restants gagnent plus. Ce décile est souvent utilisé pour identifier les niveaux de salaire les plus élevés et peut servir à analyser la concentration des revenus au sommet de la distribution salariale.

CHAPITRE IV

MESURES DE LA VARIABILITÉ

Il est souvent conseillé de ne pas se limiter aux seuls paramètres de tendance centrale lorsque l'on analyse une distribution de données. En effet, bien que ces mesures fournissent une idée générale de la position centrale des données, elles ne donnent pas d'indications sur la manière dont les valeurs sont dispersées autour de cette tendance centrale ni sur la forme générale de la distribution.

Pour obtenir une image plus complète et précise de la distribution, il est essentiel de considérer également les caractéristiques de dispersion, de forme et de concentration. Ces mesures supplémentaires offrent une compréhension plus approfondie de la variabilité des données, de leur structure interne et de leur comportement général, ce qui permet de tirer des conclusions plus robustes et nuancées.

IV.1 Paramètres de dispersion

La dispersion, en statistiques, mesure la répartition ou la dispersion des valeurs dans un ensemble de données. Elle indique dans quelle mesure les valeurs individuelles d'un ensemble de données s'écartent ou varient autour d'une mesure de tendance centrale, comme la moyenne ou la médiane. Une dispersion plus élevée signifie que les valeurs sont plus étalées, tandis qu'une dispersion plus faible indique que les valeurs sont plus regroupées.

Il existe plusieurs mesures de dispersion, on va essayer le présenter les plus importants paramètres de dispersion :

- Minimum et maximum
- Intervalle de variation (étendue de la série)
- Intervalles inter quantiles
- Variance
- Écart-type
- Coefficient de variation
- Écart moyen et la boîte à moustache

IV.1.1 L'étendue

Définition IV.1.1. L'étendue ou l'intervalle de variation : noté (IV), est la différence entre la plus grande valeur de X et la plus petite valeur de X. Il est calculé par la formule suivante :

$$\boxed{IV = Max(x_i) - Min(x_i)} \qquad \text{(IV.1)}$$

Avec :

- Le *Maximum* d'une série statistique à caractère quantitatif : est la valeur maximale que peut prendre le caractère. Noté : $Max(x_i)$

— Le *Minimum* d'une série statistique à caractère quantitatif : est la valeur minimale que peut prendre le caractère. Noté : $Min(x_i)$

Exemple IV.1.1 (Cas des observations isolées). Soit la série statistique : $12, 13, 15, 16, 18, 19, 22, 24, 25, 27, 28, 34$ contenant 12 observations ($n = 12$).

Pour calculer le minimum et le maximum d'une série statistique, il faut identifier respectivement la plus petite et la plus grande valeur parmi toutes les observations.

— Le minimum est la plus petite valeur de la série, qui est 12 dans ce cas.

— Le maximum est la plus grande valeur de la série, qui vaut 34

L'étendue est calculée selon la formule ci-dessus, donc :

$$IV = 34 - 12 = 22$$

Donc pour cette série statistique, le minimum est 12, le maximum est 34, et l'étendue vaut 22

Exemple IV.1.2 (cas des observations groupées). Soit une série statistique contenant les tailles de 12 individus, regroupées en classes :

Modalités	Effectifs
[150; 160]	3
[160; 170]	5
[170; 180]	3
[180; 190]	1

Pour calculer le minimum et le maximum, on se base sur les bornes des classes :

— Le minimum est la borne inférieure de la première classe : 150 cm

— Le maximum est la borne supérieure de la dernière classe : 190 cm

L'étendue est calculée selon la formule ci-dessus, donc :

$$IV = 190 - 150 = 40$$

Donc pour cette série statistique avec classes, le minimum est 150 cm, le maximum est 190 cm, et l'étendue vaut 40 cm.

INTERVALLE INTER-QUARTILE

Les intervalles inter-quantiles, également appelés plages inter-quartiles, mesurent l'étendue d'une distribution de données entre certains quantiles spécifiques.

Définition IV.1.2. L'intervalle inter-quartile (IIQ) est la plage couverte par les valeurs situées entre le premier quartile (Q1) et le troisième quartile (Q3) d'un ensemble de données ordonnées. C'est la différence entre le troisième quartile et le premier quartile.

$$\boxed{IIQ = Q_3 - Q_1} \tag{IV.2}$$

L'intervalle inter-quartile contient 50 % des valeurs de X autours de la médiane.

L'écart inter-quartile est la longueur $Q_3 - Q_1$ de l'intervalle $[Q_1; Q_3]$ comprend 50 % des valeurs de la série. Tandis qu'à l'extérieur de l'intervalle inter-quartile, on trouve 25 % des valeurs les plus petites de la variable et 25 % des valeurs les plus grandes de la variable.

Exemple IV.1.3 (Cas des observations isolées). Soit la série suivante qui indique le temps consacré à la production (en minutes) de 12 unités d'un produit : $32, 35, 37, 40, 41, 43, 45, 48, 50, 52, 53, 55$.

Pour calculer l'intervalle inter-quartile, il faut procéder aux étapes suivantes :

- Trier les données
- Calculer Q1 et Q3
- Calcul de l'intervalle inter-quartile selon la formule ci-dessus.

Le calcul des quartiles Q1 et Q3 est développé dans l'exemple III.4.1. D'où :

$$Q_1 = 38.5 \text{ et } Q_3 = 51 \text{ donc :}$$

$$IIQ = 51 - 38.5 = 12.5$$

Cet intervalle indique que la dispersion autour de la médiane des valeurs de la série est de 12.5 unités.

Exemple IV.1.4 (Cas des observations groupées). Reprenons les données de l'exemple III.4.3. Il s'agit des salaires (en dirhams) d'une entreprise dont la distribution est répartie en classes d'intervalle selon le tableau suivant :

Classes de salaire (dhs)	Effectifs	Effectifs cumulés
[1000, 1500[	5	5
[1500, 2000[	8	13
[2000, 2500[	12	25
[2500, 3000[	7	32
[3000, 3500[	3	35

Pour calculer l'intervalle inter-quartile dans ce cas, il faut procéder aux étapes suivantes :

- Trier les données (calculer les effectifs cumulés ou les fréquences cumulées)
- Calculer Q1 et Q3
- Calcul de l'intervalle inter-quartile selon la formule ci-dessus.

Calculons les quartiles Q1 et Q3 :

1. Premier quartile (Q_1) : Comme son rang est $\frac{n}{4} = \frac{35}{4}$. Le premier quartile se situe dans la classe [1500, 2000[, où l'effectif cumulé atteint ou dépasse $\frac{n}{4} = 8{,}75$. La formule pour calculer Q_1 est similaire à celle de la médiane :

$$Q_1 = L_{inf} + \left(\frac{\frac{n}{4} - N^+_{Q_1}}{n_i} \right) \times a_i$$

où :

— $L_{inf} = 1500$ est la borne inférieure de la classe du premier quartile,
— $N^+ = 5$ est l'effectif cumulé avant cette classe,
— $n_i = 8$ est l'effectif de cette classe,
— $a_i = 500$ est l'amplitude de la classe.

D'où :

$$Q_1 = 1500 + \left(\frac{8{,}75 - 5}{8}\right) \times 500 = 1500 + \left(\frac{3{,}75}{8}\right) \times 500$$

$$= 1684{,}375 \text{ dhs}$$

2. Troisième quartiles Q3 : Comme son rang est $\frac{3 \times n}{4} = \frac{3 \times 35}{4}$. Le premier quartile se situe dans la classe [2500, 3000[, où l'effectif cumulé atteint ou dépasse 26,25. La formule pour calculer Q_3 est la suivante :

$$Q_3 = L_{inf} + \left(\frac{\frac{3n}{4} - N^+_{Q_3}}{n_i}\right) \times a_i$$

où :

— $L_{inf} = 2500$ est la borne inférieure de la classe du troisième quartile,
— $N^+ = 25$ est l'effectif cumulé avant cette classe,
— $n_i = 7$ est l'effectif de cette classe,
— $a_i = 500$ est l'amplitude de la classe.

D'où :

$$Q_3 = 2500 + \left(\frac{26{,}25 - 25}{7}\right) \times 500 = 1500 + \left(\frac{1{,}25}{7}\right) \times 500$$

$$= 2589{,}286 \text{ dhs}$$

Le calcul des quartiles Q1 et Q3 donne :

$$Q_1 = 1684.375 \text{ et } Q_3 = 2589{,}286 \text{ donc :}$$

$$IIQ = 2589{,}286 - 1684{,}375 \approx 905 \text{ dhs}$$

Cet intervalle indique que la dispersion des salaires autour de la médiane (salaire médian) est de 905 dhs.

IV.1.2 Écart absolu moyen

Définition IV.1.3. Écart absolu moyen est la moyenne arithmétique des valeurs absolues des écarts de X par rapport à sa moyenne :

— Pour les observations non groupées

$$\boxed{EAM = \frac{1}{n}\sum_{i=1}^{n}|x_i - \bar{x}|} \tag{IV.3}$$

— Pour les observations groupées

$$\boxed{EAM = \frac{1}{n}\sum_{i=1}^{p}n_i\,|x_i - \bar{x}|} \tag{IV.4}$$

où n représente le nombre de données dans l'ensemble, x_i chaque valeur individuelle, et $\bar{x}$la moyenne arithmétique de l'ensemble des données.

Remarque IV.1.1. L'écart absolu moyen est utilisé pour comprendre à quel point les données sont concentrées autour de la moyenne.

— Lorsque les valeurs sont proches de la moyenne, l'écart absolu moyen est faible

— Une valeur élevée suggère une plus grande dispersion autour de la moyenne.

Exemple IV.1.5 (cas des observations isolées). Soit la série statistique : $12, 12, 15, 16, 18, 19, 22, 24, 25, 27, 28, 34$ contenant 12 observations ($n = 12$).

Le calcul de l'écart absolu moyen (EAM) doit suivre les étapes suivantes :

— Étape 1 : Calculer la moyenne $\bar{x}$

$$\bar{x} = \frac{12+12+15+\cdots+28+34}{12} = 21$$

— Étape 2 : Calculer les écarts absolus $|x_i - \bar{x}|$

$\|12-21\| = 9$	$\|16-21\| = 5$	$\|22-21\| = 1$	$\|27-21\| = 6$
$\|12-21\| = 9$	$\|18-21\| = 3$	$\|24-21\| = 3$	$\|28-21\| = 7$
$\|15-21\| = 6$	$\|19-21\| = 2$	$\|25-21\| = 4$	$\|34-21\| = 13$

— Étape 3 : Calculer la somme des écarts absolus

$$9+9+6+5+3+2+1+3+4+6+7+13 = 68$$

— Étape 4 : Calculer l'EAM selon la formule ci-haut :

$$EAM = \frac{68}{12} \approx 5,67$$

Donc, pour cette série statistique, l'écart absolu moyen est de 5,67.

Exemple IV.1.6 (Cas des observations groupées). Reprenons les données de l'exemple III.4.3. calculons l'écart absolu moyen de la distribution des salaires de l'entreprise :

Classes de salaire (dhs)	Effectifs
[1000, 1500[	5
[1500, 2000[	8
[2000, 2500[	12
[2500, 3000[	7
[3000, 3500[	3

Les étapes sont les suivantes :

— Étape 1 : Calculer la moyenne

$$\bar{x} = \frac{76250}{35} = 2178.5714$$

— Étape 2 : Calculer les écarts absolus : $= 16142,86$

— Étape 3 : Calculer l'EAM selon la formule suivante :

$$EAM = \frac{1}{n}\sum_{i=1}^{p} n_i |x_i - \bar{x}| = \frac{16142,86}{35} = 461.22$$

Les calculs sont résumés dans le tableau suivant :

Salaires	x_i^c	n_i	$n_i \times x_i^c$	$n_i \lvert x_i^c - \bar{x} \rvert$
[1000, 1500[	1250	5	6250	4642,86
[1500, 2000[	1750	8	14000	3428,57
[2000, 2500[	2250	12	27000	857,14
[2500, 3000[	2750	7	19250	4000,00
[3000, 3500[	3250	3	9750	3214,29
		35	76250	16142,86

IV.1.3 Boîte de distribution " à moustaches"

La boîte à moustaches, ou diagramme en boîte, ou encore boxplot en anglais, est un diagramme simple qui permet de représenter la distribution d'une variable. Ce diagramme est composé de :

— Un rectangle qui s'étend du premier au troisième quartile. Le rectangle est divisé par une ligne correspondant à la médiane.

— Ce rectangle est complété par deux segments de droites.

— Pour les dessiner, on calcule d'abord les bornes

$$P_1 = Q_1 - 1,5 \times \text{IQ} \quad \text{et} \quad P_2 = Q_3 + 1,5 \times \text{IQ}$$

où IQ est la distance inter-quartile.

— On identifie ensuite la plus petite et la plus grande observation comprise entre ces bornes. Ces observations sont appelées "valeurs adjacentes".

— On trace les segments de droites reliant ces observations au rectangle.

— Les valeurs qui ne sont pas comprises entre les valeurs adjacentes, sont représentées par des points et sont appelées "valeurs extrêmes".

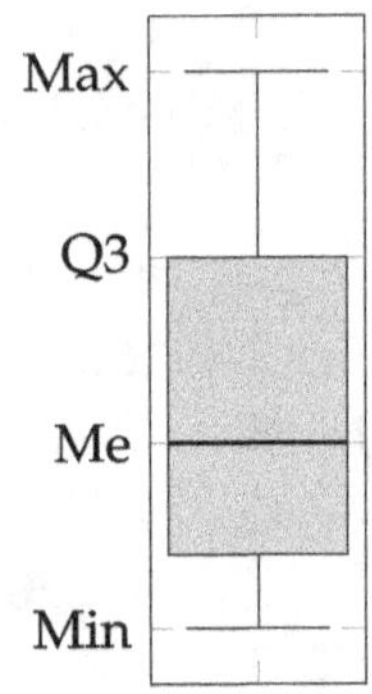

Boîte à moustaches

Exemple IV.1.7 (Cas des observations isolées). Soit la série statistique : $12, 13, 15, 16, 18, 19, 22, 24, 25, 27, 28, 34$. Pour construire la boîte à moustaches, il faut suivre les étapes suivantes :

— Calcul des Quartiles : Q1, Q2 et Q3 et dans ce cadre on doit suivre les étapes suivantes :

1. Trier les données :

$$12, 13, 15, 16, 18, 19, 22, 24, 25, 27, 28, 34$$

2. Calculer de deuxième quartile (médiane) et puisque n est pair, on a : $Q_2 = \frac{19+22}{2} = 20.5$
3. Calculer le premier quartile (Q1) : $Q_1 = \frac{15+16}{2} = 15.5$
4. Calculer le troisième quartile (Q3) : $Q_3 = \frac{25+27}{2} = 26$

— Calcul de l'intervalle inter-quartile (IIQ) :

$$IIQ = Q_3 - Q_1 = 26 - 15.5 = 10.5$$

— Calcul des bornes pour les valeurs adjacent

$$P_1 = 15.5 - 1.5 \times 10.5 = -0.25$$

$$P_2 = 26 + 1.5 \times 10.5 = 41.75$$

Cela veut dire que les valeurs les plus petites et les plus grandes de la série sont Min=12 et Max=34, qui sont toutes deux comprises entre -0.25 et 41.75. En d'autres termes, il n'y a pas de valeurs extrêmes dans ce cas, car toutes les valeurs sont comprises dans les bornes.

— Construction du Box Plot :

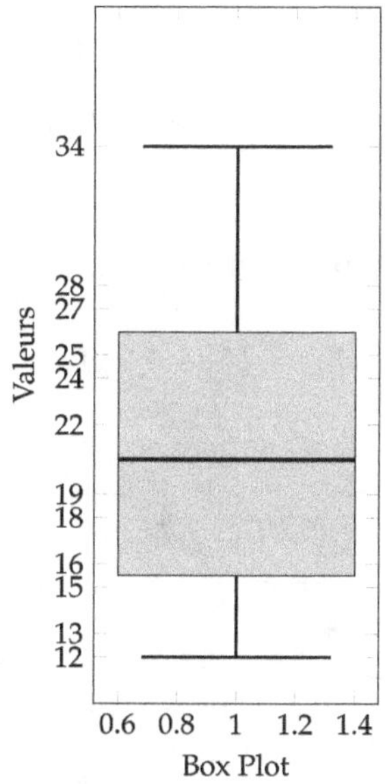

En termes d'interprétation, on peut dire que :

— La médiane est à 20.5, ce qui signifie que la moitié des données est inférieure (supérieure) à cette valeur.

— Les Quartiles : Q1 est à 15.5 et Q3 est à 26, ce qui montre que 50% des données se situent entre ces deux valeurs.

— Les extrêmes (Whiskers) : Les whiskers s'étendent jusqu'aux valeurs minimales et maximales de l'échantillon, indiquant l'étendue des données.

— Dans cet exemple,il n'y a pas de valeurs extrêmes.

Exemple IV.1.8 (Cas des observations groupées). Reprenons les données de l'exemple III.4.3. Et construisant le Box Plot de cette série.

Classes de salaire (dhs)	Effectifs	Effectifs cumulés
$[1000, 1500[$	5	5
$[1500, 2000[$	8	13
$[2000, 2500[$	12	25
$[2500, 3000[$	7	32
$[3000, 3500[$	3	35

et on a les données suivantes :

— Le premier quartile : $Q_1 = 1684.375$

— Le deuxième quartile : $Q_2 = 2187.5$

— Le troisième quartile : $Q_3 = 2589.286$

— L'intervalle inter-quartile : $IIQ = 2589.286 - 1684.375 \approx 905$

— Calcul des bornes pour les valeurs adjacent

$$P_1 = 1684.4 - 1.5 \times 905 = 327$$

$$P_2 = 2589.3 + 1.5 \times 905 = 3946.6$$

On remarque que : $P_1 < Min < Max < P_2$, donc il n'y a pas de valeurs extrêmes.

— Le Box Plot se présente comme suit :

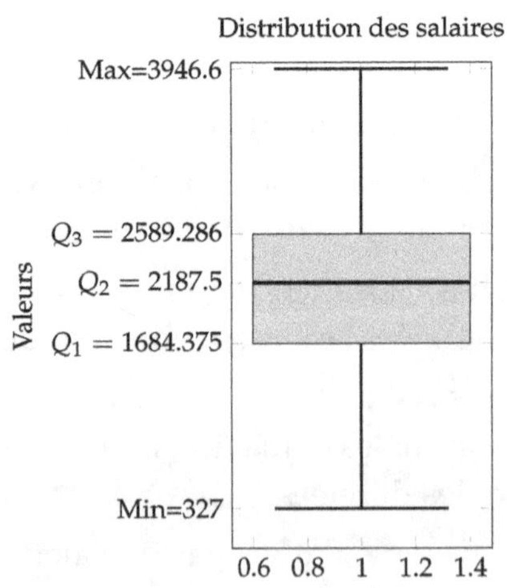

Cette distribution des salaires présente quelques spécificités :

— Premier Quartile (Q1 = 1684.375) : Cela signifie que 25% des salaires sont inférieurs à 1684.375. Ce quartile peut être considéré comme un indicateur du seuil de revenu pour les travailleurs les moins bien rémunérés dans l'échantillon.

— La médiane indique que 50% des salaires sont inférieurs à 2187.5. Cela représente le salaire médian, ce qui est un bon indicateur de la tendance centrale des salaires, car il n'est pas influencé par les valeurs extrêmes.

— Cela signifie que 75% des salaires sont inférieurs à 2589.286. Ce quartile montre que les salaires commencent à se concentrer autour de valeurs plus élevées, indiquant une certaine disparité dans les revenus.

— L'intervalle interquartile (IIQ = 905). Il représente la dispersion des salaires au sein du milieu 50% des données. Un IIQ relativement large peut indiquer une variabilité significative des salaires dans cette tranche.

— Valeurs adjacentes :

  — Borne Inférieure (P1 = 327) : Les salaires inférieurs à 327 sont considérés comme des valeurs extrêmes. Cela pourrait indiquer des cas de salaires très bas, potentiellement liés à des emplois précaires ou à des périodes de chômage.

  — Borne supérieure (P2 = 3946.6) : Les salaires supérieurs à 3946.6 sont également considérés comme des valeurs extrêmes. Cela peut représenter des salaires très élevés, potentiellement liés à des postes de direction ou à des professions très spécialisées.

  — Les points situés en dehors des extrêmes (les lignes qui s'étendent des bords de la boîte) représentent des valeurs aberrantes (outliers). Ces valeurs peuvent nécessiter une attention particulière, car elles peuvent indiquer des anomalies dans les données.

— La forme du box plot peut également indiquer la symétrie ou l'asymétrie de la distribution des salaires. Si la médiane est centrée dans la boîte et que les whiskers sont de longueur similaire, cela suggère une distribution relativement symétrique. Si la médiane est décalée vers un côté, cela indique une asymétrie, ce qui pourrait signifier que les salaires sont plus concentrés à un extrême (par exemple, des salaires élevés).

IV.1.4 Variance et écart-type

Définition IV.1.4. On appelle *variance* de x notée $V(x)$, la moyenne arithmétique des carrés des écarts de x à sa moyenne.

Les formules associées au calcul de la variance dans le cas des observations isolées sont les suivantes :

$$\boxed{V(x) = \sigma_x^2 = \frac{1}{n}\sum_{i=1}^{n}(x_i - \bar{x})^2} \qquad \text{(IV.5)}$$

Cela peut être développé comme suit :

$$\sigma_x^2 = \frac{1}{n}\sum_{i=1}^{n}\left(x_i^2 - 2x_i\bar{x} + \bar{x}^2\right)$$

En simplifiant, on obtient :

$$\sigma_x^2 = \frac{1}{n}\sum_{i=1}^{n}x_i^2 - 2\bar{x} \times \frac{1}{n}\sum_{i=1}^{n}x_i + \frac{1}{n}\sum_{i=1}^{n}\bar{x}^2$$

Puisque $\bar{x}$ est constant, la somme de $\bar{x}^2$ sur n termes est simplement $n\bar{x}^2$ divisée par n, ce qui donne :

$$\sigma_x^2 = \frac{1}{n}\sum_{i=1}^{n}x_i^2 - 2\bar{x} \times \bar{x} + \bar{x}^2$$

Finalement, on obtient :

$$\boxed{V(x) = \sigma_x^2 = \frac{1}{n}\sum_{i=1}^{n}x_i^2 - \bar{x}^2} \qquad \text{(IV.6)}$$

Avec : n est le nombre des unités statistiques i. Et x_i est la variable statistique de $i^{\text{éme}}$ individu.

Dans le cas des observations groupées, les formules sont les suivantes :

$$\boxed{V(x) = \sigma_x^2 = \frac{1}{n}\sum_{i=1}^{k} n_i \times (x_i - \bar{x})^2} \tag{IV.7}$$

$$\boxed{V(x) = \frac{1}{n}\sum_{i=1}^{n} n_i \times x_i^2 - \bar{x}^2} \tag{IV.8}$$

Avec : n_i l'effectif absolu. x_i centre de la classe i. Et k nombre total des classes.

Remarque IV.1.2. Lorsqu'il s'agit d'estimer la variance d'une variable X à partir d'un échantillon de taille n (sélectionné aléatoirement à partir de la population), on recourt à la variance "corrigée", qui est calculée en divisant par $n - 1$.

Définition IV.1.5. L'écart-type est un indicateur de mesure de l'écart à la moyenne. Il est calculé à partir de la variance. Cependant, ce paramètre est exprimé en unités carrées. C'est pour cette raison qu'on lui préfère l'*écart-type* de X qui est donné par la racine carrée de la variance de X et qui s'exprime donc avec la même unité que la variable.

$$\boxed{\sigma_x = \sqrt{V(x)} = \sqrt{\sigma_x^2}} \tag{IV.9}$$

Remarque IV.1.3. On note quelques propriétés importantes de la variance :

- Soit a un nombre réel : $V(x + a) = V(x)$ et
- $V(a \times x) = a^2 V(x)$

Exemple IV.1.9 (Cas des observations isolées)**.** Soit la série statistique : $12, 13, 15, 16, 18, 19, 22, 24, 25, 27, 28, 34$. Calculons la variance et l'écart-type de cette série. En se basant sur la formule de la variance, il faut d'abord calculer la moyenne.

$$\bar{x} = \frac{12 + 13 + \cdots + 27 + 28 + 34}{12} = 21.0833$$

et

$$\sum_{i=1}^{12}(x_i - \bar{x})^2 = (12 - 21.08)^2 + (13 - 21.08)^2 + \cdots + (34 - 21.08)^2$$
$$= 82.50 + 65.34 + \cdots + 166.84 = 498.91$$

Donc :

$$\sigma^2 = \frac{\sum_{i=1}^{12}(x_i - \bar{x})^2}{n}$$
$$= \frac{498.91}{12} = 45.5764$$

Par conséquent :

$$\sigma = \sqrt{45.58} \approx 6.45$$

En utilisant la formule :

$$\sigma_x^2 = \frac{1}{n}\sum_{i=1}^{n} x_i^2 - \bar{x}^2$$

$$\sigma_x^2 = \frac{1}{12}(12^2 + 13^2 + \cdots + 34^2) - 21.0833^2 = 45.5764$$

Les deux formules donnent le même résultat. Par conséquent, on peut affirmer que la dispersion de la série s'écarte de 6.45 unités par rapport à la valeur moyenne.

Exemple IV.1.10 (Cas des observations groupées). Reprenons les données de l'exemple III.4.3. Calculons la variance et l'écart-type de cette distribution des salaires. Les calculs sont résumés dans le tableau qui suit :

Salaires	x_i^c	n_i	$n_i x_i^c$	$n_i(x_i^c - \bar{x})^2$	$n_i(x_i^c)^2$
[1000 – 1500[	1250	5	6250	4311224,5	7812500
[1500 – 2000[	1750	8	14000	1469387,8	24500000
[2000 – 2500[	2250	12	27000	61224,5	60750000
[2500 – 3000[	2750	7	19250	2285714,3	52937500
[3000 – 3500]	3250	3	9750	3443877,6	31687500
Total		35	76250	11571428,6	177687500

En utilisant la formule :

$$\sigma_x^2 = \frac{1}{n}\sum_{i=1}^{k} n_i \times (x_i - \bar{x})^2 = \frac{11571428,6}{35} = 330612.245$$

Et pour la formule :

$$\sigma_x^2 = \frac{1}{n}\sum_{i=1}^{n} n_i \times x_i^2 - \bar{x}^2 = \frac{177687500}{35} - 2178.57 = 330612.245$$

Par conséquent, l'écart-type s'élève à :

$$\sigma_x = \sqrt{330612.245} \approx 575\,\text{dhs}$$

Cela veut dire que les salaires dans cette entreprise s'écartent d'environ 575 dhs par rapport au salaire moyen.

IV.1.5 Coefficients de variation

Une limite fondamentale de l'écart-type réside dans le fait que : σ_x est exprimé dans l'unité de mesure de la variable pour laquelle il évalue la dispersion des valeurs. C'est pour cette raison on calcul le coefficient de variation s'il s'agit d'une comparaison de la dispersion de plusieurs distributions.

Définition IV.1.6. Le coefficient de variation est une valeur exprimée d'un nombre sans unité de mesure, il rapporte la valeur de l'écart-type à la valeur de la moyenne, est donné par :

$$\boxed{CV = \frac{\sigma_x}{\bar{x}}} \tag{IV.10}$$

Ce coefficient permet donc la comparaison de séries statistiques dont les échelles de mesure ou les unités sont différentes. D'autre part, un coefficient de variation est élevé signifie une variabilité plus grande autour de la moyenne.

Exemple IV.1.11 (Cas des observations isolées). En se basant sur le même jeu de données : $12, 13, 15, 16, 18, 19, 22, 24, 25, 27, 28, 34$ calculons le coefficient de variation dans ce cas. Notons que :

— L'écart-type vaut : 6.45

— La moyenne vaut : 21.0833

— Le coefficient de variation est :

$$CV = \frac{\sigma_x}{\bar{x}} = \frac{6.45}{21.0833} = 0.3058$$

Donc, le coefficient de variation est d'environ 30.58%. Cela signifie que l'écart-type représente environ 30.58% de la moyenne. Et indique que la dispersion de cette série est relativement significative par rapport à la moyenne. En d'autres termes, les valeurs individuelles s'écartent de la moyenne d'environ 30.58% en moyenne.

Exemple IV.1.12 (Cas des observations groupées). Soit le jeu de données de l'exemple III.4.3. Nous avons les valeurs suivantes :

— L'écart-type vaut : 575

— La moyenne vaut : 2178.5714

— Le coefficient de variation est :

$$CV = \frac{\sigma_x}{\bar{x}} = \frac{575}{2178.5714} = 0.2639$$

Cela signifie que l'écart-type représente environ 26.39% de la moyenne. et indique que la dispersion des données est modérée par rapport à la moyenne. En d'autres termes, les valeurs individuelles s'écartent de la moyenne d'environ 26.39% en moyenne. En d'autres termes, bien que la moyenne soit de 2178.5714, il existe des valeurs qui s'écartent de cette moyenne, mais pas de manière excessive.

Remarque IV.1.4. Le coefficient de variation est un outil précieux pour évaluer la dispersion relative des données par rapport à leur moyenne. Dans le dernier cas par exemple, un CV de 26.39% indique une variabilité modérée. Cela peut également inciter à examiner de plus près les raisons de cette variabilité, et c'est justement l'objectif de la section suivante.

IV.2 Mesures de forme

Les paramètres de forme sont des mesures statistiques utilisées pour caractériser la forme spécifique d'une distribution statistique. Ces paramètres (asymétrie, aplatissement) sont particulièrement pertinents dans le contexte des distributions statistiques non symétriques ou asymétriques et encore plates ou pointues.

Pour bien comprendre et interpréter les paramètres de forme, il est essentiel de connaître les moments d'une distribution, car ces moments servent de base à leur calcul.

IV.2.1 Moments

Les moments sont des concepts fondamentaux en statistique. Ils permettent de caractériser les propriétés essentielles d'une distribution et fournissent des informations précieuses. En effet, les moments donnent la possibilité d'établir des relations fondamentales des différents paramètres, tels que la tendance centrale, la dispersion, ainsi que la symétrie et l'aplatissement.

Dans cette section, nous allons définir les moments simples et centrés, et nous explorerons leur signification ainsi que leurs applications dans l'analyse statistique.

Définition IV.2.1. On appelle moment *simple* (à l'origine) d'ordre $r \in \mathbb{N}$ le paramètre :

— Cas des observations individuelles :

$$\boxed{m_r = \frac{1}{n}\sum_{i=1}^{n} x_i^r} \qquad \text{(IV.11)}$$

— Cas des observations groupées, classées ou continues : (utilisation de la formule pondérée) :

$$\boxed{m_r = \frac{1}{n}\sum_{i=1}^{n} n_i \times x_i^r} \qquad \text{(IV.12)}$$

Ce moment représente la moyenne des valeurs élevées à la puissance r. Le premier moment simple, m_1, correspond à la moyenne arithmétique des données, tandis que le deuxième moment simple, m_2, est lié à la moyenne des carrés des données.

Définition IV.2.2. On appelle moment *centré* d'ordre $r \in \mathbb{N}$ le paramètre :

— Cas des observations individuelles :

$$\boxed{\mu_r = M_r = \frac{1}{n}\sum_{i=1}^{n}(x_i - \bar{x})^r} \tag{IV.13}$$

— Cas des observations groupées, classées ou continues : (utilisation de la formule pondérée) :

$$\boxed{\mu_r = M_r = \frac{1}{n}\sum_{i=1}^{n} n_i \times (x_i - \bar{x})^r} \tag{IV.14}$$

Ce moment mesure la dispersion des valeurs autour de la moyenne. Le premier moment centré, M_1, est toujours égal à zéro, car il représente la somme des écarts à la moyenne, qui s'annulent. Le deuxième moment centré, M_2, est égal à la variance de la distribution.

Remarque IV.2.1. — Les moments généralisent la plupart des paramètres. On a en particulier :

- $m_1 = \bar{x}$
- $M_1 = 0$
- $m_2 = \frac{1}{n}\sum_{i=1}^{n} x_i^2$
- $M_2 = \frac{1}{n}\sum_{i=1}^{n}(x_i - \bar{x})^2 = var(x_i)$
- Nous verrons dans ce qui suit que des moments d'ordres supérieurs ($r = 3, 4$) sont utilisés pour mesurer la symétrie et l'aplatissement. Par exemple, le troisième moment centré est utilisé pour évaluer la symétrie de la distribution, tandis que le quatrième moment centré est utilisé pour mesurer l'aplatissement, ce qui donne des indications sur la forme de la distribution par rapport à une distribution normale.

IV.2.2 Coefficients d'asymétrie

L'asymétrie est une propriété importante d'une distribution statistique. Elle mesure le degré de dissymétrie de la distribution par rapport à sa moyenne. Il existe plusieurs coefficients permettant de quantifier l'asymétrie d'une distribution. Les principaux sont les suivants :

— Asymétrie de mode : Le coefficient d'asymétrie de PEARSON fait intervenir le mode M_o : quand il existe, il est défini par :

$$\boxed{\beta_1 = \frac{\bar{X} - M_o}{\sigma_x}} \tag{IV.15}$$

Ce coefficient compare l'écart entre la moyenne et le mode à l'écart-type. Une valeur positive indique une asymétrie à droite, tandis qu'une valeur négative indique une asymétrie à gauche.

— Asymétrie de quartiles : Le coefficient d'asymétrie de YULE fait intervenir la médiane et les quartiles, il est défini par :

$$\boxed{Y = \frac{Q_1 + Q_3 - 2Q_2}{Q_3 - Q_1}} \tag{IV.16}$$

Le coefficient d'asymétrie de YULE compare la distance entre les quartiles extrêmes et deux fois la médiane. Une valeur positive indique une asymétrie à droite, tandis qu'une valeur négative indique une asymétrie à gauche.

— Le coefficient d'asymétrie de FISHER fait intervenir les moments centrés (d'ordre 3), il est défini par :

$$\boxed{F_1 = \frac{\mu_3}{\mu_2^{3/2}} = \frac{M_3}{(\sigma_x)^3}} \tag{IV.17}$$

avec $\mu_r = \frac{1}{n} \sum_{i=1}^{p} (x_i - \bar{x})^r$.

Le coefficient d'asymétrie de FISHER compare le troisième moment centré (mesurant l'asymétrie) au cube de l'écart-type. Une valeur positive indique une asymétrie à droite, tandis qu'une valeur négative indique une asymétrie à gauche.

Ces différents coefficients d'asymétrie permettent de caractériser la forme de la distribution et de comparer l'asymétrie de distributions différentes. Ils sont particulièrement utiles pour déterminer si une distribution est symétrique ou non, et dans quelle direction se situe l'asymétrie.

Exemple IV.2.1. La figure ci-dessous illustre une distribution présentant une asymétrie à gauche. Dans ce type de distribution, la queue gauche est plus longue ou plus étendue que la droite, ce qui signifie que la majorité des valeurs se concentrent à droite de la moyenne.

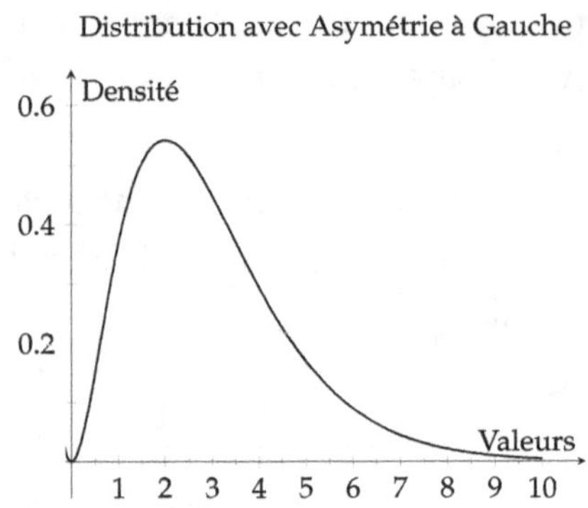

La distribution ci-dessous illustre un cas de distribution proche de la symétrie, avec un coefficient d'asymétrie de 0,26.

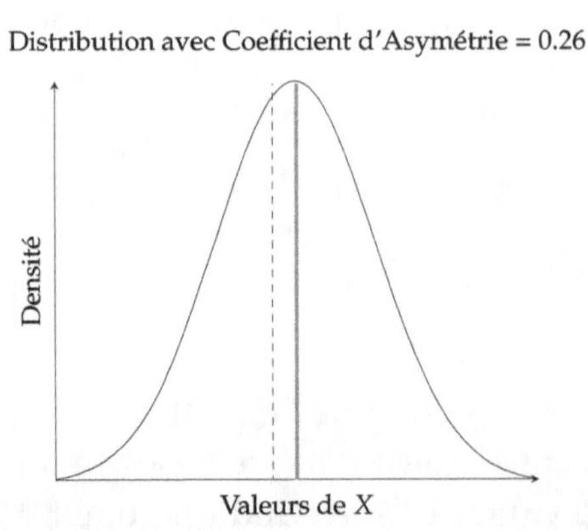

Remarque IV.2.2. Certaines variables sont toujours très asymétriques à droite, comme les revenus, les tailles des entreprises, ou des communes. Une méthode simple pour rendre une variable symétrique consiste alors à prendre le logarithme de cette variable.

Exemple IV.2.2 (Cas des observations isolées). Soit la série statistique : $12, 12, 15, 16, 18, 19, 22, 24, 25, 27, 28, 34$. Calculons les différents coefficients d'asymétrie.

— Le coefficient d'asymétrie de PEARSON est calculé en utilisant la formule suivante :

$$\beta_1 = \frac{\bar{X} - M_o}{\sigma_x} = \frac{21 - 12}{6.56} \approx 1.37$$

— Le coefficient d'asymétrie de YULE est défini par :

$$Y = \frac{Q_1 + Q_3 - 2Q_2}{Q_3 - Q_1} = \frac{15.25 + 26.5 - 2 \times 20.5}{26.5 - 15.25} \approx 0.07$$

— Le coefficient d'asymétrie de FISHER est défini par :

$$F_1 = \frac{\mu_3}{\mu_2^{3/2}} = \frac{84.5}{(6.56)^3} = 0.3$$

Avec :

$$\mu_3 = \frac{\sum_{i=1}^{n} (x_i - \bar{x})^3}{N}$$

Exemple IV.2.3 (Cas des observations groupées). Considérons les données de relatives sur le nombre d'enfants par ménage. Calculons les différents coefficients d'asymétrie.

Nombre d'enfants	n_i	N^+
0	12	12
1	18	30
2	25	55
3	10	65
4	5	70

— Le coefficient d'asymétrie de PEARSON est calculé en utilisant la formule suivante :

$$\beta_1 = \frac{\bar{X} - M_o}{\sigma_x}$$

Dans ce cas :

— Le mode est donc 2 enfants, car c'est la valeur qui apparaît le plus fréquemment dans les données ($n_3 = 25$).

— La médiane se trouve donc entre les valeurs 1 et 2, car la fréquence cumulée à 1 (30) est inférieure à 35.5, tandis que celle à 2 (55) est supérieure. La médiane est donc égale à $\frac{1+2}{2} = 1.5$.

— La moyenne du nombre d'enfants par ménage est de 1.69. ($\bar{x} = \frac{1}{70}(0 \times 12 + 1 \times 18 + \cdots + 4 \times 5 = \frac{118}{70})$)

— La variance vaut :

$$\sigma_x^2 = \frac{288}{70} - 1.69^2 = 1.2726$$

Donc :

$$\beta_1 = \frac{1.69 - 2}{\sqrt{1.2726}} \approx -0.28$$

— Le coefficient d'asymétrie de YULE est défini par :

$$Y = \frac{Q_1 + Q_3 - 2Q_2}{Q_3 - Q_1}$$

Dans ce cas :

— Le premier quartile qui représente 25% des informations égale à : $Q_1 = 0.3055$

— Et respectivement le deuxième et le troisième quartile égales à : $Q_2 = 1.2$ et $Q_3 = 1.9$

D'où :

$$Y = \frac{Q_1 + Q_3 - 2Q_2}{Q_3 - Q_1} = \frac{0.31 + 1.9 - 2 \times 1.2}{1.9 - 1.2} \approx -0.122$$

— Pour calculer le coefficient d'asymétrie de FISHER est important de calculer le moment centré d'ordre 3. Les calculs sont présentés dans le tableau suivant :

Nombre d'enfants	n_i	N^+	$n_i \times (x_i - \bar{x})^3$
0	12	12	-57,48
1	18	30	-5,80
2	25	55	0,78
3	10	65	22,70
4	5	70	61,98
Total	70		22.1682

On a :

$$M_3 = \frac{1}{70}\sum_{i=1}^{5} n_i \times (x_i - \bar{x})^3 = \frac{1}{70}(12 \times (0 - 1.69)^3 + \ldots$$

$$+5 \times (4 - 1.69)^3)$$

$$M_3 = \frac{22.1682}{70} \approx 0.3167$$

D'où :

$$F_1 = \frac{\mu_3}{\mu_2^{3/2}} = \frac{0.3167}{1.128^3} \approx 0.22$$

IV.2.3 Coefficients d'aplatissement

L'aplatissement d'une distribution peut être caractérisé par le coefficient de Pearson (β_2) ou celui de Fisher (F_2), tous deux basé sur le moment centré d'ordre 4 (M_4 ou μ_4). Ce moment est défini par la relation suivante :

$$M_4 = \frac{1}{n}\sum_{i=1}^{n}(x_i - \bar{x})^4 \qquad \text{(IV.18)}$$

Définition IV.2.3. Il existe deux définitions possibles pour les coefficients d'aplatissement :

— Le coefficient d'aplatissement de Pearson est donné par :

$$\boxed{\beta_2 = \frac{\mu_4}{\mu_2^2}} \qquad \text{(IV.19)}$$

— Le coefficient d'aplatissement de FISHER est défini comme suit :

$$\boxed{F_2 = \frac{\mu_4}{\mu_2^2} - 3} \tag{IV.20}$$

Dans ces équations, μ_4 représente le moment centré d'ordre 4 (noté encore M_4), tandis que μ_2 est la variance de la distribution.

Définition IV.2.4. L'aplatissement d'une distribution peut être interprété comme suit :

— Une distribution est considérée comme MÉSOKURTIQUE si $F_2 = 0$, ce qui signifie qu'elle a une forme similaire à celle de la distribution normale.

— Une distribution est qualifiée de LEPTOKURTIQUE si $F_2 > 0$. Cela indique que la distribution est plus pointue et possède des queues plus longues, ce qui suggère une plus grande probabilité d'observer des valeurs extrêmes.

— Une distribution est dite PLATYKURTIQUE si $F_2 < 0$. Cela signifie que la distribution est plus arrondie et possède des queues plus courtes, indiquant une moindre probabilité d'observer des valeurs extrêmes.

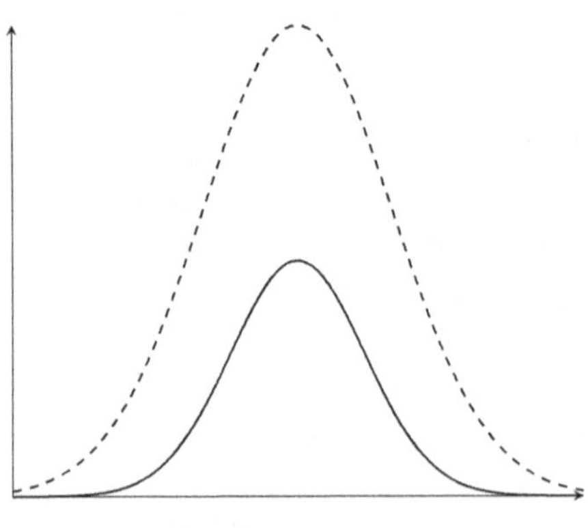

--- LEPTOKURTIC —— PLATYKURTIC

Remarque IV.2.3. Notons que, par rapport au coefficient d'aplatissement de PEARSON, la forme de la distribution change par rapport à 3 et non par rapport à 0.

Exemple IV.2.4 (Cas des observations isolées). Soit le même jeu de données : 12, 12, 15, 16, 18, 19, 22, 24, 25, 27, 28, 34. Calculons les coefficients d'aplatissement de PEARSON et de FISHER.

— Calculons le moment centré d'ordre 4 :

$$\mu_4 = \frac{\sum_{i=1}^{n}(x_i - \bar{x})^4}{N} = \frac{\sum_{i=1}^{12}(x_i - \bar{x})^4}{12}$$

$$= \frac{(12-21)^4 + \cdots + (34-21)^4}{12}$$

$$\mu_4 = \frac{28561}{12} = 3978$$

$$\beta_2 = \frac{\mu_4}{\mu_2^2} = \frac{3978}{6.5574^4} \approx 2.1514$$

— Et :

$$F_2 = \frac{\mu_4}{\mu_2^2} - 3 = 2.1514 - 3 \approx -0.8485$$

Exemple IV.2.5 (Cas des observations groupées). Considérons les données de relatives sur le nombre d'enfants par ménage. Les calculs du moment centré d'ordre 4 sont résumés dans le tableau suivant :

Nombre d'enfants	n_i	N^+	$n_i \times (x_i - \bar{x})^4$
0	12	12	96,90
1	18	30	3,98
2	25	55	0,24
3	10	65	29,84
4	5	70	143,43
Total	70		274,39

On déduit que le :

$$\mu_4 = \frac{1}{n}\sum_{i=1}^{n} n_i \times (x_i - \bar{x})^4 = \frac{274,39}{70} =\approx 3.92$$

Et par conséquent :

$$\beta_2 = \frac{\mu_4}{\mu_2^2} = \frac{3.92}{1.2726^2} \approx 2.42$$

Et

$$F_2 = \frac{\mu_4}{\mu_2^2} - 3 = 2.42 - 3 \approx -0.58$$

IV.3 Mesures de concentration

Les premiers indicateurs de concentration ont été élaborés pour étudier la répartition des variables comme les salaires, les revenus et d'autres. En revanche, il s'agit d'une autre manière de mesurer la dispersion puisque, par définition, plus une série est moins concentrée, plus elle est dispersée et réciproquement.

Cependant, la concentration n'a de sens que pour des données positives et a des variables ou des caractères dont l'addition a un sens : des patrimoines, des surfaces, des chiffres d'affaires, etc. Des variables telles que l'âge, la taille ou le poids n'ont pas nécessairement de signification.

Il existe deux méthodes pour mesurer la concentration :

— Le calcul "Médiale" (calcul algébrique)

— Les graphiques "GINI" ou "LORENZ" (détermination graphique)

IV.3.1 Médiale

Définition IV.3.1. Médiale est la valeur de x qui partage la masse globale en deux parties égales. C'est une médiane calculée par rapport aux valeurs globales relatives (VGR)

$$\boxed{q_i = M_l = \frac{n_i X_i}{\sum_{i=1}^{p} n_i X_i}} \qquad \text{(IV.21)}$$

La méthode de détermination de la médiale est celle de la médiane déjà évoquée. Plus précisément, on repère quelle est la première classe pour laquelle les valeurs globales relatives cumulées croissantes dépassent pour la première fois 0,5 (ce qui représente la moitié de la masse salariale totale dans l'exemple). C'est la classe médiale.

En suite, on cherche la valeur médiale par interpolation linéaire, à l'intérieur de cette classe médiale.

Remarque IV.3.1. La médiale est toujours supérieure à la médiane

Exemple IV.3.1 (Cas des observations isolées). Ci-dessous les rémunérations de dix-sept individus classés par ordre croissant de salaire en dirham. Il est à noté que les observations sont individuellement observées et le cumule du salaire à un sens (masse salariale).

Individus	Sal.	Individus	Sal.	Individus	Sal.
Ahmed	1200	Ibrahim	1450	Amina	2310
Karim	1220	Mohammed	1560	Adam	2600
hajar	1250	Nouafal	1600	Taher	3000
Hamid	1300	Meriem	1800	Youssef	3400
Fatima	1350	Soukaina	1900	Saad	4800
Souad	1450	Sara	2150		

La détermination de la médiale doit suivre les étapes suivantes :

— Trier les données par ordre croissant ou décroissant : il est à noter que le tableau présente des observations triées par ordre croissant.

— Calcul des valeurs globales relatives (cumuls) : On calcule le salaire cumulé.

i	Cum	i	Cum	i	Cum
Ahmed	1200	Ibrahim	9220	Amina	20540
Karim	2420	Mohammed	10780	Adam	23140
hajar	3670	Nouafal	12380	Taher	26140
Hamid	4970	Meriem	14180	Youssef	29540
Fatima	6320	Soukaina	16080	Saad	34340
Souad	7770	Sara	18230		

La masse salariale est alors égale à 34340 dhs

— Déterminer le Rang : le i-ème dirham qui partage la masse salariale en deux parties égales est :

$$\frac{34340}{2} = 17170$$

— Déterminer la Médiale : on constate que le salaire médial se trouve quant à elle entre Soukaina et Sara (soit environ 2025 dirhams, par interpolation).

$$\frac{1900 + 2150}{2} = 2025$$

Cela signifie que 50 % de la masse salariale est versée aux salariés gagnants moins de 2025 dirhams.

Exemple IV.3.2 (Cas des valeurs continues). On considère une série statistique continue et positive, par exemple la série des salaires bruts mensuels versés dans une entreprise l'année dernière (250 salariés étudiés). Les résultats sont regroupés dans le tableau suivant :

Les salaires mensuels bruts	n_i
[12000; 16000[	25
[16000; 20000[	32
[20000; 24000[	54
[24000; 28000[	60
[28000; 32000[	44
[32000; 36000[	19
[36000; 40000[	10
[40000; 46000[	4
[46000; 54000]	2
Total	250

Le but étant de calculer la Médiale, il faut calculer dans un tableau à part les quantités suivantes : x_i^c : Centres de classe ; $n_i \times x_i^c$ Multiplication de l'effectif n_i par la classe moyenne x_i^c ; VGR cumulées croissantes : Somme cumulative des valeurs $n_i \times x_i^c$ en partant de la première classe.

— Masse salariale vaut 6292000 elle se réfère au total des sommes versées en salaires bruts aux employés inclus dans les différentes tranches de salaire. Elle est calculée en prenant en compte le nombre d'employés dans chaque tranche de salaire et le salaire moyen de cette tranche. (Voir la tableau ci-après)

Salaires	n_i	x_i^c	$n_i \times x_i^c$	VGR cumulées +
[12000; 16000[	25	14000	350000	350000
[16000; 20000[	32	18000	576000	926000
[20000; 24000[	54	22000	1188000	2114000
[24000; 28000[	60	26000	1560000	3674000
[28000; 32000[	44	30000	1320000	4994000
[32000; 36000[	19	34000	646000	5640000
[36000; 40000[	10	38000	380000	6020000
[40000; 46000[	4	43000	172000	6192000
[46000; 54000[	2	50000	100000	**6292000** ⇐ Masse Salariale
Total	250		6292000	

— Le Rang de la médiale est : $\frac{6292000}{2} = 314600$ est la valeur qui coupe la masse salariale en deux parties égales.

— Les salariés qui ont un salaire dont le montant est inférieur à 36000 Dhs représentent ensemble, globalement, un pourcentage de la masse salariale totale égale à : 89,63 %.

— Les salariés qui ont un salaire dont le montant est compris entre 24000 Dhs et 28000 Dhs représentent ensemble, globalement, un pourcentage de la masse salariale totale égal à : 58,39 %. C'est justement la classe médiale.

— Le calcul de la médiale par interpolation linéaire, ce qui donne :

$$M_l = X^{inf} + a \left[\frac{\frac{\sum_{i=1}^{k} n_i x_i}{2} - N_i X_i}{n_i x_i} \right]$$

$$q_i = 24000 + 4000 \times \frac{314600 - 2114000}{6292000} = 24656,07$$

Cela signifie que 50 % de la masse salariale est versée aux salariés gagnants moins de (ou plus de) 24656,07 dirhams.

IV.3.2 Mesure algébrique de la concentration

Le calcul iniquement de la médiale ne donne pas une mesure claire de la concentration.

Définition IV.3.2. La différence entre la médiale M_l (q_i) et la médiane M_e (Q_2) notée ΔM sert à mesurer algébriquement la concentration en appliquant la formule suivante :

$$\boxed{\Delta M = q_i - M_e} \tag{IV.22}$$

L'interprétation de cette différence est la suivante :

— Si $\Delta M = 0$, cela signifie que $M_l = M_e$. La distribution est alors parfaitement égalitaire, avec une concentration nulle.

— Si $\Delta M \neq 0$, cela implique que $M_l \neq M_e$, indiquant une concentration. Dans ce cas, on calcule le rapport suivant :

$$\boxed{\frac{\Delta M}{IV} = \frac{M_l - M_e}{Max(x_i) - Min(x_i)}} \tag{IV.23}$$

où IV représente l'intervalle de variation, soit la différence entre la valeur maximale et la valeur minimale de la distribution.

Et dans ce Cas :

— Si $\frac{\Delta M}{IV} < 1$, la concentration est considérée comme faible.

— Si $\frac{\Delta M}{IV} > 1$, la concentration est jugée forte.

IV.3.3 Courbe de concentration

La mesure graphique de la concentration, souvent représentée par des courbes, est un outil essentiel pour visualiser et analyser la concentration des données. Elle est aussi considérée comme une représentation intuitive et efficace des disparités des variables au sein des données. dans ce qui suit, on analysera deux concepts :

1. La courbe de LORENZ
2. Cette représentation graphique facilite le calcul de l'indice de GINI

COURBE DE LORENZ

Définition IV.3.3. La courbe de concentration aussi appelée : courbe de LORENZ, est une représentation graphique de la distribution d'une variable (revenu, patrimoine, etc.) au sein d'une population. Elle sert à décrire la concentration de cette variable dans une population. En d'autres termes, elle permet de visualiser l'inégalité de répartition de cette variable.

Définition IV.3.4. La courbe de LORENZ est construite en portant de la façon suivante :

— En abscisse, la répartition cumulée de la *population* classée par ordre croissant de la variable étudiée

— Sur l'axe des ordonnées, on porte les valeurs globales relatives cumulées croissantes de cette variable.

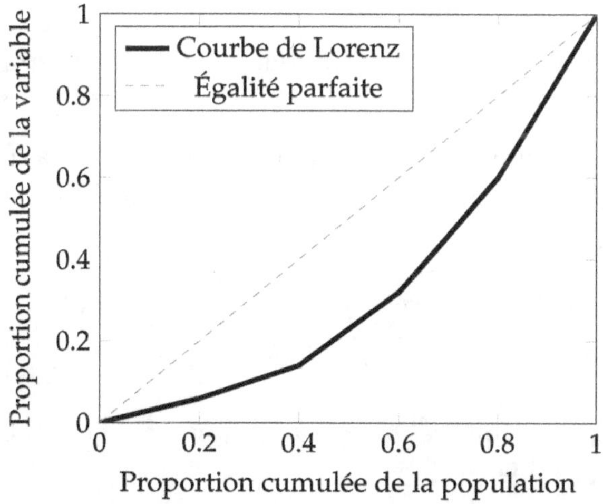

Définition IV.3.5. On appelle aire de concentration l'aire S qui est comprise entre la courbe de concentration et la diagonale du carré (Égalité parfaite).

Remarque IV.3.2.

- Plus la courbe s'éloigne de la diagonale, plus la concentration est forte, c'est-à-dire la répartition inégalitaire.
- La diagonale du carré représente l'équirépartition, tout le monde gagne le même salaire.
- Cette courbe permet de visualiser la répartition des revenus, des patrimoines, des terres agricoles... et donc permet de comprendre l'économie, voire la politique.

INDICE DE GINI

Définition IV.3.6. L'indice de concentration ou indice de GINI (noté : G) est égal au rapport de l'aire S sur 0,5. L'indice G de GINI a donc pour valeur $2 \times S$. Le calcul mathématique se fait en calculant l'aire des trapèzes successifs qui définissent la courbe de concentration. Mathématiquement il est donné par :

$$\boxed{G = \frac{\int_0^1 |x - L(x)|\, dx}{0.5}} \tag{IV.24}$$

où $L(x)$ est l'ordonnée du point de la courbe de Lorenz correspondant à l'abscisse x.

Dans la pratique, le coefficient s'obtient par la formule de BROWN. Cette formule est équivalente à celle basée sur la courbe de LORENZ :

$$\boxed{G = 1 - \frac{\sum_{k=0}^{n-1} (X_{k+1} - X_k)(Y_{k+1} + Y_k)}{Y_n(X_n - X_0)}} \tag{IV.25}$$

où X est la part cumulée de la population, et Y la part cumulée de la variable étudiée.

Remarque IV.3.3.

- L'indice de concentration est un nombre sans dimension (sans unité) compris entre 0 et 1.

— Il faut retenir que G croit avec la concentration. Plus l'indice de concentration se rapproche de 1, plus la concentration est importante et la répartition est inégalitaire.

Exemple IV.3.3 (Cas des observations individuelles). Considérons la répartition des revenus y_i pour 10 individus opérants dans une entreprise : 1000; 1200; 1500; 1800; 2000; 2200; 2500; 2800; 3000; 4000. Calculons la courbe de Lorenz :

Individu x_i	y_i	Part de y_i	X_i	Y_i	Part de Y_i
1	1000	0.05	10%	1000	0.05
2	1200	0.06	20%	2200	0.11
3	1500	0.075	30%	3700	0.185
4	1800	0.09	40%	5500	0.275
5	2000	0.10	50%	7500	0.375
6	2200	0.11	60%	9700	0.485
7	2500	0.125	70%	12200	0.61
8	2800	0.14	80%	15000	0.75
9	3000	0.15	90%	18000	0.90
10	4000	0.20	100%	20000	1
Total	20000	1			

Traçons maintenant la courbe de Lorenz :

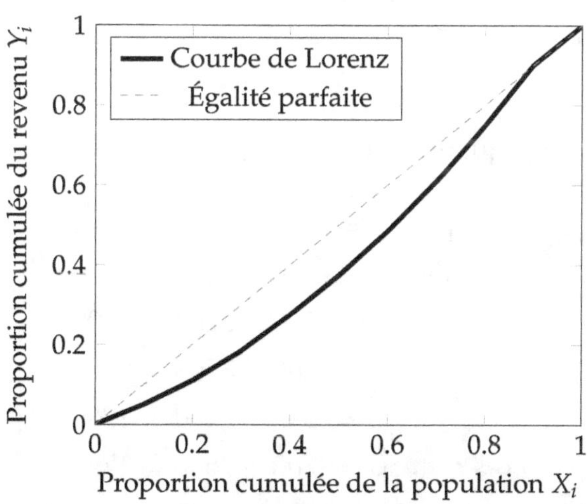

L'indice de GINI est égal à l'aire entre la courbe de Lorenz et la première bissectrice, divisée par l'aire totale sous la première bissectrice.

La formule de l'indice de GINI par la méthode des trapèzes est :

$$G = 1 - \frac{\sum_{i=0}^{n-1}(X_{i+1} - X_k)(Y_{i+1} + Y_i)}{Y_n(X_n - X_0)}$$

où :

— X_i est la population cumulée

— Y_i est le revenu cumulé

Calculons maintenant l'indice de GINI :

1. Calcul des différences $(X_{i+1} - X_i)$:

$$\begin{aligned}
X_1 - X_0 &= 0.1 - 0 = 0.1 \\
X_2 - X_1 &= 0.2 - 0.1 = 0.1 \\
X_3 - X_2 &= 0.3 - 0.2 = 0.1 \\
X_4 - X_3 &= 0.4 - 0.3 = 0.1 \\
X_5 - X_4 &= 0.5 - 0.4 = 0.1 \\
X_6 - X_5 &= 0.6 - 0.5 = 0.1 \\
X_7 - X_6 &= 0.7 - 0.6 = 0.1 \\
X_8 - X_7 &= 0.8 - 0.7 = 0.1 \\
X_9 - X_8 &= 0.9 - 0.8 = 0.1 \\
X_{10} - X_9 &= 1.0 - 0.9 = 0.1
\end{aligned}$$

2. Calcul des quantités $(Y_{i+1} + Y_i)$:

$$\begin{aligned}
Y_1 + Y_0 &= 1000 + 0 = 1000 \\
Y_2 + Y_1 &= 2200 + 1000 = 3200 \\
Y_3 + Y_2 &= 3700 + 2200 = 5900 \\
Y_4 + Y_3 &= 5500 + 3700 = 9200 \\
Y_5 + Y_4 &= 7500 + 5500 = 13000 \\
Y_6 + Y_5 &= 9700 + 7500 = 17200 \\
Y_7 + Y_6 &= 12200 + 9700 = 21900 \\
Y_8 + Y_7 &= 15000 + 12200 = 27200 \\
Y_9 + Y_8 &= 18000 + 15000 = 33000 \\
Y_{10} + Y_9 &= 20000 + 18000 = 38000
\end{aligned}$$

3. Calcul de la somme $\sum_{i=0}^{n-1}(X_{i+1} - X_i)(Y_{i+1} + Y_i)$:

$$
\begin{aligned}
&=(0.1 \times 1000) + (0.1 \times 3200) + (0.1 \times 5900) + (0.1\times \\
&\quad 9200) + (0.1 \times 13000) + (0.1 \times 17200) + (0.1 \times 21900) \\
&\quad + (0.1 \times 27200) + (0.1 \times 33000) + (0.1 \times 38000) \\
&=100 + 320 + 590 + 920 + 1300 + 1720 + 2190+ \\
&\quad 2720 + 3300 + 3800 \\
&=17960
\end{aligned}
$$

4. L'indice de GINI calculé par la méthode des trapèzes est :

$$G = 1 - \frac{17960}{20000} = 1 - 0.898 = 0.102$$

Ce qui indique une inégalité relativement faible dans la répartition des revenus parmi les 10 individus. Rappelons que :

— Un indice de 0 correspondrait à une égalité parfaite où tous les individus auraient le même revenu.

— Un indice de 1 correspondrait à une inégalité maximale où un seul individu détiendrait la totalité des revenus.

Avec un indice de 0.102, la répartition des revenus est donc assez égalitaire dans ce petit échantillon. Les écarts de revenus entre les individus sont limités.

CHAPITRE V

ANALYSE DESCRIPTIVE DES DISTRIBUTIONS BIVARIÉES

Dans ce chapitre les individus de la population ont été observés sous l'aspect d'une variable statistique Z à deux dimensions c'est-à-dire est une variable conjointe, couple de deux variables statistiques X et Y à une dimension. Une telle variable statistique à deux dimensions $Z = (X; Y)$ de deux variables X et Y qui peuvent aussi bien être quantitatives que qualitatives. Dans cette situation, nous nous intéressons classiquement, d'une part, à décrire les données et à résumer l'information disponible sur chacune des variables à l'aide de graphiques, d'indicateurs numériques. D'autre part, nous voulons étudier le lien linéaire éventuelle entre les deux variables.

Les deux variables statistiques X et Y vont ainsi être mis en relation et les deux caractères étudiés simultanément, de façon à déterminer dans quelle mesure on peut jouer sur l'une des variables pour avoir une action sur l'autre. Naturellement, dans le cas où les deux variables sont quantitatives et corrélées, on peut aller plus loin et établir un modèle mathématique : il s'agit d'expliquer les variations de l'une des variables par celles de l'autre.

V.1 Analyse des tableaux de contingence

V.1.1 Typologie des données

Définition V.1.1. Nous avons une variable statistique Z à deux dimensions est une variable conjointe, couple de deux variables statistiques X et Y à une dimension. Pour chaque individu i nous notons la valeur z_i telle que x_i prise par la variable X et celle y_i prise par la variable Y. Une telle variable statistique à deux dimensions $Z = (X; Y)$ peut se représenter par un tableau à double entrée appelé *tableau de contingence*, il s'agit d'un tableau répartissant une population statistique selon les modalités de deux variables X et Y.

X \ Y	Y_1	Y_2	...	Y_j	...	Y_q	Total
X_1	n_{11}	n_{12}		n_{1j}		n_{1q}	$n_{1.}$
X_2	n_{21}	n_{22}		n_{2j}		n_{2q}	$n_{2.}$
$\vdots$							
X_i	n_{i1}	n_{i2}		n_{ij}		n_{iq}	$n_{i.}$
$\vdots$							
X_p	n_{p1}	n_{p2}		n_{pj}		n_{pq}	$n_{p.}$
Total	$n_{.1}$	$n_{.2}$		$n_{.j}$		$n_{.q}$	$n_{..}$

avec

- n_{ij} est le nombre d'individus que l'on compte dans la modalité i de la variable X et la modalité j de la variable Y.
- $n_{i.}$: l'effectif des individus qui ont la modalité i (le «.» à la place du j signifie que l'on ne tient pas compte de Y). Exemple : $n_{2.}$ désigne tout l'effectif des individus qui ont la modalité 2 de X.
- $n_{.j}$: effectif des individus qui ont la modalité j (le "." à la place du i signifie que l'on ne tient pas compte de X). Exemple : $n_{.1}$ désigne tout l'effectif des individus qui ont la modalité/valeur 1 de Y.

— $n_{..}$: effectif total.

V.1.2 SÉRIES BIVARIÉES QUANTITATIVES

Plusieurs types de tableaux de contingence peuvent être construits en fonction de la nature de la variable et les typologies des observations.

— Séries bivariées quantitatives *individuelles* : Les deux variables statistiques X et Y se sont des variables quantitatives groupées individuellement.

Exemple V.1.1. Le tableau suivant donne la distribution du nombre de pièces (X) du logement selon le nombre d'enfants (Y) de mille familles.

X \ Y	0	1	2	3	4
1	10	5	2	0	0
2	40	60	40	3	0
3	30	70	100	50	8
4	15	55	145	100	22
5	3	25	95	25	20
6	2	10	30	22	13

Les éléments du tableau représentent le nombre d'observations correspondant à chaque intersection entre les classes de variables i et j. Dans ce tableau de contingence les n_{ij} représentent les *effectifs absolus* tels que :

— Pour $i = 1$ et $j = 1$, l'effectif est $n_{11} = 10$

— Pour $i = 1$ et $j = 2$, l'effectif est $n_{12} = 5$

— Pour $i = 3$ et $j = 1$, l'effectif est $n_{31} = 70$

De façon similaire, on peut chercher :

$n_{51} =?$ $n_{62} =?$ $n_{35} =?$ $n_{23} =?$
$n_{21} =?$ $n_{22} =?$ $n_{32} =?$ $n_{..} =?$
$n_{42} =?$ $n_{32} =?$ $n_{43} =?$ $N =?$

— Séries bivariées quantitatives *classées* : Les deux variables statistiques X et Y se sont des variables quantitatives continues et traitées dans des classes.

Exemple V.1.2. On se propose d'étudier la liaison entre le nombre de fréquentations annuelles d'un hypermarché y_j et le budget des dépenses allouées x_i en 10^3 DH. Les résultats simplifiés sont présentés dans le tableau ci-dessous. :

X \ Y	[2;4[	[4;6[	[6;10[	[10;12]
[0;5[	4	3	2	4
[5;10[	2	5	7	2
[10;20[	2	6	8	5
[20;25]	2	8	10	10

Dans ce tableau de contingence les n_{ij} représentent les *effectifs absolus*, tels que :

— Pour $i = 1$ et $j = 1$, l'effectif est $n_{11} = 4$

— Pour $i = 1$ et $j = 2$, l'effectif est $n_{12} = 3$

— Pour $i = 3$ et $j = 1$, l'effectif est $n_{31} = 2$

De façon similaire, on peut chercher les f_{ij} qui représentent les *effectifs relatifs*, tel que :

$$\boxed{f_{ij} = \frac{n_{ij}}{n_{..}}} \tag{V.1}$$

Dans ce cas :

$f_{11} = \frac{4}{80} = 0.05$ $\quad f_{12} = 0.04$ $\quad f_{31} = 0.03$ $\quad f_{23} = 0.09$

$f_{21} = ?$ $\quad f_{22} = ?$ $\quad f_{32} = ?$ $\quad f_{..} = 1$

$f_{42} = ?$ $\quad f_{32} = ?$ $\quad f_{43} = ?$

V.1.3 Séries bivariées qualitatives

Les deux variables statistiques X et Y se sont des variables qualitatives.

Exemple V.1.3. Pour cibler la clientèle d'un nouveau produit de consommation, une entreprise fait un sondage auprès de 100 personnes. L'intérêt dans le produit est noté Y dont les modalités sont : "aucun intérêt", "un intérêt mineur" ou un "intérêt important". La situation familiale (au moins un enfant à charge : oui ou non) est notée X. On cherche à vérifier si l'intérêt dans le produit dépend de la situation familiale. Les résultats sont présentés dans le tableau suivant :

X \ Y	Aucun	Mineur	Important
Oui	10	12	10
Non	8	40	20

Le tableau ci-dessous présente la distribution des réponses (Oui/Non) en fonction de trois catégories (Aucun, Mineur, Important).

— Pour les familles ayant au moins un enfant à charge : 10 personnes n'ont signalé aucun intérêt pour le produit, 12 personnes ont signalé un intérêt mineur, et 10 personnes ont signalé un intérêt important.

— Pour les familles n'ayant pas d'enfant à charge : 8 personnes n'ont signalé aucun intérêt, 40 personnes ont signalé un intérêt mineur, et 20 personnes ont signalé un intérêt important.

0 partir de ce tableau, on remarque une concentration des réponses "Non" dans la catégorie "Mineur" avec 40 réponses, ce qui peut indiquer une tendance à percevoir des intérêts mineurs pour le produit lorsque la famille n'a pas d'enfant à charge.

Ci-dessous le tableau des fréquences relatives correspondant à la distribution ci-dessus :

X \ Y	Aucun	Mineur	Important
Oui	0,1	0,12	0,1
Non	0,08	0,4	0,2

V.1.4 Distributions et fréquences marginales

La distribution marginale fait référence à la répartition des effectifs ou des fréquences d'une variable spécifique, sans prendre en compte l'autre variable du tableau de contingence. En d'autres termes, elle représente la distribution des valeurs le long d'une seule ligne ou d'une seule colonne du tableau, indépendamment de l'autre variable. Cette distribution est généralement située en *marge* du tableau, représentant la somme des effectifs absolus ou relatifs d'une seule variable, que ce soit X ou Y.

Définition V.1.2. Les variables statistiques X et Y ainsi définies sont appelées les variables marginales de Z. Leur distribution est représentée par les marges du tableau de contingence.

Définition V.1.3. On appelle distribution marginale d'une variable la distribution d'une variable marginale, indépendamment des variations de l'autre. On compte donc deux distributions marginales pour une série de 2 variables X et Y, celle de X, indépendamment de Y, et celle de Y, indépendamment de X.

Définition V.1.4. Le nombre de distributions marginales dans un tableau de contingence correspond au nombre de variables X et Y prises en compte. En d'autres termes, il y a *deux* types distributions marginales :

— Distribution marginale des lignes : Cette distribution donne la fréquence ou l'effectif absolu des différentes catégories de la variable en ligne, sans considérer la variable en colonne. Elle est obtenue en additionnant les valeurs le long de chaque ligne. Cette distribution est notée : $n_{i.}$ il s'agit de l'*effectif marginal absolu* de la catégorie i de la variable X sans considération de la variable Y.

— Distribution marginale des colonnes : Cette distribution donne la fréquence ou l'effectif absolu des différentes catégories de la variable en colonne, sans prendre en compte la variable en ligne. Elle est obtenue en additionnant les valeurs le long de chaque colonne. Cette distribution est notée :

$f_{.j}$ il s'agit de l'*effectif marginal relatif* de la catégorie j de la variable Y sans considération de la variable X.

X \ Y	$j=1$	$j=2$	$\dots$	$j=q$	$n_{i.}$	$f_{i.}$
$i=1$	n_{11}	n_{12}	$\dots$	n_{1q}	$n_{1.}$	$f_{1.}$
$i=2$	n_{21}	n_{22}	$\dots$	n_{2q}	$n_{2.}$	$f_{2.}$
$\vdots$	$\vdots$	$\vdots$	$\vdots$	$\vdots$	$\vdots$	$\vdots$
$i=p$	n_{p1}	n_{p2}	$\dots$	n_{pq}	$n_{p.}$	$f_{p.}$
$n_{.j}$	$n_{.1}$	$n_{.2}$	$\dots$	$n_{.q}$	$n_{..}$	1
$f_{.j}$	$f_{.1}$	$f_{.2}$	$\dots$	$f_{.q}$	1	

Exemple V.1.4. Reprenons l'exemple des séries bivariées groupées :

X \ Y	3	5	8	11	$n_{i.}$	$f_{i.}$
2,5	4	3	2	0	9	12,50 %
7,5	2	5	7	2	16	22,22 %
15	2	6	8	5	21	29,17 %
22,5	2	8	10	10	30	41,67 %
$n_{.j}$	10	22	27	17	76	100 %
$f_{.j}$	8,33 %	30,56%	37,50%	23,61%	100%	

On peut extraire la distribution marginale des fréquences du nombre de fréquentation annuelle d'un supermarché ainsi que la distribution marginale du budget des dépenses allouées :

$$
\begin{array}{llllll}
n_{.1}=10 & n_{.2}=22 & n_{.3}=27 & n_{1.}=9 & n_{2.}=16 & n_{3.}=21 \\
f_{.2}=? & f_{2.}=? & f_{3.}=? & f_{1.}=? & f_{4.}=? & f_{..}=? \\
f_{.3}=? & f_{.2}=? & f_{.4}=? & f_{.1}=? & &
\end{array}
$$

Définition V.1.5. Les moyennes marginales de Z sont les moyennes des variables marginales X et Y :

$$
\bar{\bar{X}} = \frac{1}{n_{..}} \sum_{i=1}^{p} n_{i.} X_i \quad \text{et} \quad \bar{\bar{Y}} = \frac{1}{n_{..}} \sum_{j=1}^{q} n_{.j} Y_j \tag{V.2}
$$

Définition V.1.6. Les variances marginales de Z sont les variances des variables marginales X et Y :

$$\boxed{V(X) = \frac{1}{n_{..}} \sum_{i=1}^{p} n_{i.} X_i^2 - \bar{\bar{X}}^2 \quad \text{et} \quad V(Y) = \frac{1}{n_{..}} \sum_{j=1}^{q} n_{.j} Y_j^2 - \bar{\bar{Y}}^2} \qquad (V.3)$$

Exemple V.1.5. Reprenons l'exemple des séries bivariées groupées, les caractéristiques marginales de X :

— La moyenne marginale de X est donnée par la formule :

$$\bar{\bar{X}} = \frac{1}{n_{..}} \sum_{i=1}^{p} n_{i.} X_i$$

A.N. : $\bar{\bar{X}} = \frac{1}{76} \sum_{i=1}^{4} n_{i.} X_i = 14,9013 \times 10^3 Dh$

— La variance marginale de X est donnée par la formule :

$$V(X) = \frac{1}{n_{..}} \sum_{i=1}^{p} n_{i.} X_i^2 - \bar{\bar{X}}^2$$

A.N. :

$$V(X) = \frac{1}{76} \sum_{i=1}^{4} n_{i.} X_i^2 - \bar{\bar{X}}^2 = 52,5396 \times (10^3 Dh)^2$$

V.1.5 DISTRIBUTIONS ET FRÉQUENCES CONDITIONNELLES

Une distribution conditionnelle se réfère à la distribution des effectifs ou des fréquences d'une variable spécifique, en tenant compte d'une autre variable. Autrement dit, c'est la distribution des valeurs d'une variable donnée, *sachant* la valeur ou la catégorie d'une autre variable.

Définition V.1.7. Il s'agit d'une variable définie par une ligne ou une colonne du tableau de contingence, cette variable est appelée la variable X conditionnée par la modalité Y_j, ou variable Y conditionnelle pour la modalité X_i fixée.

Définition V.1.8. On appelle distribution conditionnelle d'une variable, liée par les modalités d'une autre, la distribution d'une variable, selon les différentes valeurs prises par la deuxième.

Le nombre de distributions conditionnelles de la variable X est égal au nombre de modalités de Y et le nombre de distributions conditionnelles de la variable Y est égal au nombre de modalités de X.

	Y_1	Y_2	$\dots$	Y_j	$\dots$	Y_q	Total
X_i	n_{i1}	n_{i2}		n_{ij}		n_{iq}	$n_{i.}$

Nous pouvons définir la fréquence conditionnelle de la modalité Y_j par :

$$f_{j/i} = \frac{n_{ij}}{n_{i.}}$$

Définition V.1.9. Les moyennes conditionnelles de Z sont les moyennes de ses variables conditionnelles

$$\boxed{\bar{x}_j = \frac{\sum_{i=1}^{k} n_{ij} \times x^c}{n_{.j}} = \sum_{i=1}^{k} f_{ij} \times x^c} \qquad \text{(V.4)}$$

Et

$$\boxed{\bar{y}_i = \frac{\sum_{j=1}^{p} n_{ij} \times y^c}{n_{i.}} = \sum_{j=1}^{p} f_{ij} \times y^c} \qquad \text{(V.5)}$$

Définition V.1.10. Les variances conditionnelles de Z sont les variances de ses variables conditionnelles.

$$\boxed{\sigma_{y_i}^2 = var(y_i) = \frac{\sum_{j=1}^{p} n_{ij} \times y_c^2}{n_{i.}} - \bar{y}_i^2} \qquad \text{(V.6)}$$

Et

$$\boxed{\sigma_{x_j}^2 = var(x_j) = \frac{\sum_{i=1}^{k} n_{ij} \times x_c^2}{n_{.j}} - \bar{x}_j^2} \qquad \text{(V.7)}$$

Exemple V.1.6. Reprenons l'exemple des séries bivariées groupées, les caractéristiques conditionnelles de X sachant Y, nous devons calculer les différentes moyennes et variances sachant que Y égale une valeur ou appartient à une classe. On prend le cas ou $Y \in [2;4[$ c. à d. le centre de la classe $Y = 3$ ou $j = 1$:

X	n_{i1}	f_{i1}	$n_{i1} \times X_i$	$n_{i1} \times X_i^2$
2,5	4	40,00 %	10	25
7,5	2	20,00 %	15	112,5
15	2	20,00 %	30	450
22,5	2	20,00 %	45	1012,5
Total	10	100 %	100	1600

- Les caractéristiques conditionnelles de X sachant que $Y = 3$:

— La moyenne conditionnelle de X sachant $Y = 3$ est :

$$\bar{X}_{Y=3} = \frac{1}{n_{.1}} \sum_{i=1}^{4} n_{i1} X_i = 10 \times 10^3 Dh$$

— La variance conditionnelle de X sachant que $Y = 3$ est :

$$V(X_{Y=3}) = \frac{1}{n_{.1}} \sum_{i=1}^{4} n_{i1} X_i^2 - \bar{X}_{Y=3}^2 = 60.(10^3 Dh)^2$$

V.2 Analyse de la régression

Considérons deux caractères numériques x et y. Si à partir d'une étude menée sur un échantillon de taille n on obtient les valeurs x_i et y_i.

V.2.1 Nuage de points

La représentation graphique dans le plan de l'ensemble des points de coordonnées(x_i, y_i) pour $i = 1; 2; \ldots .n$ s'appelle nuage statistique.

Exemple V.2.1. Le nuage de points se présente comme suit (données fictives) :

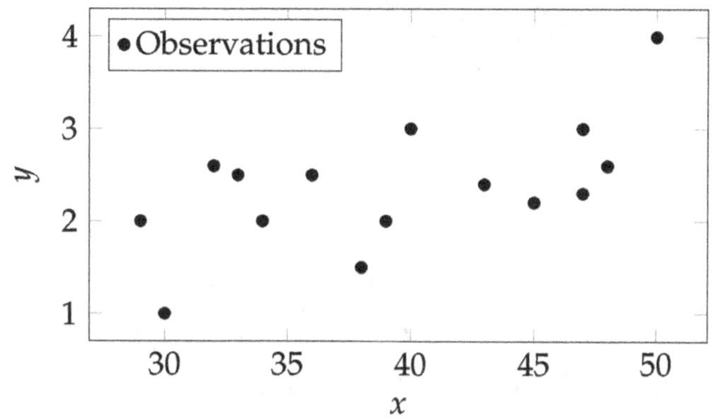

Le nuage de points, ou *diagramme de dispersion*, est un graphique en analyse de régression qui montre la relation entre deux variables sur un plan cartésien. Chaque point du nuage représente une paire de valeurs des variables étudiées. Utilisé pour visualiser la relation entre la variable dépendante et la variable indépendante, le nuage de points permet d'identifier des tendances, comme une relation linéaire ou une absence de corrélation. C'est une étape préliminaire cruciale avant l'application de méthodes statistiques plus complexes.

Cette représentation graphique du nuage de points permet :

— D'apprécier l'existence ou non d'une éventuelle liaison.

— De déterminer la forme de la liaison.

V.2.2 Ajustement linéaire

L'ajustement linéaire, également connu sous le nom de régression linéaire, est une technique statistique utilisée pour modéliser la relation entre deux ou plusieurs variables. L'objectif de l'ajustement linéaire est de trouver la meilleure ligne droite (ou hyperplan dans des dimensions supérieures) qui représente au mieux la relation entre ces variables.

— A partir du nuage de points ci-dessus, il faut chercher à exprimer la relation entre les deux variables à l'aide d'une *équation mathématique*.

— On pourrait le faire de plus d'une façon, mais on va se limiter ici à la plus simple, c'est-à-dire *l'équation linéaire de la forme affine.*

$$\boxed{Y = aX + b} \tag{V.8}$$

Où

— Y est la variable dépendante ou variable expliquée

— X est la variable indépendante ou variable explicative

— a représente la pente de la droite de régression

— b représente l'ordonnée à l'origine de la droite de régression

Cette relation suppose que Y est une fonction de X, c'est-à-dire que la valeur de Y dépend de celle de X ou bien encore que la valeur de Y est expliquée par la valeur de X.

Exemple V.2.2. On reprend les données l'exemple précédent :

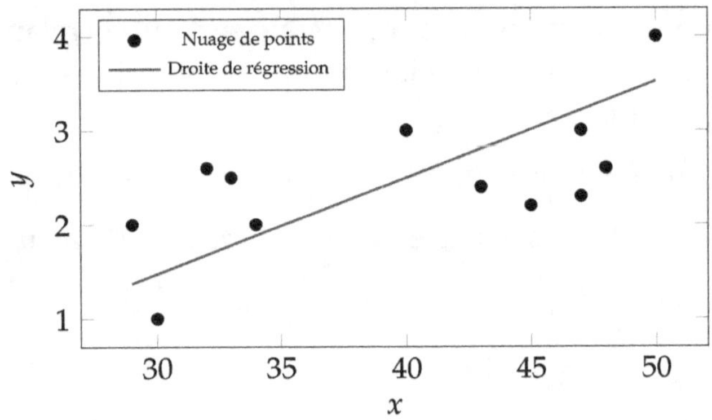

V.2.3 Moindres carrés ordinaires

Le problème que nous cherchons à résoudre consiste à trouver une droite d'équation $y = ax + b$ qui représente le mieux la relation entre les variables x et y. Pour ce faire, nous utilisons une technique appelée la *méthode des moindres carrés.*

Cette méthode consiste à *minimiser* la *somme des carrés des distances* D_i, qui sont les distances verticales entre la droite et chacun des points (x_i, y_i) du nuage de points. En d'autres termes, nous cherchons à ajuster les paramètres a et b de la droite de manière à ce que la somme des carrés des écarts entre les points observés et la droite soit la plus petite possible.

Après avoir effectué les calculs nécessaires, nous obtenons les valeurs des paramètres a et b de la droite de régression, qui permettent de modéliser au mieux la relation linéaire entre x et y.

Définition V.2.1. Droite de régression représente la relation linéaire entre deux variables (x, y) sous une forme d'une équation linéaire. L'équation de la droite est trouvée à partir des valeurs existantes des séries statistiques étudiées. les formules mathématiques relatives au calcul des paramètres de cette droite sont :

$$\boxed{a = \frac{\sum_{i=1}^{n} x_i y_i - n \times \bar{x}\bar{y}}{\sum_{i=1}^{n} x_i^2 - n \times \bar{x}^2} = \frac{n \sum_{i=1}^{n}(x_i y_i) - \sum_{i=1}^{n} x_i \sum_{i=1}^{n} y_i}{n \sum_{i=1}^{n}(x_i^2) - (\sum_{i=1}^{n} x_i)^2}} \tag{V.9}$$

$$\boxed{b = \bar{y} - a \times \bar{x} = \frac{\sum_{i=1}^{n} y_i - b \sum_{i=1}^{n} x_i}{n}} \tag{V.10}$$

Où $\bar{x}$ et $\bar{y}$ sont respectivement les moyennes arithmétiques de x et de y

Exemple V.2.3. Une entreprise vend des lots de circuits électroniques. Le tableau suivant indique le pourcentage y de circuits d'un lot qui ont une panne au cours de x semestres d'utilisation :

x_i	1	2	3	4	5	6	7	8	9	10
y_i	0	2	4	8	11	14	17	20	23	27

La présentation graphique (nuage de point) est donnée par :

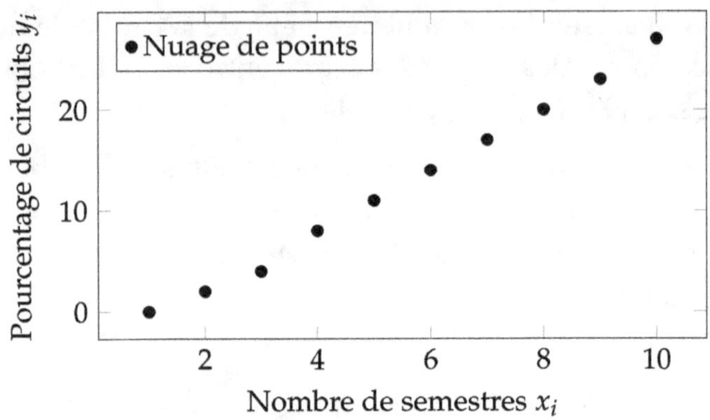

Pour calculer les paramètres de la droite de régression en utilisant la méthode des moindres carrées ordinaires on construit le tableau suivant :

x_i	y_i	x_iy_i	x_i^2
1	0	0	1
2	2	4	4
3	4	12	9
4	8	32	16
5	11	55	25
6	14	84	36
7	17	119	49
8	20	160	64
9	23	207	81
10	27	270	100

Calcul des paramètres a et b :

$$a = \frac{n\sum(x_iy_i) - \sum x_i \sum y_i}{n\sum(x_i^2) - (\sum x_i)^2} = \frac{10 \times 1130 - 55 \times 126}{10 \cdot 385 - 55^2}$$
$$= \frac{11300 - 6930}{3850 - 3025} = \frac{4360}{825} = 5.283$$

$$b = \frac{\sum y_i - b \sum x_i}{n} = \frac{126 - 5.283 \times 55}{10}$$
$$= \frac{126 - 290.065}{10} = \frac{-164.065}{10} = -16.407$$

Donc : $b \approx -16.407$ et $a \approx 5.283$ et par conséquent, la droite de régression est donc donnée par l'équation :

$$y = 5.283 - 16.407x$$

V.3 Mesures de dépendance des variables quantitatives

Lors de l'analyse des relations entre deux variables quantitatives, il est crucial de quantifier la manière dont ces variables évoluent ensemble. Cette dépendance peut être mesurée à l'aide de deux concepts fondamentaux en statistique : la covariance et la corrélation. Ces deux notions sont explorées dans cette section en mettant en lumière leur interprétation et leur application dans l'analyse statistique.

V.3.1 Notion de la Covariance

Dans le cas des données individuelles

— La covariance de Pearson entre deux variables est un nombre permettant de quantifier leurs écarts conjoints par rapport à leurs moyennes respectives.

— La covariance est une extension de la notion de variance.

— Les formules de la covariance sont les suivantes :

$$\boxed{Cov(x,y) = \frac{1}{n}\sum_{i=1}^{n}(x_i - \bar{x})(y_i - \bar{y})} \qquad \text{(V.11)}$$

Ce qui donne :

$$\begin{aligned} Cov(x,y) &= \frac{1}{n}\sum_{i=1}^{n}(x_iy_i - y_i\bar{x} - \bar{y}x_i + \bar{x}\bar{y}) \\ &= \frac{1}{n}\sum_{i=1}^{n}x_iy_i - \frac{1}{n}\sum_{i=1}^{n}y_i\bar{x} - \frac{1}{n}\sum_{i=1}^{n}\bar{y}x_i + \frac{1}{n}\sum_{i=1}^{n}\bar{x}\bar{y} \\ &= \frac{1}{n}\sum_{i=1}^{n}x_iy_i - \bar{x}\bar{y} - \bar{x}\bar{y} + \bar{x}\bar{y} \\ &= \frac{1}{n}\sum_{i=1}^{n}x_iy_i - \bar{x}\bar{y}. \end{aligned}$$

$$\boxed{Cov(x,y) = \left[\frac{1}{n}\sum_{i=1}^{n}x_iy_i\right] - \bar{x}\bar{y}} \qquad \text{(V.12)}$$

DANS LE CAS DU TABLEAU DE CONTINGENCE

Définition V.3.1. Pour une variable statistique quantitative Z à deux dimensions, de variables marginales X et Y, on définit la covariance de X et Y par l'expression :

$$Cov(X, Y) = \frac{1}{n_{..}}\sum_{j=1}^{q}\sum_{i=1}^{p}n_{i.}n_{.j}(X_i^2 - \bar{\bar{X}})(Y_j^2 - \bar{\bar{Y}})$$

Remarque V.3.1. On note quelques propriétés de la covariance :

— La covariance est un indice *synthétique*

— $Cov(x,y) \succ 0 \Longleftrightarrow x$ et y varient dans le même sens.

— $Cov(x,y) \prec 0 \Longleftrightarrow x$ et y varient dans le sens opposé.

— $Cov(x,y) = Cov(y,x) \Longleftrightarrow x$ et y jouent le même rôle dans la formule de la covariance.

— $Cov(x,x) = V(x)$

— $Cov(ax+b, cx+d) = acCov(x,x)$ pour a, b, c, d dans $\mathbb{R}$.

— On peut lier la notion de la variance et celle de la covariance (inégalité de Auchy Schwarz)

$$[Cov(x,y)]^2 \preceq V(x) \times V(y) \tag{V.13}$$

V.3.2 CORRÉLATION

Définition V.3.2. Le coefficient de corrélation linéaire noté r_{xy} est la covariance divisée par les deux écarts-types marginaux :

$$\boxed{r_{xy} = \frac{Cov(x,y)}{\sqrt{V(x)}\sqrt{V(y)}} = \frac{Cov(x,y)}{\sigma_x \sigma_y}} \tag{V.14}$$

Il s'agit d'un indicateur qui mesure l'intensité de la liaison linéaire entre les deux variables x et y et donc de la qualité de l'ajustement.

Remarque V.3.2. On peut noter plusieurs propriétés :

— Le coefficient de corrélation a le même signe que la covariance ; il est nul quand la covariance est nulle.

— Il est dangereux d'interpréter le coefficient de corrélation comme un pourcentage.

— Ce coefficient est toujours compris entre 1 et -1

— $|r| = 1 \Longleftrightarrow$ relation fonctionnelle linéaire.

— $r = 0 \Longleftrightarrow$ indépendance linéaire.

— $0 \prec |r| \prec 1 \Longleftrightarrow$ dépendance linéaire ; la liaison entre x et x est faible, et par conséquent l'ajustement est mauvais autant plus forte que r est grand.

— $|r|$ prend le signe de la pente de la droite de régression.

Exemple V.3.1. Reprenons l'exemple des séries bivariées groupées, nous avons :

— La covariance :

$$Cov(X,Y) = \frac{1}{n_{..}} \sum_{ij=1} n_{ij} X_i Y_j - \bar{\bar{X}}\bar{\bar{Y}} = 6,1656 \times (10^3 Dh)$$

— La corrélation :

$$r_{XY} = \frac{Cov(X,Y)}{\sqrt{V(X)}\sqrt{V(Y)}} = 0,3175$$

Nous pouvons conclure que la fréquentation annuelle et le budget des dépenses alloué sont faiblement corrélés.

Exemple V.3.2. Reprenons l'exemple des séries bivariées groupées, nous avons l'équation de la droite d'ajustement de Y en X de est donnée par :

$$Y = aX + b$$

avec

1. $a = \dfrac{Cov(X,Y)}{V(X)} = 0,1173$
2. $b = \bar{\bar{Y}} - a\bar{\bar{X}} = 5,3960$

V.4 MESURE D'INDÉPENDANCE DES VARIABLES QUALITATIVES

V.4.1 MESURE D'INDÉPENDANCE

Définition V.4.1. Deux variables qualitatives sont dites *statistiquement indépendantes* si la distribution des modalités de la première variable n'a aucune influence sur la distribution des modalités de la deuxième variable et vice versa. En d'autres termes, les fréquences observées d'une catégorie de l'une des variables ne dépendent pas des catégories de l'autre variable.

Définition V.4.2. Formellement, pour deux variables X et Y, on dit qu'elles sont indépendantes si :

$$\boxed{n_{ij} = n_{i.} \times n_{.j}} \tag{V.15}$$

Pour toutes les modalités i de X et j de Y.

V.4.2 Test du Chi-Deux d'indépendance

Définition V.4.3. Le *test du Chi-Deux d'indépendance* est utilisé pour vérifier l'hypothèse d'indépendance entre deux variables qualitatives dans un tableau de contingence. Le test compare les fréquences observées dans chaque cellule du tableau avec les fréquences (théoriques) attendues, qui seraient observées si les deux variables étaient réellement indépendantes.

La statistique du Chi-Deux (χ^2) est calculée par la formule suivante :

$$\boxed{\chi^2 = \sum_{i=1}^{n} \sum_{j=1}^{p} \frac{(f_{ij}^{O} - f_{ij}^{\theta})^2}{f_{ij}^{\theta}}} \tag{V.16}$$

Où f_{ij}^{O} est la fréquence observée pour la cellule i, j, E_{ij}^{θ} est la fréquence théorique, n est le nombre de lignes, et p est le nombre de colonnes.

Définition V.4.4. Les fréquences attendues f_{ij}^{θ} sont calculées en supposant l'indépendance entre les deux variables, et sont données par :

$$\boxed{f_{ij}^{\theta} = \frac{n_{i.} \times n_{.j}}{n_{..}}} \tag{V.17}$$

Où $n_{i.}$ est le total de la ligne i, $n_{.j}$ est le total de la colonne j, et $n_{..}$ est le total général des observations.

Remarque V.4.1. Une fois la statistique du Chi-Deux calculée, elle est comparée à une valeur critique issue de la distribution du Chi-Deux avec un certain nombre de degrés de liberté ($df = (n-1) \times (p-1)$). Si la statistique du Chi-Deux calculée est supérieure à la valeur critique, on rejette l'hypothèse nulle d'indépendance, ce qui signifie qu'il existe une relation significative entre les deux variables.

En revanche, si la statistique du Chi-Deux est inférieure à la valeur critique, on ne peut pas rejeter l'hypothèse d'indépendance, et on conclut que les variables sont indépendantes.

Exemple V.4.1. Reprenant les données de l'exemple (V.1.3). Et construisant le tableau des fréquences à partir du tableau des effectifs absolus.

X \ Y	Aucun	Mineur	Important	$n_{.j}$
Oui	0,1	0,12	0,1	0.32
Non	0,08	0,4	0,2	0.68
$n_{i.}$	0,18	0,52	0,3	1

Les fréquences attendues (théoriques) se calculent en utilisant la formule suivante :

$$f_{ij}^{\theta} = \frac{\text{Total ligne i} \times \text{Total colonne j}}{\text{Total général}}$$

Par exemple, pour la cellule $(1,1)$ (Oui, Aucun) :

$$f_{ii}^{\theta} = \frac{n_{i.} \times n_{.j}}{n_{..}} = \frac{0,32 \times 0,18}{1} = 0,058$$

Le tableau de contingence théorique est donné par :

X \ Y	Aucun	Mineur	Important	$n_{.j}$
Oui	0,058	0,166	0,096	0.32
Non	0,122	0,345	0,204	0.68
$n_{i.}$	0,18	0,52	0,3	1

La statistique du Chi-Deux se calcule en utilisant la formule (V.16) :

Pour chaque cellule :

$$\chi^2_{11} = \frac{(0,1 - 0,058)^2}{0,058} = 0,0312$$

$$\chi^2_{12} = \frac{(0,12 - 0,166)^2}{0,166} = 0,013$$

$$\chi^2_{13} = \frac{(0,1 - 0,096)^2}{0,096} = 0,0002$$

$$\chi^2_{21} = \frac{(0,08 - 0,122)^2}{0,122} = 0,0147$$

$$\chi^2_{22} = \frac{(0,4 - 0,345)^2}{0,345} = 0,0061$$

$$\chi^2_{23} = \frac{(0,2 - 0,204)^2}{0,204} = 0,0001$$

Le Chi-Deux total est la somme de toutes ces valeurs :

$$\chi^2 = 0,0312 + 0,013 + 0,0002 + 0,0147 + 0,0061 + 0,0001$$

$$= 0,065$$

Pour un degré de liberté de $(2-1)(3-1) = 2$, et avec le seuil de significativité usuel de 0,05, nous comparons notre valeur du Chi-Deux calculée à la valeur critique du tableau du Chi-Deux. Si χ^2 calculé est supérieur à la valeur critique, nous rejetons l'hypothèse d'indépendance.

Exemple V.4.2. Considérons un tableau de contingence représentant la relation entre le niveau d'éducation (primaire, secondaire, universitaire) et la préférence pour un produit (A, B). Après avoir construit le tableau de contingence, nous appliquons le test du

Chi-Deux d'indépendance pour évaluer s'il existe une relation significative entre ces deux variables.

Supposons que la statistique du Chi-Deux calculée soit de 12,56 avec un degré de liberté de 4. Si la valeur critique pour un niveau de signification de 5% est de 9,49, nous rejetons l'hypothèse d'indépendance, car 12,56 > 9,49. Cela signifie qu'il existe une relation significative entre le niveau d'éducation et la préférence pour le produit.

Exemple d'application

Considérons un tableau de contingence représentant la relation entre le niveau d'éducation (primaire, secondaire, universitaire) et la préférence pour un produit (A, B). Après avoir construit le tableau de contingence, nous appliquons le test du Chi-Deux d'indépendance pour évaluer s'il existe une relation significative entre ces deux variables.

Supposons que la statistique du Chi-Deux calculée soit de 12,56 avec un degré de liberté de 4. Si la valeur critique pour un niveau de signification de 5% est de 9,49, nous rejetons l'hypothèse d'indépendance, car 12,56 > 9,49. Cela signifie qu'il existe une relation significative entre le niveau d'éducation et la préférence pour le produit.

V.4.3 Mesure d'association

Définition V.4.5. Les *mesures d'association* permettent d'évaluer la force et la direction de la relation entre deux variables qualitatives. Ces mesures sont très utiles dans l'*analyse* des tableaux de contingence, où elles aident à quantifier la relation entre les catégories des deux variables étudiées. Parmi les mesures d'association les plus couramment utilisées pour les variables qualitatives, on trouve :

- Le coefficient de corrélation de Pearson (Phi)
- Le V de Cramer

— L'indice de dépendance

Définition V.4.6. Le *coefficient de corrélation de* PEARSON (également connu sous le nom de coefficient Phi) est une mesure d'association pour deux variables dichotomiques (qualitatives, catégorielles), c'est-à-dire des variables qui ne peuvent prendre que deux valeurs. Ce coefficient est défini par la formule :

$$\boxed{\phi = \sqrt{\frac{\chi^2}{n}}} \tag{V.18}$$

Où χ^2 est la statistique du chi-deux obtenue pour le tableau de contingence et n est l'effectif total. La valeur de ϕ varie entre 0 et 1, où 0 indique une absence totale d'association, et 1 indique une association parfaite.

Définition V.4.7. Le V DE CRAMER est une mesure d'association qui s'applique à des tableaux de contingence de n'importe quelle taille (pas seulement 2×2). Il est défini par la formule :

$$\boxed{V = \sqrt{\frac{\chi^2}{n(k-1)}}} \tag{V.19}$$

Où k est le nombre de lignes ou de colonnes du tableau, selon ce qui est le plus petit. Comme le coefficient Phi, le V de CRAMER varie entre 0 et 1, où une valeur proche de 0 indique une faible association et une valeur proche de 1 indique une forte association.

V.4.4 Analyse des Correspondances

Définition V.4.8. L'*Analyse des Correspondances (AC)* est une méthode statistique utilisée pour étudier les relations entre deux variables qualitatives représentées sous forme de tableaux de contingence. Elle permet de représenter graphiquement les associations entre les lignes et les colonnes du tableau, souvent dans un espace à deux dimensions, ce qui facilite l'interprétation des relations complexes.

L'Analyse des Correspondances est particulièrement utile dans les domaines où les données sont catégorielles et où l'on cherche à explorer les correspondances entre les catégories.

Exemple V.4.3. Par exemple, elle peut être utilisée pour analyser les relations entre des variables telles que les préférences des consommateurs pour différents produits et les caractéristiques démographiques de ces consommateurs.

Définition V.4.9. Le principe de base de l'Analyse des Correspondances est de réduire la dimensionnalité des données tout en conservant autant que possible les informations sur les associations entre les catégories. Cette réduction est réalisée en décomposant la matrice des correspondances en une somme de matrices de rang un, permettant ainsi une visualisation des données sous forme de points dans un plan factoriel.

CHAPITRE VI

ANALYSE DESCRIPTIVE DES SÉRIES CHRONOLOGIQUES

L'objectif de ce chapitre est présenter une analyse dite descriptive d'une série économique exprimée en fonction du temps. Cette analyse permet d'offrir une perspective dynamique et de capter la vraie évolution de la variable après avoir dissocié les effets temporels qui peuvent caractériser la structure des données.

Il ne faut pas oublier que cette analyse permet aussi de mener des prévisions sur les variables étudiées (phénomènes économiques) qui évoluent dans le temps.

VI.1 Définition et représentation d'une chronique

VI.1.1 Présentation d'une série temporelle

Définition VI.1.1. Une série chronologique appelée aussi série temporelle (ou chronique) est une distribution statistique qui s'intéresse à l'évolution d'un phénomène au fil du temps afin de le *décrire*, de l'*expliquer* et de le *prévoir* dans le futur.

En d'autres termes, il s'agit d'observations effectuées à différentes dates, formant ainsi une série de valeurs numériques indexées par le temps.

Exemple VI.1.1. On peut considérer par exemple la série temporelle du nombre d'étudiants nouvellement inscrits en Licence à des dates différentes (par exemple 2015 à 2024), l'évolution de l'indice des prix à la consommation durant la dernière décennie, l'évolution du Produit intérieur brut (PIB) depuis 2010. Ce sont des exemples de séries exprimées comme une suite d'observations répétées de la même variable à différentes dates.

Définition VI.1.2. Formellement, une série temporelle est une suite d'observations notées $((Y_t)_{t\in\mathbb{T}})$ où l'ensemble $\mathbb{T}$ représente l'espace des temps considéré comme discret. Plus précisément, l'ensemble $\mathbb{T}$ est inclus dans l'ensemble des entiers relatifs $\mathbb{T} \subset \mathbb{Z}$ (le plus souvent $\mathbb{T} = \mathbb{Z}$). Les dates sont alors équidistantes et indexées par les entiers : $t = 1, 2, 3, \ldots T$. Avec T représente le nombre d'observations. On dispose donc des variables notées : $Y_1, Y_2, \ldots Y_T$. Les observations peuvent être présentées par le tableau suivant :

t_0	t_1	t_2	$\ldots$	t_T
Y_{t_0}	Y_{t_1}	Y_{t_2}	$\ldots$	Y_{t_T}
Y_0	Y_1	Y_2	$\ldots$	Y_T

Remarque VI.1.1. On notera indifféremment la série (Y_t) et (Y_i). La dernière fait référence aux observations affectées aux individus.

Exemple VI.1.2. Reprenant par exemple un des exemples précédents : Évolution du PIB depuis 2010. les observations sont résumées dans le tableau suivant avec $t = 2010, 2011, \ldots 2024$

Date	2010	2011	2012	...	2024
PIB	Y_0	Y_1	Y_2	...	Y_T

VI.1.2 Périodicité d'une chronique

Définition VI.1.3. Les fréquences des séries chronologiques font référence à la périodicité avec laquelle les données sont collectées et enregistrées.

Une série chronologique peut avoir différentes fréquences selon l'objectif de l'analyse et la nature des données. Ces fréquences peuvent être : Et on distingue généralement entre :

- Périodicité *Annuelle* : Une Périodicité annuelle implique des observations une fois par an. Cela est souvent utilisé pour des données qui présentent des tendances ou des modèles saisonniers sur une base annuelle.
- Périodicité *Mensuelle* : Les observations mensuelles sont prises une fois par mois. Cette Périodicité est couramment utilisée pour des données où des variations saisonnières peuvent être observées dans des cycles mensuels.
- Périodicité *Trimestrielle* : Les observations trimestrielles sont prises une fois tous les trois mois. Cette fréquence est souvent utilisée dans les rapports financiers et économiques.
- Périodicité *Hebdomadaire* : Si les données sont observées une fois par semaine, elles suivent une fréquence hebdomadaire. Cela peut être pertinent pour des données où des modèles ou des variations se produisent sur une base hebdomadaire.
- Périodicité *Journalière* : Pour des données qui varient quotidiennement, une Périodicité journalière est appliquée. Cela

est fréquemment utilisé dans les données financières, météorologiques et autres séries temporelles à haute résolution temporelle.

— Périodicité *Intraday* : Pour des analyses à une échelle de temps encore plus fine, la fréquence intraday peut être utilisée, impliquant des observations plusieurs fois par jour.

Remarque VI.1.2. Une série chronologique est présentée soit sous la forme d'un tableau à deux colonnes, contenant T lignes, voir exemple (VI.1.2).

Dans le cas d'une périodicité granulaire, la série peut être présentée sous la forme d'un tableau contenant p colonnes (qui représente les mois ou trimestres) et n lignes (représentent les années).

	1	...	p
Année 1	Y_{11}	...	Y_{1p}
⋮	⋮	⋮	⋮
Année n	Y_{1n}	...	Y_{np}

Exemple VI.1.3. Considérons la série mensuelle des ventes mensuelles en milliers de dirhams d'une entreprise sur une période de 3 ans.

	Jan	Fév	Mars	Avr	Mai	Juin
2020	100	120	130	150	160	170
2021	110	130	140	160	170	180
2022	120	140	150	170	180	190

	Juil	Août	Sept	Oct	Nov	Déc
2020	180	190	200	210	220	230
2021	190	200	210	220	230	240
2022	200	210	220	230	240	250

Ce tableau peut être aussi présenté de la manière suivante :

	2020	2021	2022
Janvier	100	110	120
Février	120	130	140
Mars	130	140	150
Avril	150	160	170
Mai	160	170	180
Juin	170	180	190
Juillet	180	190	200
Août	190	200	210
Septembre	200	210	220
Octobre	210	220	230
Novembre	220	230	240
Décembre	230	240	250

VI.1.3 Représentation graphique d'une chronique

Définition VI.1.4. La représentation graphique permet de visualiser une variable au fil du temps. Un graphique d'une série chronologique affiche généralement les points de données sur un axe horizontal (temps) et les valeurs correspondantes de la variable sur un axe vertical.

Cette visualisation aide à identifier rapidement les comportements récurrents, tels que les cycles économiques ou les variations saisonnières, et à détecter des événements inhabituels ou des ruptures de tendance.

Définition VI.1.5. Pour réaliser une représentation graphique d'une série chronologique sur EXCEL, il faut sélectionner la plage de données que vous souhaitez représenter graphiquement. Dans l'onglet "Insertion" choisir "Graphiques", pour sélectionner le type de graphique approprié pour une série chronologique : "Graphique en courbes". EXCEL insérera automatiquement le graphique dans votre feuille de calcul.

Comme il a été précédemment présenté, on va commencer par l'analyse graphique à partir de l'observation du diagramme de dispersion de la série chronologique.

Exemple VI.1.4. Soit la série chronologique (temporelle) qui correspond aux variations des ventes enregistrées pendant la période 2020 – 2023, les données trimestrielles (en milliers de dirhams) sont présentées dans le tableau suivant :

Trimestre	Tri 1	tri 2	tri 3	tri 4
2020	**20**	25	50	70
2021	35	30	65	105
2022	40	34	**75**	135
2023	50	37	80	170

On note que :

— 20 mille dirhams est le montant des ventes enregistrées durant le premier trimestre de l'année 2020.

— 75 mille dirhams est le montant des ventes enregistrées durant le troisième trimestre de l'année 2022.

Généralement, on peut représenter graphiquement une série temporelle de plusieurs façons :

— En traçant l'évolution dans le temps de la série. Dans ce cas, on représente les points $(t; Y_t)$, que l'on relie par des segments de droites.

Exemple VI.1.5. On se basant sur les données précédentes (voir exemple VI.1.4) :

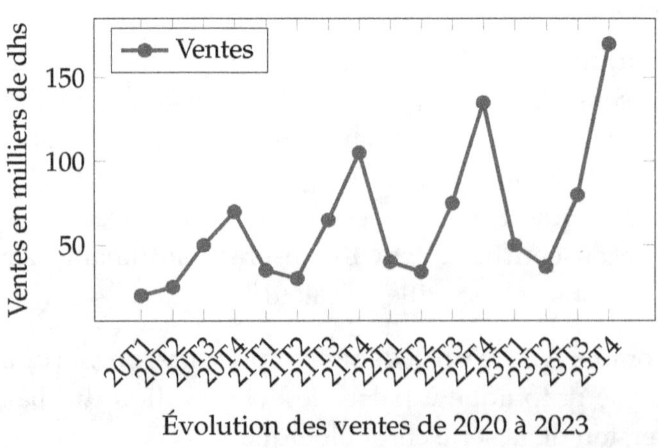

Évolution des ventes de 2020 à 2023

— Ou par un graphique en barres empilées, adapté pour illustrer la variation des valeurs au fil du temps, en particulier dans le contexte de séries temporelles trimestrielles.

Exemple VI.1.6. On se basant sur les données précédentes (voir exemple VI.1.4) :

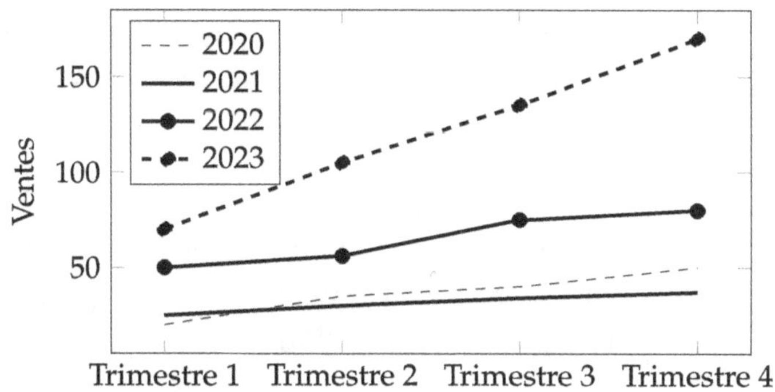

Courbes superposées de la série des ventes

VI.2 ÉTUDE DES COMPOSANTES D'UNE CHRONIQUE

L'étude des séries chronologiques sert à faire des prévisions à court, moyen et long terme. Pour ce faire, il existe des méthodes prévisionnelles quantitatives et qualitatives. Les méthodes quantitatives se subdivisent en deux catégories : les méthodes d'extrapolation, qui produisent des prévisions basées sur la corrélation de la variable étudiée avec le temps, et les méthodes explicatives, qui reposent sur les corrélations entre la variable étudiée et différentes variables explicatives.

Une fois le graphique de la série chronologique établi, il peut apparaître que la fonction est complexe à analyser et à utiliser pour faire des prévisions en employant les méthodes usuelles. Face à ce défi, il est souvent utile de décomposer le problème en plusieurs composantes et d'étudier chacune d'elles séparément. Cette approche permet de simplifier l'analyse et d'obtenir des prévisions plus précises.

VI.2.1 Composantes de la série chronologique

Définition VI.2.1. Pour notre série chronologique, il existe principalement quatre composantes fondamentales :

1. La composante tendancielle ou *tendance* (Trend) : Cette composante porte sur les changements de croissance ou de décroissance tout au long de la série.

2. La composante *cyclique* : cet aspect de la série fait référence à la présence d'une certaine récurrence et peut s'observer généralement sur des intervalles de plusieurs années (nous n'étudierons pas cette question).

3. La composante *saisonnière* (saison) : Il s'agit de la présence ou non d'un effet périodique qui se rapporte à une année (trimestres, semestres, etc.)

4. La composante *aléatoire* (erreur) : cette caractéristique d'une série chronologique constitue la partie non expliquée par la tendance, le cycle ou la saisonnalité. Des événements rares qui peuvent difficilement être prédits sont souvent à l'origine de ces fluctuations.

Exemple VI.2.1. On se basant sur les données de l'exemple précédent, on peut dire que :

— La lecture du graphique (VI.1.5) indique que par exemple que les ventes ont augmenté de manière régulière au cours du temps. De manière générale, la courbe peut indiquer un "mouvement" à moyen terme de croissance ou décroissance des ventes au fil du temps.

— La lecture du graphique (VI.1.6) peut encore faire apparaitre une périodicité dans les valeurs observées révélant la présence du phénomène saisonnier qui caractérise les ventes.

VI.2.2 Modélisation des composantes d'une chronique

À partir de ces quatre [1] composantes il faut maintenant déterminer le modèle statistique (ou le schéma) adéquat ; en effet, il existe une multitude de modèles statistiques, il suffit de connaitre les différentes opérations arithmétiques.

On distingue principalement deux types de modèles :

1. Les modèles déterministes (Statistique descriptive) qui supposent que l'observation de la série à la date t est une fonction du *temps* et d'une variable qui capture les fluctuations aléatoires (ε_t).
2. Les modèles stochastiques [2] (propriétés probabilistes) supposent que l'observation est une réalisation particulière parmi toutes les possibilités envisageables.

Les modèles déterministes s'écrivent de la façon suivante :

$$\boxed{Y_t = f(temps; \varepsilon_t)} \tag{VI.1}$$

En d'autres termes :

$$\boxed{Y_t = f(C_t; S_t; \varepsilon_t)} \tag{VI.2}$$

Nous nous limiterons à l'étude des modèles déterministes dans le cadre de ce travail.

Définition VI.2.2. Lors de la modélisation des composantes d'une série chronologique, deux schémas principaux sont couramment utilisés : le schéma additif et le schéma multiplicatif.

Définition VI.2.3. Dans le schéma additif, une série chronologique Y_t est décomposée en une somme de ses composantes : la tendance (C_t), la saisonnalité (S_t), et l'erreur ou les résidus (ε_t). L'équation

1. Généralement on retient trois composantes (Trend, saison, perturbation).
2. La modélisation porte ici sur la forme du processus (ε_t).

du schéma additif s'exprime ainsi :

$$\boxed{Y_t = C_t + S_t + \varepsilon_t} \tag{VI.3}$$

Ce schéma est adopté lorsque les composantes de la série chronologique sont indépendantes les unes des autres et que leurs effets sont cumulés de manière additive.

Définition VI.2.4. Dans le schéma multiplicatif, une série chronologique Y_t est décomposée en un produit de ses composantes.

L'équation du schéma multiplicatif (premier type) s'exprime ainsi :

$$\boxed{Y_t = C_t \times S_t + \varepsilon_t} \tag{VI.4}$$

Et l'équation du schéma multiplicatif (deuxième type) s'écrit :

$$\boxed{Y_t = C_t \times S_t \times \varepsilon_t} \tag{VI.5}$$

Ou encore :

$$Y_t = C_t \times (1 + S_t) \times (1 + \varepsilon_t)$$

Dans ce cas, les effets des composantes de la série chronologique interagissent de manière multiplicative, c'est-à-dire que l'effet de la saisonnalité ou des résidus dépend du niveau de la tendance.

VI.2.3 ANALYSE DES SÉRIES : CHOIX DU SCHÉMA

Avant de procéder à la modélisation et à l'analyse approfondie du modèle, on cherche d'abord à établir si la série en question présente des caractéristiques spécifiques pour une observation Y donnée.

Le choix entre le schéma additif et le schéma multiplicatif dépend des caractéristiques suivantes :

— Si les variations saisonnières et les fluctuations aléatoires sont constantes en amplitude, le schéma additif est généralement plus approprié. Ici, la variation saisonnière S s'ajoute simplement à la tendance C.

— En revanche, si ces variations sont proportionnelles au niveau de la série, le schéma multiplicatif est préféré. La variation saisonnière S est proportionnelle à la tendance C.

Remarque VI.2.1. Dans la pratique, et à partir de l'analyse graphique de la série chronologique :

— Si les variations saisonnières ont une *amplitude constante*[3] Quelle que soit la tendance de la série, cela indique un schéma additif. En terme graphique, les segments de droites réunissant les pics maximas et les creux minimas forment une droite ou presque.

Exemple VI.2.2. Soit la série relative aux ventes trimestrielles (en milliers de dirhams) enregistrées pendant la période 2020 – 2023 :

	2020	2021	2022	2023
Trimestre 1	30	32	33	35
Trimestre 2	11	12	13	14
Trimestre 3	12	13	15	17
Trimestre 4	36	37	39	41

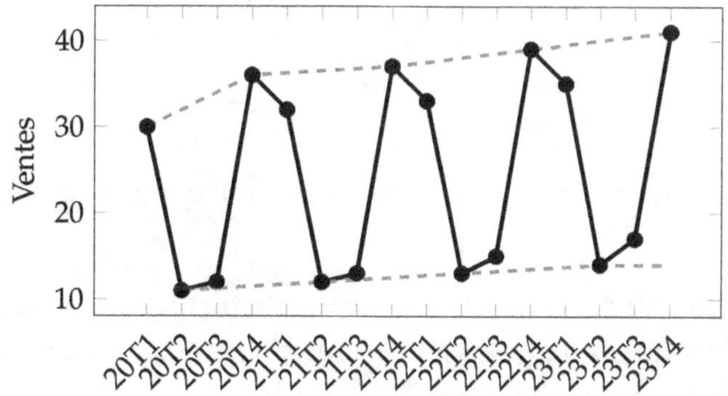

3. Une amplitude constante dans un graphique se manifeste par deux droites parallèles qui relient les points maximaux et minimaux de la série chronologique.

— Si les variations saisonnières semblent augmenter ou diminuer proportionnellement avec le niveau de la série, cela indique un schéma multiplicatif [4].

Exemple VI.2.3. Pour notre exemple (VI.1.4) nous avons choisi le modèle ou le schéma multiplicatif, car à partir de la représentation graphique de la série chronologique, on peut remarquer que les deux droites délimitant les maxima et les minima se croisent [5].

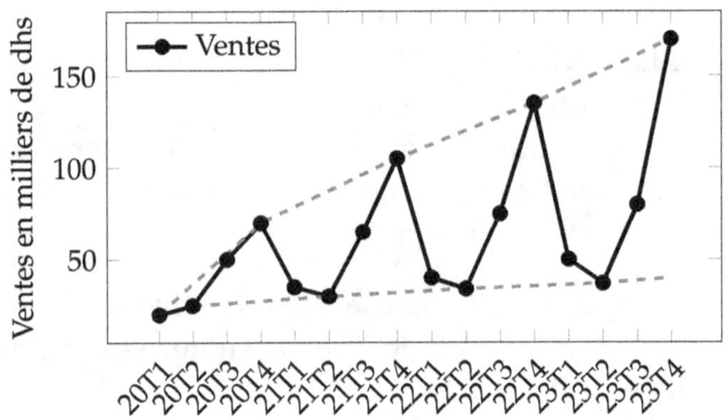

Exercice VI.2.1. On considère la série Y qui concerne l'évolution des nouvelles immatriculations de voitures neuves, les données sont trimestrielles.

	2020	2021	2022	2023	2024
Trim 1	3789	3586	4325	5478	5218
Trim 2	2527	2727	3083	3678	3545
Trim 3	2527	2727	3083	3678	3545
Trim 4	1602	1695	2126	2182	2055

— Quel modèle devrions-nous choisir pour représenter cette série ?

Solution VI.2.1. Afin de faire cette distinction, on peut se baser sur la méthode graphique. Cependant, on peut également faire appel à

4. Graphiquement, les deux droites des minimas et des maximas se croisent au fil de temps.

5. Dans le cas du modèle additif, les limites supérieure et inférieure de la série seront des droites parallèles

une méthode analytique. La méthode graphique suggère de tracer deux courbes pour statuer : les bandes (maximas et minimas) et aussi les courbes superposées de la série en question.

Méthode des courbes superposées : Pour tracer un graphique à partir des données fournies dans EXCEL, on suit les étapes suivantes :

- Cliquez et faites glisser votre souris pour sélectionner toutes les cellules contenant les données, y compris les étiquettes des colonnes et des lignes.
- Dans l'onglet "Insertion" du ruban, et dans le groupe "Graphiques", sélectionnez le type de graphique que vous souhaitez utiliser. Par exemple, vous pouvez choisir "courbe avec marque".
- EXCEL affichera automatiquement un graphique basé sur vos données.

Le résultat est le suivant :

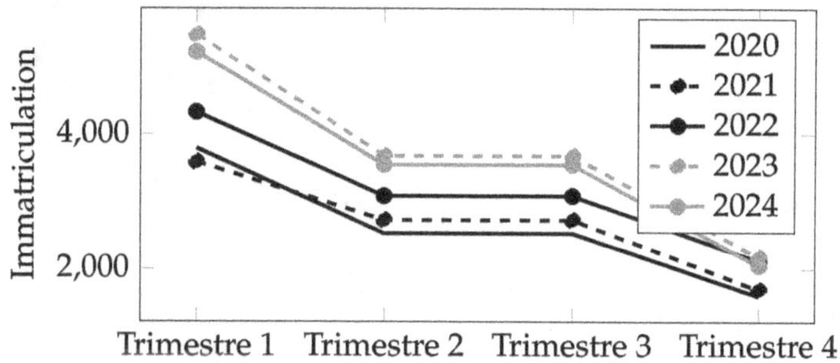

Méthode des bandes : Pour y arriver il faut d'abord transformer le tableau sous cette forme :

	Immatriculation
T1 - 2020	3789
T2 - 2020	2527
⋮	⋮
T3 - 2024	3545
T4 - 2024	2055

Ensuite il faut suivre les étapes suivantes :

- Dans le groupe "Graphiques", sélectionnez "Insérer un graphique en courbes" et choisissez "Courbe avec marques".

— Pour ajouter des bandes reliant les maximas et minimas, vous devez d'abord calculer les valeurs maximales et minimales pour chaque année, puis ajouter une zone entre ces valeurs sur le graphique.

  — Ajoutez deux nouvelles colonnes : "Max" et "Min". Pour chaque année, entrez les valeurs maximales et minimales.

  — Ajouter les deux courbes Max et Min sur le graphique.

Le résultat est le suivant :

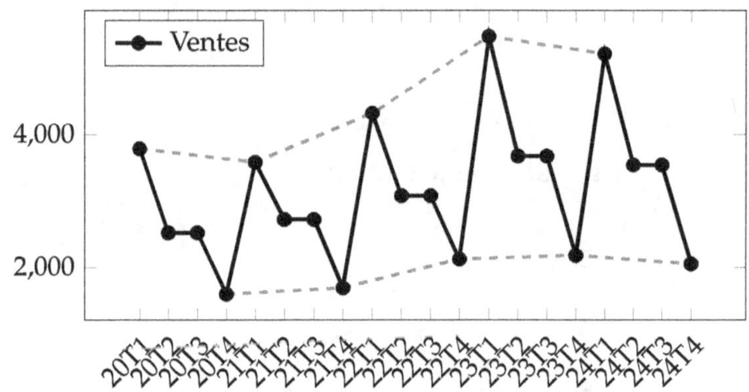

Les courbes superposées semblent parallèles pour toutes les saisons (trimestres), ce qui suggère que le modèle est additif. De plus, l'utilisation de la méthode des bandes renforce cette hypothèse, car les bandes des minimas et des maximas évoluent de manière symétrique. En effet, les amplitudes sont égales ou presque, ce qui indique que le modèle additif est probablement le plus adéquat.

Remarque VI.2.2. Méthodologie de l'analyse statistique de la série chronologique :

— L'objectif est de représenter avec précision l'évolution d'une série chronologique, et capter clairement la dynamique sous-jacente de la série.

— Pour y parvenir, Il faut décomposer et choisir le modèle ou le schéma qui exprime la relation entre les composantes temporelles de la série.

— Estimer chaque paramètre relevant de chaque composante.

— Bâtir une série épurée des variations saisonnières et / ou tendancielles.

VI.3 ESTIMATION DE LA TENDANCE

Définition VI.3.1. Le trend (ou tendance) observé dans une série chronologique est un lieu géométrique exprimant la composante qui représente le mouvement à long terme de la série de données, indiquant la direction générale dans laquelle la série évolue au fil du temps.

Exemple VI.3.1. Le produit intérieur brut (PIB) du Maroc montre une tendance croissante sur plusieurs décennies, le Trend exprime donc la croissance économique générale.

La détection de la forme du Trend dans une série chronologique peut être réalisée en utilisant deux techniques principales :

1. Analyse graphique des oscillations : Si l'on observe que la série chronologique oscille autour d'une droite, on peut en conclure que la méthode d'estimation du Trend peut être effectuée par un ajustement.

2. Ajustement des pics des maxima et minima : Si les pics des maxima et les creux des minima de la série peuvent être ajustés sur une droite, cela indique également la méthode d'estimation du Trend peut être effectuée par un ajustement.

3. Sinon, on peut envisager une estimation non paramétrique.

Nous allons traiter deux grandes familles de méthodes d'estimation peuvent être utilisées : l'estimation paramétrique par ajustement et l'estimation non paramétrique par lissage.

VI.3.1 AJUSTEMENT LINÉAIRE

Définition VI.3.2. Il existe différentes méthodes pour ajuster le Trend. Ces méthodes dépendent de la structure sous-jacente des données et de leur relation avec les autres composantes. Parmi ces méthodes, on distingue :

— Méthode de Mayer [6]

— Méthode des moindres carrées ordinaires

En plus, on peut formuler différentes hypothèses sur la forme potentielle du Trend :

— Forme linéaire

— Forme polynomiale

— Forme logarithmique

— Forme exponentielle

— Forme en puissance, inverse, etc.

Dans ce qui suit, nous utiliserons la méthode des moindres carrés ordinaires (MCO), en supposant que le Trend est linéaire, pour déterminer la tendance.

Pour ce faire, il est nécessaire de calculer les paramètres de cette droite. Nous déterminerons les paramètres de la droite linéaire représentant le Trend, qui prend la forme suivante :

$$\boxed{C_t = Y_t = at_i + b} \tag{VI.6}$$

On détermine la droite des moindres carrés du nuage de points (t; Y_t). C'est-à-dire la droite qui minimise la distance $\sum(Y_t - (at_i + b))$. Les données prennent la forme suivante :

6. D'abord, nous divisons la série en deux sous-ensembles de même effectif. Pour chacun de ces sous-ensembles, nous calculons la tendance centrale (moyenne ou médiane) des Y. Ensuite, nous traçons la droite passant par ces deux points moyens (médians).

t_i	Y_t
1	y_1
2	y_2
3	y_3
$\vdots$	$\vdots$
n	y_p

— Pour cela nous calculons les paramètres du modèle de régression simple par les formules suivantes :

$$\boxed{a = \frac{cov(t, C_t)}{var(t)}}$$

$$\boxed{b = \bar{C} - a \times \bar{t}}$$

Notre équation estimée prend la forme de : $C_t = at_i + b$

Avec :avec

$$\text{cov}(t, C_t) = \frac{1}{np}\sum_{t=1}^{np}(t - \bar{t})(Y_t - \bar{Y}) = \frac{1}{np}\sum_{t=1}^{np} tY_t - \bar{t}\bar{Y}$$

et

$$Var(t) = \frac{1}{np}\sum_{t=1}^{np}(t - \bar{t})^2 = \frac{1}{np}\sum_{t=1}^{np} t^2 - \bar{t}^2$$

où

$$\bar{t} = \frac{1}{np}\sum_{t=1}^{np} t \quad \text{et} \quad \bar{Y} = \frac{1}{np}\sum_{t=1}^{np} Y_t$$

Remarque VI.3.1. Le principe fondamental des MCO est 'ajuster au mieux l'ensemble des points (elle passe le plus près possible de tous les points). Cependant, elle ne modélise pas toujours efficacement la tendance, notamment dans le cas d'une série qui contient des valeurs aberrantes.

Définition VI.3.3. À l'aide de EXCEL, la détermination de l'équation du Trend peut se faire en suivant ces étapes :

— Tracer le graphique de la série initiale Y_t.

— Faites un clic sur l'étiquette 'éléments de graphique" à droite du graphique, puis choisissez "courbe de tendance".

— Choisir "Linéaire".

Exemple VI.3.2. Reprenant les données de l'exemple VI.2.2, le Trend est représenté par la droite de régression suivante :

$$C_t = 0,4647t_i + 20,425$$

Chronique des Ventes au fil du temps (par trimestre)

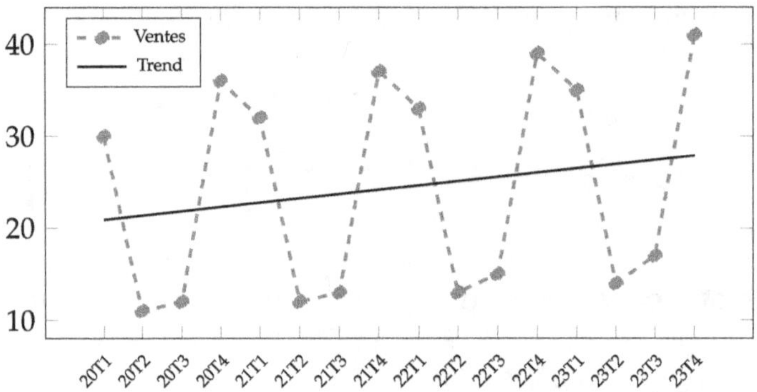

On s'attend, en ce qui concerne la représentation graphique, que cette droite passe par le milieu, car cette la droite qui ajuste au mieux les différentes observations des ventes. Et puisque la pente est positive, la tendance est haussière.

Les calculs sont regroupés dans le tableau suivant :

VI.3.2 Lissage par moyennes mobiles

Nous proposant la méthode des *moyennes mobiles* (courbe de la moyenne mobile = *Moving Average*) qui est une méthode de lissage (*Smooth*).

Définition VI.3.4. La méthode de *lissage* par la *Moyenne mobile* est une méthode *non paramétrique* qui permet de *reproduire* le plus fidèlement possible la tendance, tout en éliminant le résidu.

Remarque VI.3.2. L'avantage de cette méthode est qu'elle ne fait pas d'hypothèse sur la tendance, qui peut avoir une forme quelconque.

— Une moyenne mobile est un outil intéressant pour lisser une série temporelle et donc pour enlever une composante saisonnière. On utilise de préférence des moyennes mobiles *non pondérées* d'ordre égal à la période, par exemple d'ordre 7 pour des données journalières, d'ordre 12 pour des données mensuelles. Par exemple, pour enlever la composante saisonnière due au jour de la semaine, on peut appliquer une moyenne mobile non pondérée d'ordre 7.

— Nous allons sans tarder appliquer cette méthode et nous allons distinguer deux cas de figure possibles :

1. Le cas où la périodicité est d'ordre impair ($m = 3$ par exemple), et c'est le plus simple ; et
2. Le cas où l'ordre est pair ($m = 4$ par exemple) ; pour les composantes saisonnières d'une période paire, il n'existe pas de moyennes mobiles centrées non pondérées.

Définition VI.3.5. On appelle moyenne mobile de longueur p de la série Y, l'opération transformant celle-ci en une nouvelle série Z par le calcul des moyennes successives :

$$
\begin{aligned}
Z_t = Z_{l+(\frac{p+1}{2})} &= \frac{1}{p}(y_{l+1} + y_{l+2} + \ldots + y_{l+p}) \\
&= \frac{1}{p}\sum_{i=1}^{p} y_{l+p} \text{ Avec } (l = 0, 1, \ldots, t-p)
\end{aligned}
$$

Lorsque :

1. p est impair : dans ce cas, le problème ne se pose pas : on calcule seulement la moyenne mobile (*non pondérée*).
2. p est pair : là , il faut encore calculer une autre moyenne mobile nommée : la moyenne mobile (*pondérée*).

Exemple VI.3.3 (Périodicité impaire). Prenons les données suivantes qui enregistrent les ventes d'un produit sur une période de trois ans, de 2021 à 2023, réparties en trois périodes de quatre mois chaque année.

Année	T_1	T_2	T_3
2021	450	500	480
2022	460	520	490
2023	470	530	510

— T1 : Ventes pour les quatre premiers mois de l'année (janvier-avril).

— T2 : Ventes pour les quatre mois suivants (mai-août).

— T3 : Ventes pour les quatre derniers mois (septembre-décembre).

— Calcul des Moyennes Mobiles *Tertiles* : Pour lisser les données, nous appliquons une moyenne mobile d'ordre impair ($p = 3$). La formule de la moyenne mobile pour une périodicité tertile est :

$$\mathrm{MM}_i = \frac{Y_{i-1} + Y_i + Y_{i+1}}{3}$$

Où : Y_i représente la valeur des ventes à la période i

— Les calculs sont présentés dans le tableau suivant :

Année	Y_i	MM_i
2021 T_1	450	
2021 T_2	500	476.67
2021 T_3	480	480
2022 T_1	460	486.67
2022 T_2	520	490
2022 T_3	490	493.33
2023 T_1	470	496.67
2023 T_2	530	503.33
2023 T_3	510	

On note par exemple :

$$\mathrm{MM}_2 = \frac{450 + 500 + 480}{3} = 476{,}67$$

$$\mathrm{MM}_3 = \frac{500 + 480 + 460}{3} = 480$$

$$\mathrm{MM}_4 = \frac{480 + 460 + 520}{3} = 486{,}67$$

— Graphique de la Série brute et de la Série lissée

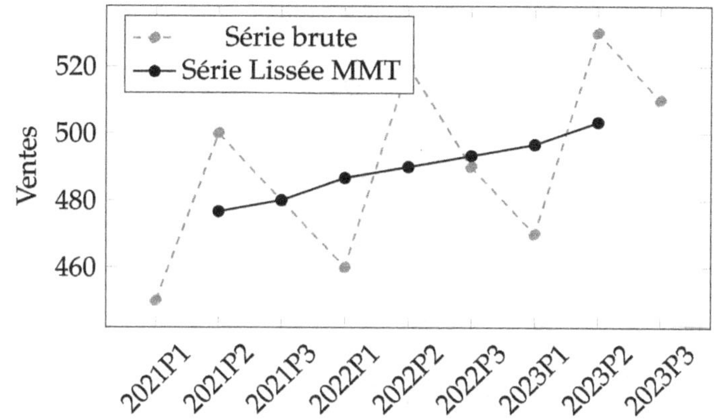

Dans cet exemple, la série lissée montre une tendance plus régulière, permettant d'observer l'évolution des ventes sans les fluctuations saisonnières.

Exemple VI.3.4 (Périodicité paire). Considérons les données sur les variations de l'indice des prix d'une marchandise de 2017 jusqu'au 2024.

	Trimestre 1	Trimestre 2	Trimestre 3	Trimestre 4
2017	295,0	317,5	314,9	321,4
2018	324,7	323,7	322,5	332,9
2019	372,9	380,9	353,0	348,9
2020	354,0	345,7	319,5	317,6
2021	333,7	323,9	312,8	310,2
2022	323,2	342,9	300,2	309,8
2023	304,3	285,9	292,3	298,7
2024	312,5	336,1	295,5	318,4

— Nous avons des observations périodiques faisant référence au trimestre, donc nous avons quatre trimestres $m = 4$ (qui représentent un chiffre pair).

— La période est paire et égale à p ($p = 4$ pour des données trimestrielles), on utilise une moyenne mobile d'ordre impair accordant un demi-poids aux deux extrémités.

		Ip	MM	MMC	
2017	1	295,0			
	2	317,5	$312,2 = \frac{295+317,5+314,9+321,4}{4}$		
	3	314,9	319,6	315,9	
	4	321,4	321,2	320,4	
2018	5	324,7	323,1	322,1	$= \frac{321,2+323,1}{2}$
	6	323,7	326,0	324,5	
	7	322,5	338,0	332,0	
	8	332,9	352,3	345,2	
2019	9	372,9	359,9	356,1	
	10	380,9	363,9	361,9	
	11	353	359,2	361,6	
	12	348,9	350,4	354,8	
2020	13	354	342,0	346,2	
	14	345,7	334,2	338,1	
	15	319,5	329,1	331,7	
	16	317,6	323,7	326,4	
2021	17	333,7	322,0	322,8	
	18	323,9	320,2	321,1	
	19	312,8	317,5	318,8	
	20	310,2	322,3	319,9	
2022	21	323,2	319,1	320,7	
	22	342,9	319,0	319,1	
	23	300,2	314,3	316,7	
	24	309,8	300,1	307,2	
2023	25	304,3	298,1	299,1	
	26	285,9	295,3	296,7	
	27	292,3	297,4	296,3	
	28	298,7	309,9	303,6	
2024	29	312,5	310,7	310,3	
	30	336,1	315,6	313,2	
	31	295,5			
	32	318,4			

— Chaque trimestre est affecté du même poids, mais cette méthode est moins avantageuse, car la moyenne mobile est plus étendue. Donc, plus de données qui seront "*perdues*" aux deux extrémités de la série.

— Le graphique de la série brute et la série corrigée des variations saisonnières par la *Méthode* des *Moyennes mobiles* d'ordre *pair* :

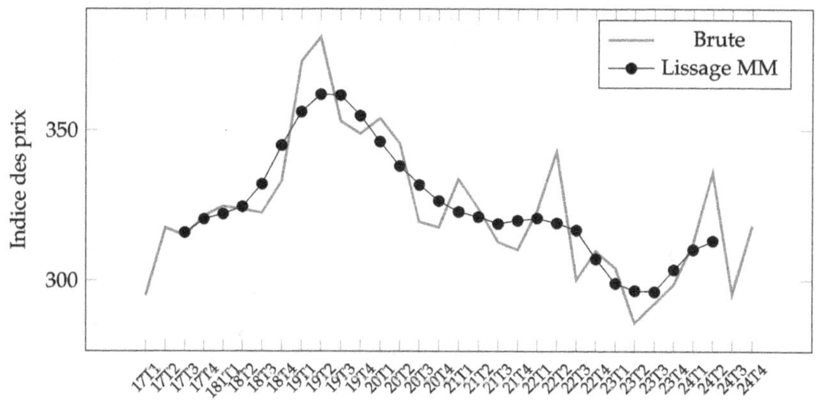

Donc il est clair que dans le cas où la périodicité est impaire le calcul de la moyenne mobile non pondérée se fait de manière naturelle.

VI.4 Calcul des variations saisonnières

Nous allons poursuivre la même démarche que pour la recherche de la tendance, c'est-à-dire nous avions deux paramètres inconnus à calculer à savoir la pente et l'ordonnée à l'origine. Maintenant pour la recherche des composantes saisonnières associées aux données trimestrielles, comme c'est le cas de notre exemple il s'agit de quatre saisons en référence à une année.

Définition VI.4.1. On les appelle, les coefficients saisonniers et ils sont obtenus grâce à la formule suivante :

$$\boxed{s^i = \frac{1}{card(T_i)} \sum \frac{y_t}{C_t}} \qquad \text{(VI.7)}$$

Exemple VI.4.1. Soit la série relative aux ventes trimestrielles (en milliers de dirhams) enregistrées pendant la période 2020 − 2023 :

	2020	2021	2022	2023
Trimestre 1	30	32	33	35
Trimestre 2	11	12	13	14
Trimestre 3	12	13	15	17
Trimestre 4	36	37	39	41

Dans cet exemple, on dispose donc de quatre coefficients saisonniers :

$$\begin{cases} T_i = & \{\ 1;\ \ 5;\ \ 9;\ \ 13\ \} \\ T_2 = & \{\ 2;\ \ 6;\ \ 10;\ \ 14\ \} \\ T_3 = & \{\ 3;\ \ 7;\ \ 11;\ \ 15\ \} \\ T_4 = & \{\ 4;\ \ 8;\ \ 12;\ \ 16\ \} \end{cases}$$

Donc nous avons :

$$S_t = s^i \quad ; t \in T_i \tag{VI.8}$$

Par exemple pour le calcul du coefficient saisonnier relatif à la deuxième saison :

$$S_2 = s^2 = \frac{1}{card(T_2)} \sum \frac{y_t}{C_t}$$

$$S_2 = s^2 = \frac{1}{4}\left(\frac{Y_2}{C_2} + \frac{Y_6}{C_6} + \frac{Y_{10}}{C_{10}} + \frac{Y_{14}}{C_{14}}\right)$$

Avec par exemple :

$$C_2 = 0,4647 \times (2) + 20,425 = 21.3544$$

		Y_t	C_t				Y_t	C_t	
2020	1	30	20,89	C_1	2022	9	33	24,61	
	2	11	21.35	C_2		10	13	25,07	C_{10}
	3	12	21,82	C_3		11	15	25,54	
	4	36	22,28	C_4		12	39	26,01	
2021	5	32	22,75	C_5	2023	13	35	26,47	
	6	12	23,21	C_6		14	14	26,93	C_{14}
	7	13	23,68	C_7		15	17	27,39	
	8	37	24,14	C_8		16	41	27,86	C_{14}

$$S_2 = s^2 = \frac{1}{4}\left(\frac{Y_2}{C_2} + \frac{Y_6}{C_6} + \frac{Y_{10}}{C_{10}} + \frac{Y_{14}}{C_{14}}\right)$$

$$S_2 = s^2 = \frac{1}{4}\left(\frac{11}{21,354} + \frac{12}{23,213} + \frac{13}{25,072} + \frac{14}{26,931}\right) = 0,52$$

On déduit que :

$$s^2 = S_2 = S_6 = S_{10} = S_{14} = 0,52$$

De la même manière, nous pouvons calculer les autres coefficients saisonniers :

$$s^1 = \frac{1}{4}\left(\frac{Y_1}{C_1} + \frac{Y_5}{C_5} + \frac{Y_9}{C_9} + \frac{Y_{13}}{C_{13}}\right)$$

$$s^3 = \frac{1}{4}\left(\frac{Y_3}{C_3} + \frac{Y_7}{C_7} + \frac{Y_{11}}{C_{11}} + \frac{Y_{15}}{C_{15}}\right)$$

$$s^4 = \frac{1}{4}\left(\frac{Y_4}{C_4} + \frac{Y_8}{C_8} + \frac{Y_{12}}{C_{12}} + \frac{Y_{16}}{C_{16}}\right)$$

Et le résultat est le suivant :

$$s^1 = S_1 = S_5 = S_9 = S_{13} = 1,38$$

$$s^3 = S_3 = S_7 = S_{11} = S_{15} = 0,58$$

$$s^4 = S_4 = S_8 = S_{12} = S_{16} = 1,53$$

La détermination de la variable "vente" corrigée des variations saisonnières s'effectue à partir de la relation suivante :

$$Y_{cvs,t} = \frac{Y_t}{S_t} \quad ; 1 \leq t \leq n \qquad \text{(VI.9)}$$

Par exemple pour $t = 14$, nous avons :

$$Y_{cvs,14} = \frac{Y_{14}}{S_{14}} = \frac{14}{0,52} = 27,05$$

Étant donné que $S_{14} = s^2$

VI.5 DÉTERMINATION DE LA COMPOSANTE ALÉATOIRE

Définition VI.5.1. La troisième composante est la composante aléatoire, et elle est définie par :

$$\boxed{\varepsilon_t = Y_t - S_t \times C_t} \quad \text{(VI.10)}$$

Exemple VI.5.1. Sur la base des données de l'exemple précédent, le calcul de cette composante est simple et automatique d'après la formule ci-dessus. Les différents calculs de la série des ventes corrigée des variations saisonnières notée $Y_{cvs,t}$ sont présentés comme suit :

	y_t	Y_t	C_t	S_t	ε_t	$Y_{cvs,t}$
2020	1	30	20,8897059	1,38	1,24	21,7932045
	2	11	21,3544118	0,52	−0,05	21,2517546
	3	12	21,8191176	0,58	−0,58	20,8068107
	4	36	22,2838235	1,53	1,91	23,5308615
2021	5	32	22,7485294	1,38	0,68	23,2460848
	6	12	23,2132353	0,52	−0,02	23,1837323
	7	13	23,6779412	0,58	−0,66	22,5407116
	8	37	24,1426471	1,53	0,06	24,1844965
2022	9	33	24,6073529	1,38	−0,87	23,972525
	10	13	25,0720588	0,52	0,02	25,11571
	11	15	25,5367647	0,58	0,27	26,0085134
	12	39	26,0014706	1,53	−0,78	25,4917666
2023	13	35	26,4661765	1,38	−1,43	25,4254053
	14	14	26,9308824	0,52	0,06	27,0476877
	15	17	27,3955882	0,58	1,20	29,4763152
	16	41	27,8602941	1,53	−1,62	26,7990367

Calculons par exemple l'erreur relative à la période 14.

$$\varepsilon_{14} = Y_{14} - S_{14} \times C_{14}$$

$$\varepsilon_{14} = 14 - 0,52 \times 26,931 = 0,06$$

Nous pouvons maintenant passer à la représentation graphique de la série brute, son Trend et la série corrigée des variations saisonnières.

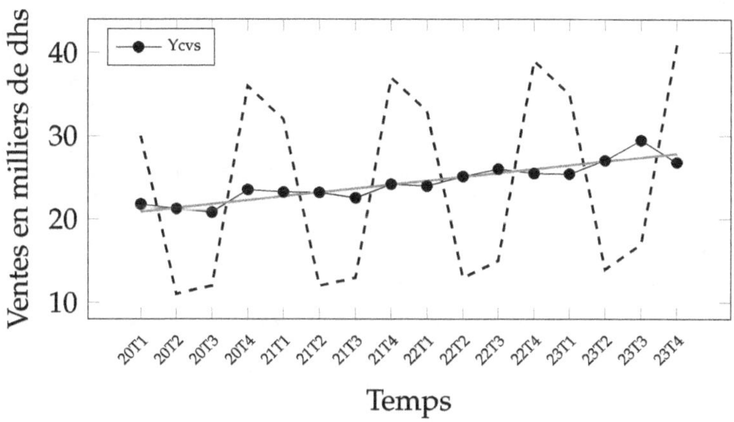

Ce graphique montre naturellement les variations (à la baisse respectivement à la hausse) des ventes enregistrées dont la courbe est verte par rapport à la droite de la tendance ; cependant les ventes enregistrent une hausse lorsque la courbe verte dépasse la droite du trend indépendamment des variations saisonnières, et respectivement enregistrent une baisse lorsque cette courbe est au-dessous de la droite du trend. Cette analyse permet bien évidemment de voir l' *évolution stricte* des ventes indépendamment de l'évolution saisonnière.

CHAPITRE VII

INDICES ET ÉVOLUTIONS

Ce chapitre se consacre à l'étude approfondie des indices, en explorant à la fois les indices élémentaires qui sont associés à un seul produit et synthétiques qui regroupent plusieurs grandeurs, ainsi que les méthodes spécifiques de LASPEYRES, PAASCHE et FISCHER qui sont des approches essentielles dans la construction d'indices économiques.

Il est donc primordial de maîtriser les taux avant de se plonger dans l'étude des indices. En effet, les pourcentages sont omniprésents en économie et en gestion. Les manipuler correctement est essentiel pour comprendre les variations et les proportions.

VII.1 CALCUL DES TAUX ET MULTIPLICATEURS

Définition VII.1.1. Un taux est un chiffre qui exprime un rapport entre deux grandeurs, exprimé en pourcentage

Il est également nécessaire de s'habituer à convertir un nombre en pourcentage et vice-versa. EXCEL simplifie cette tâche en permettant de formater une cellule en nombre ou en pourcentage.

Exemple VII.1.1. Supposons que vous avez le nombre $0,25$ dans une cellule et que vous voulez le convertir en pourcentage. Ensuite, vous voulez reconvertir ce pourcentage en nombre. la procédure est la suivante :

1. Étapes pour convertir un nombre en pourcentage :
   — Sélectionnez la cellule A1.
   — Allez dans l'onglet Accueil.
   — Dans le groupe Nombre, cliquez sur le bouton Pourcentage (ou utilisez le raccourci clavier Ctrl+Maj+%).
   — La cellule affichera maintenant 25%.
2. Étapes pour convertir un pourcentage en nombre :
   — Sélectionnez la cellule A1.
   — Allez dans l'onglet Accueil.
   — Dans le groupe Nombre, cliquez sur la liste déroulante à côté de Pourcentage et choisissez Nombre (ou utilisez le raccourci clavier Ctrl+Maj+!).
   — La cellule affichera maintenant $0,25$.

VII.1.1 CALCUL DU TAUX D'ACCROISSEMENT

Définition VII.1.2. Le taux d'accroissement (Tx) est le rapport entre ce qui a été ajouté (différence entre la valeur finale (V_f) et la valeur initiale (V_i)) et la valeur initiale.

$$Tx = \frac{(V_f - V_i)}{V_i}\% \qquad \text{(VII.1)}$$

Exemple VII.1.2. Lorsqu'une quantité passe de 100 à 150. On dit que celle-ci a augmenté de 50%. Car :

$$Tx = \frac{(V_f - V_i)}{V_i} = \frac{(150 - 100)}{100} = 50\%$$

VII.1.2 Calcul des multiplicateurs

Plutôt que de se demander "de combien de % la quantité a augmenté", on peut aussi se demander "par combien la quantité initiale a été multipliée". Dans le premier cas, on calcule un taux d'accroissement (en %). Dans le second, on détermine un coefficient multiplicateur (un nombre sans unité).

Définition VII.1.3. Le coefficient multiplicateur (M) est un facteur qui indique par combien une quantité initiale a été multipliée pour obtenir une nouvelle quantité. Il se calcule en divisant la valeur finale (V_f) par la valeur initiale (V_i).

$$M = \frac{V_f}{V_i} \tag{VII.2}$$

Exemple VII.1.3. Lorsqu'une quantité passe de 100 à 150. On dit que celle-ci est multipliée par 1.5. Car :

$$M = \frac{V_f}{V_i} = \frac{150}{100} = 1.5$$

VII.2 Introductions aux indices

Les indices sont des outils statistiques utilisés pour mesurer les variations d'une grandeur (bien ou service) ou d'un ensemble de variables économiques. Ils permettent de suivre l'évolution d'une grandeur économique sur une période donnée en la comparant à une période de référence. Ces indices offrent une manière concise et efficace de comprendre les tendances et les changements dans l'économie au fil du temps.

Définition VII.2.1. Un indice est une valeur numérique (rapport), exprimée en pourcentage, qui compare une mesure pour une période donnée à une mesure équivalente d'une période de référence, appelée période de base. Ces mesures peuvent porter sur des :

— Prix

— Quantités

— Valeurs

Exemple VII.2.1. On peut citer plusieurs exemples :

1. *Indice des prix* : L'indice des prix à la consommation (IPC), élaboré par un gouvernement, est un exemple typique d'indice des prix. Cet indice mesure la variation des prix d'un panier de biens et services représentatif consommé par les ménages.
2. *Indice de quantités* : l'indice de production industrielle, également publié par le gouvernement, est un indice de quantité. Il évalue les variations dans la production des industries manufacturières, extractives et énergétiques.

Définition VII.2.2. Un indice peut être classé en fonction de son champ d'application. et on distingue entre :

1. Un indice qui associe à une seule grandeur : appelé un indice élémentaire. Par exemple, un indice qui mesure uniquement les variations du prix du blé.
2. Un indice qui associe plusieurs variables : appelé indice synthétique ou composite comme l'indice des prix à la consommation par exemple qui inclut les prix de divers biens et services.

Exemple VII.2.2. Prenons par exemple :

— Une valeur de 130 correspondant à l'indice du prix du gasoil est un indice élémentaire puisqu'il s'agit d'un seul bien. Cet indice indique que le prix du gasoil durant la période donnée (a augmenté) est de 30% supérieur à son prix par rapport à la période de base.

— La même valeur, 130, correspondant à l'indice des prix à la consommation (un indice synthétique) indique que le prix moyen d'un panier de consommation formé d'environ 400 biens et services est de 30% supérieur à son prix par rapport à la période de référence.

Remarque VII.2.1. Un indice, c'est un rapport positif ou nul.

VII.3 Construction des indices élémentaires

Dans le contexte d'une entreprise, les indices élémentaires sont des outils précieux pour mesurer l'évolution de divers indicateurs économiques, tels que les coûts de production, les ventes ou les prix.

Définition VII.3.1. La formule générale pour calculer un indice élémentaire est la suivante :

$$\text{Indice élémentaire} = \left(\frac{\text{Valeur observée}}{\text{Valeur de référence}}\right) \times 100$$

Définition VII.3.2. Soit p_t, le prix d'une marchandise durant une période donnée et p_o, le prix de cette marchandise durant la période de base.

L'indice élémentaire du prix, à la période t par rapport à la période 0, est le rapport :

$$\boxed{I_p = \frac{p_t}{p_0} \times 100} \qquad \text{(VII.3)}$$

Exemple VII.3.1. On considère le tableau suivant où sont présentées les valeurs de l'indice des prix à la consommation noté : (IPC)

IPC (base 100 en 1998)	Déc 2007	Déc 2008	Déc 2010
Ensemble des ménages	117,70	119,17	118,88

On peut lire par exemple :

— Les prix ont augmenté de 17,70% entre1998 et 2007 (en 9 ans)

— Les prix ont augmenté de 19,17% entre1998 et 2008 (en 10 ans)

— Les prix ont augmenté de $119,17 - 117,7 = 1,47\%$ entre décembre 2007 et novembre 2008 (en 1 an)

— Les prix ont évolué de $118,88 - 119,17 = -0,29\%$ (diminution) entre novembre 2008 et décembre 2009 (en 2 ans)

Définition VII.3.3. Soit q_t, la quantité vendue ou produite d'une marchandise durant une période donnée et q_o, la quantité de cette marchandise durant la période de référence.

L'indice élémentaire de la quantité, à la période t par rapport à la période 0, est le rapport :

$$\boxed{I_q = \frac{q_t}{q_0} \times 100} \tag{VII.4}$$

Exemple VII.3.2. Soit une entreprise qui produit des articles. Calculons l'indice élémentaire de la quantité pour la production d'ordinateurs durant une période donnée par rapport à une période de référence. Sachant que :

— Quantité produite durant la période de référence (la période 0) notée (q_0) : 150 articles

— Quantité produite durant la période t (q_t) : 180 articles

En utilisant la définition ci-dessus et en substituons les valeurs de q_t et q_0 dans la formule :

$$I_q = \frac{180}{150} \times 100 = 1.2 \times 100 = 120$$

On peut dire, étant donné que l'indice élémentaire de la quantité est de 120, que la production des articles durant la période t a augmenté de 20% par rapport à la période de référence. En d'autres termes, l'entreprise a produit 20% d'articles en plus par rapport à la période de référence.

VII.4 CONSTRUCTION DES INDICES SYNTHÉTIQUES

Bien que les indices élémentaires mesurent la variation d'une seule grandeur entre deux périodes, permettant ainsi d'évaluer l'évolution d'une variable spécifique, les indices synthétiques quant à eux combinent plusieurs indices élémentaires et fournissent une vue d'ensemble plus complète d'un phénomène économique. Ils peuvent représenter des moyennes arithmétiques ou pondérées d'indices simples, permettant ainsi de résumer des informations provenant de différentes sources ou catégories.

Définition VII.4.1. Un indice synthétique est une grandeur composite qui résume un ensemble d'indices simples basés sur des grandeurs hétérogènes, c'est-à-dire des grandeurs qui ne peuvent pas être additionnées directement.

Un indice synthétique s'intéresse à la variation de plusieurs indices élémentaires en même temps, en agissant comme une moyenne (arithmétique ou pondérée) de ces indices élémentaires.

VII.4.1 Indices de valeur

Définition VII.4.2. La valeur d'une marchandise produite (ou vendue) au cours d'une période donnée est égale au produit de son prix par la quantité produite (ou vendue). Ainsi, pq représente la valeur de la marchandise produite (ou vendue) pendant la période donnée, tandis que I_v désigne la valeur de cette même marchandise pendant la période de base.

L'indice de valeur, à la période t par rapport à la période 0, est le rapport :

$$\boxed{I_v = I_{pq} = \frac{p_t q_t}{p_0 q_0} \times 100} \tag{VII.5}$$

Exemple VII.4.1. Considérons une entreprise qui produit des smartphones. Nous allons calculer l'indice de valeur pour la production de smartphones durant deux périodes. Les données sont résumées dans le tableau suivant :

	Période de base (0)	Période actuelle (t)
Prix unitaire	$p_0 = 300$	$p_t = 350$
Quantité produite	$q_0 = 1000$	$q_t = 1200$

En appliquant la formule ci-dessus, la valeur de la marchandise produite pour chaque période :

$$V_0 = p_0 \times q_0 = 300 \times 1000 = 300000$$
$$V_t = p_t \times q_t = 350 \times 1200 = 420000$$

Maintenant, nous pouvons calculer l'indice de valeur :

$$\begin{aligned} I_v &= \frac{p_t q_t}{p_0 q_0} \times 100 = \frac{V_t}{V_0} \times 100 \\ &= \frac{420000}{300000} \times 100 \\ &= 1.4 \times 100 = 140 \end{aligned}$$

Cela signifie que la valeur de la production de smartphones a augmenté de 40% par rapport à la période de base. Cela indique une croissance significative de la valeur de la marchandise produite, résultant d'une augmentation à la fois du prix unitaire et de la quantité produite.

VII.4.2 Indices Synthétiques des Prix

Définition VII.4.3. L'indice synthétique des prix permet de mesurer l'évolution globale des prix d'un ensemble de bien sur une période donnée. Il s'agit d'un indice agrégé qui combine plusieurs indices élémentaires, chacun correspondant à un produit ou à une catégorie de produits. Dans ce cadre, seuls les prix des biens varient, tandis que les quantités restent constantes. Cet indice synthétique compare la somme des prix de plusieurs produits, ce qui permet d'analyser les variations globales des prix en mettant en relation une période donnée avec une période de référence.

On obtient un indice synthétique non pondéré. Un tel indice est peu utile, car il dépend des unités de mesure associées aux prix, ces unités servant alors de poids implicites.

Remarque VII.4.1. En tenant compte des observations précédentes, les indices synthétiques de prix sont généralement pondérés par les quantités q des grandeurs avec lesquelles ils sont construits, en tenant compte des périodes considérées.

Remarque VII.4.2. En considérant l'importance de la périodicité dans la construction de l'indice synthétique des prix, et cette importance étant reflétée dans la pondération, le choix de l'époque à partir de laquelle on détermine la pondération conduit à la création de différents indices.

C'est pourquoi il est essentiel d'examiner différentes méthodes de construction des indices des prix. Les indices synthétiques les plus répandus sont l'indice de LASPEYRES et l'indice de PAASCHE. Ils synthétisent l'évolution de plusieurs grandeurs telles que les prix, les quantités ou les valeurs (prix et quantités combinés), offrant ainsi une perspective plus complète des tendances économiques.

MÉTHODE DE LASPEYRES

Définition VII.4.4. En calculant la *moyenne arithmétique pondérée* des indices élémentaires des grandeurs, on obtient un indice *synthétique* qui reflète l'évolution moyenne des grandeurs élémentaires.

Cet indice, qualifié de "*moyenne*", accorde un poids w_i à la date de référence 0 et doit uniquement refléter la variation des prix, sans inclure celle des quantités :

$$w_i = p_0^i \times q_0^i \quad \forall i; i = 1, 2, \ldots, n$$

L'indice de LASPEYRES (noté $L_{t/0}(p)$ et aussi $L_{t/0}^p$) ne prend pas en compte les variations des quantités, ce qui signifie qu'il évalue uniquement les changements de prix. Il est calculé à l'aide du développement suivant :

$$L_{t/0}(p) = L^p_{t/0} = \frac{\sum_i w_i \times \left(\frac{p^i_t}{p^i_0}\right)}{\sum_i p^i_0 q^i_0} \times 100 = \frac{\sum_i p^i_0 \times q^i_0 \times \left(\frac{p^i_t}{p^i_0}\right)}{\sum_i p^i_0 q^i_0} \times 100$$

$$\boxed{L_{t/0}(p) = L^p_{t/0} = \frac{\sum_i p^i_t q^i_0}{\sum_i p^i_0 q^i_0} \times 100} \qquad \text{(VII.6)}$$

Remarque VII.4.3. — Seuls les prix courants varient dans cette relation.

— L'indice de LASPEYRES des prix se réduit à un indice élémentaire quand il existe seulement un seul bien.

Exemple VII.4.2. Soient 3 biens : (Café, Thé et Cacao) pour lesquels il faut calculer l'indice des prix agrégé entre deux dates : 2021 et 2022. On considère que l'année 2021 est l'année de base.

Pour chaque bien, vous disposez des prix et des quantités pour les années 2021 et 2024. Utilisez ces données pour calculer l'indice de LASPEYRES des prix.

	Café		Thé		Cacao	
Dates	(p_t)	(q_t)	(p_t)	(q_t)	(p_t)	(q_t)
2021	15	50	5	40	2	20
2024	25	58	10	30	4	28

Si on applique la formule de l'indice synthétique de LASPEYRES des prix pour chaque bien :

1. Café

$$\begin{aligned} L_{\text{café}} &= \frac{p_{\text{café},2024} \times q_{\text{café},2021}}{p_{\text{café},2021} \times q_{\text{café},2021}} \times 100 = \frac{25 \times 50}{15 \times 50} \times 100 \\ &= \frac{1250}{750} \times 100 \approx 166.67 \end{aligned}$$

2. Thé

$$\begin{aligned} L_{\text{thé}} &= \frac{p_{\text{thé},2024} \times q_{\text{thé},2021}}{p_{\text{thé},2021} \times q_{\text{thé},2021}} \times 100 \\ &= \frac{400}{200} \times 100 = 200 \end{aligned}$$

3. Cacao

$$L_{\text{cacao}} = \frac{p_{\text{cacao,2024}} \times q_{\text{cacao,2021}}}{p_{\text{cacao,2021}} \times q_{\text{cacao,2021}}} \times 100$$
$$= \frac{80}{40} \times 100 = 200$$

Et l'indice synthétique de LASPEYRES des prix pour 3 biens est :

$$L_{24/21}(p) = \frac{\sum_i p^i_{24} q^i_{21}}{\sum_i p^i_{21} q^i_{21}} \times 100 = \frac{1250 + 400 + 80}{750 + 200 + 40 \times 100} \approx 174.75$$

MÉTHODE DE PAASCHE

Définition VII.4.5. Il est également possible de calculer une moyenne *harmonique* des indices élémentaires pour établir un autre indice synthétique.

L'indice de PAASCHE représente la moyenne *harmonique* des indices de prix, pondérée par les poids correspondant à la date t. Il convient de noter que les poids peuvent être exprimés comme suit :

$$w_i = p^i_0 \times q^i_t \quad \forall i; i = 1, 2, \ldots, n$$

Définition VII.4.6. L'indice de PAASCHE des prix est défini par :

$$P_{t/0}(p) = P^p_{t/0} = \frac{\sum_i w_i \times \left(\frac{p^i_t}{p^i_0}\right)}{\sum_i p^i_0 q^i_t} \times 100 = \frac{\sum_i p^i_0 q^i_t \times \left(\frac{p^i_t}{p^i_0}\right)}{\sum_i p^i_0 q^i_t} \times 100$$

$$\boxed{P_{t/0}(p) = P^p_{t/0} = \frac{\sum_i p^i_t q^i_t}{\sum_i p^i_0 q^i_t} \times 100} \qquad \text{(VII.7)}$$

Cet indice permet de mesurer l'évolution des prix tout en tenant compte des changements dans les quantités consommées au cours de la période courante.

Exemple VII.4.3. Considérons les données de l'exemple précédent. En utilisant ces données, calculons l'indice de PAASCHE des prix.

Si on applique la formule de l'indice synthétique de PAASCHE des prix pour chaque bien, on a :

1. Café

$$\begin{aligned} P_{\text{café}} &= \frac{p_{\text{café},2024} \times q_{\text{café},2024}}{p_{\text{café},2021} \times q_{\text{café},2024}} \times 100 = \frac{25 \times 58}{15 \times 58} \times 100 \\ &= \frac{1450}{870} \times 100 \approx 166.67 \end{aligned}$$

2. Thé

$$\begin{aligned} P_{\text{thé}} &= \frac{p_{\text{thé},2024} \times q_{\text{thé},2024}}{p_{\text{thé},2021} \times q_{\text{thé},2024}} \times 100 \\ &= \frac{300}{150} \times 100 = 200 \end{aligned}$$

3. Cacao

$$\begin{aligned} P_{\text{cacao}} &= \frac{p_{\text{cacao},2024} \times q_{\text{cacao},2024}}{p_{\text{cacao},2021} \times q_{\text{cacao},2024}} \times 100 \\ &= \frac{112}{56} \times 100 = 200 \end{aligned}$$

Et l'indice synthétique de PAASCHE des prix pour 3 biens est :

$$P_{24/21}(p) = \frac{\sum_i p_{24}^i q_{21}^i}{\sum_i p_{21}^i q_{21}^i} \times 100 = \frac{1450 + 300 + 112}{870 + 150 + 56 \times 100} \approx 173.05$$

Remarque VII.4.4.

— LASPEYRES est économe en données : seuls les "poids" à la date de référence sont demandés.

— LASPEYRES est plus stable dans le temps que PAASCHE.

— PAASCHE ne bénéficie pas de cet avantage, car les "poids" varient dans le temps.

— PAASCHE a tendance à sous-estimer, celui de LASPEYRES a tendance à surestimer l'évolution.

— L'indice de PAASCHE est une moyenne harmonique alors que celui de LASPEYRES est une moyenne arithmétique. $(H \prec \overline{x})$. donc :

$$\boxed{P_{t/0} \prec L_{t/0}} \qquad \text{(VII.8)}$$

VII.4.3 Indices Synthétiques des Quantités

Laspeyres des quantités

Définition VII.4.7. De la même façon, on peut obtenir un indice de Laspeyres des quantités puisqu'il s'agit de la *moyenne* pondérée des indices de quantités :

$$L_{t/0}(q) = L^q_{t/0} = \frac{\sum_i w_i \times \left(\frac{q^i_t}{q^i_0}\right)}{\sum_i p^i_0 q^i_0} \times 100 = \frac{\sum_i p^i_0 \times q^i_0 \times \left(\frac{q^i_t}{q^i_0}\right)}{\sum_i p^i_0 q^i_0} \times 100$$

$$\boxed{L_{t/0}(q) = L^q_{t/0} = \frac{\sum_i p^i_0 q^i_t}{\sum_i p^i_0 q^i_0} \times 100} \qquad \text{(VII.9)}$$

Remarque VII.4.5. — Ici, l'idée serait de ne faire varier que les quantités élémentaires pour obtenir un indice des quantités synthétiques.

— Pour cela, les prix sont exprimés par rapport à la date de référence uniquement.

Paasche des quantités

Définition VII.4.8. Et l'indice de Paasche des quantités qui correspond aux poids :

$$w_i = p^i_t \times q^i_0 \quad \forall i; i = 1, 2, \ldots, n$$

$$P_{t/0}(q) = P^q_{t/0} = \frac{\sum_i w_i \times \left(\frac{q^i_t}{q^i_0}\right)}{\sum_i p^i_t q^i_0} \times 100 = \frac{\sum_i p^i_t q^i_0 \times \left(\frac{q^i_t}{q^i_0}\right)}{\sum_i p^i_t q^i_0} \times 100$$

$$\boxed{P_{t/0}(q) = P^q_{t/0} = \frac{\sum_i p^i_t q^i_t}{\sum_i p^i_t q^i_0} \times 100} \qquad \text{(VII.10)}$$

L'indice de Paasche se différencie par rapport à celui de Laspeyres est que le "poids" de chaque prix doit être observé à la date t.

Exemple VII.4.4. Considérons les données de l'exemple précédent. En utilisant ces données, calculons l'indice de LASPEYRES et de PAASCHE des quantités des trois biens.

L'indice synthétique de LASPEYRES des quantités pour 3 biens est :

$$L_{24/21}(q) = \frac{\sum_i p_{21}^i q_{24}^i}{\sum_i p_{21}^i q_{21}^i} \times 100 = \frac{870 + 150 + 56}{750 + 200 + 40 \times 100} \approx 108.69$$

Et l'indice synthétique de PAASCHE des quantités pour 3 biens est :

$$P_{24/21}(q) = \frac{\sum_i p_{24}^i q_{24}^i}{\sum_i p_{24}^i q_{21}^i} \times 100 = \frac{1450 + 300 + 112}{1250 + 400 + 80 \times 100} \approx 107.63$$

MÉTHODE DE FISHER

FISHER (1922) établit alors un autre indice composite (c.-à-d. indice de FISHER) qui est une moyenne *géométrique* des indices de LASPEYRES et PAASCHE.

Et l'on distingue entre l'indice composite de FISCHER des prix :

$$\boxed{F_{t/0}^p = \left(L_{t/0}^p \times P_{t/0}^p\right)^{\frac{1}{2}}} \quad \text{(VII.11)}$$

Et entre l'indice composite de FISCHER des quantités :

$$\boxed{F_{t/0}^q = \left(L_{t/0}^q \times P_{t/0}^q\right)^{\frac{1}{2}}} \quad \text{(VII.12)}$$

Comme il s'agit d'une moyenne géométrique alors :

$$\boxed{P_{t/0} \prec F_{t/0} \prec L_{t/0}} \quad \text{(VII.13)}$$

Exemple VII.4.5. En se basant sur les données de l'exemple précédent, l'indice de FISCHER des prix :

$$F_{24/21}^p = \left(L_{24/21}^p \times P_{24/21}^p\right)^{\frac{1}{2}} = \sqrt{174.75 \times 173.05} \approx 173.9$$

Et l'indice de FISCHER des quantités :

$$F^q_{24/21} = \left(L^q_{24/21} \times P^q_{24/21}\right)^{\frac{1}{2}} = \sqrt{108.69 \times 107.63} \approx 108.16$$

VII.5 APPLICATIONS ET PROPRIÉTÉS DES INDICES

Les indices comme il ont été présentés jouent un rôle crucial dans la prise de décision. Cependant, pour garantir leur pertinence et leur fiabilité, il est fondamental de comprendre certaines propriétés qui régissent leur calcul et leur interprétation.

Cette section explore trois propriétés clés des indices : la circularité, la réversibilité et la transitivité.

VII.5.1 CIRCULARITÉ

Définition VII.5.1. Un indice à la date t exprimé par rapport à une année de référence t', peut être décomposé en plusieurs indices élémentaires à des dates successives de la façon suivante :

$$\boxed{I_{t/t'} = 100 \times \left[\frac{I_{t/t-1}}{100} \times \frac{I_{t-1/t-2}}{100} \times \frac{I_{t-2/t-3}}{100} \times .... \times \frac{I_{t'+1/t'}}{100}\right]} \tag{VII.14}$$

Démonstration :

$$I_{t/t'} = \frac{X_t}{X_{t'}} \times 100 = 100 \times \left[\frac{X_t}{X_{t-1}} \times \frac{X_{t-1}}{X_{t-2}} \times \cdots \times \frac{X_{t'+1}}{X_{t'}}\right]$$

Et

$$\frac{X_t}{X_{t-1}} = \frac{I_{t/t-1}}{100}$$

$$I_{t/t'} = 100 \times \left[\frac{I_{t/t-1}}{100} \times \frac{I_{t-1/t-2}}{100} \times \frac{I_{t-2/t-3}}{100} \times ... \times \frac{I_{t'+1/t'}}{100}\right]$$

Donc, dès lors que nous observons des indices intermédiaires sur la période considérée nous pouvons en déduire un indice global. On dit alors que les indices élémentaires sont "*enchaînées*".

Exemple VII.5.1. Considérons un produit dont les indices de prix sont mesurés pour plusieurs années. Nous avons les indices suivants :

— $I_{2021/2020} = 110$ (signifie une augmentation de 10 % des prix de 2020 à 2021)

— $I_{2022/2021} = 105$ (signifie une augmentation de 5 % des prix de 2021 à 2022)

— $I_{2023/2022} = 102$ (signifie une augmentation de 2 % des prix de 2022 à 2023)

Nous souhaitons calculer l'indice des prix pour 2023 par rapport à 2020 en utilisant la propriété de circularité.

Selon la définition de la propriété de circularité, nous pouvons exprimer l'indice $I_{2023/2020}$ comme suit :

$$I_{2023/2020} = I_{2023/2022} \times I_{2022/2021} \times I_{2021/2020}$$

En remplaçant par les valeurs connues :

$$\begin{aligned} I_{2023/2020} &= \frac{I_{2023/2022}}{100} \times \frac{I_{2022/2021}}{100} \times \frac{I_{2021/2020}}{100} \times 100 \\ &= \frac{102}{100} \times \frac{105}{100} \times \frac{110}{100} \times 100 \approx 117.81 \end{aligned}$$

L'indice $I_{2023/2020} \approx 117.81$ indique que les prix ont augmenté d'environ 17.81 % entre 2020 et 2023.

VII.5.2 Indices enchainés

Définition VII.5.2. Les indices enchaînés sont des indices où la période de base est toujours la période précédente.

Exemple VII.5.2. Ainsi, chaque indice enchaîné des ventes annuelles compare en pourcentage les ventes de l'année en cours à celles de l'année précédente.

	2019	2020	2021	2022	2023
Ventes (10^3 dh)	14980	16433	20194	23015	23621
Indices enchainés	-	109,7	122,9	114,0	102,6

Ces indices sont particulièrement utiles pour mettre en évidence les variations d'une année à l'autre, offrant une vue détaillée des fluctuations annuelles. Cependant, ils ne sont pas adaptés pour les comparaisons à long terme, car chaque indice est basé sur une période de référence différente, rendant les comparaisons directes sur de longues périodes moins précises.

VII.5.3 Transitivité

Définition VII.5.3. Soit deux indices $I_{t/0}$ et $I_{t'/0}$, exprimés en base 0 (année 0). On veut exprimer l'indice à la date t par rapport à la date t'. Donc, on veut effectuer un changement de base.

$$I_{t/0} = I_{t/t'} \times I_{t'/0} \times \frac{1}{100}$$

$$\boxed{I_{t/t'} = 100 \times \frac{I_{t/0}}{I_{t'/0}}} \qquad \text{(VII.15)}$$

Exemple VII.5.3. On considère les données du tableau suivant. Déterminons l'indice en 2020, base 100 en 1990

Année	PIB/habitant
1990	130
2020	145

(base 100 en 1980)

Donc :

$$I_{2020/1990} = 100 \times \frac{I_{2020/1980}}{I_{1990/1980}} = 100 \times \frac{145}{130} = 111,5$$

VII.5.4 Réversibilité

Définition VII.5.4. Quand l'on inverse le rôle de la base de référence et celle de la valeur courante, l'indice élémentaire s'inverse à 10^4 près :

$$\boxed{I_{0/t} = \frac{10^4}{I_{t/0}}} \qquad \text{(VII.16)}$$

Démonstration :

$$I_{0/t} \times I_{t/0} = \left[\frac{X_0}{X_t} \times 100\right] \times \left[\frac{X_t}{X_0} \times 100\right] = 10^4$$

$$\Longrightarrow I_{0/t} = \frac{10^4}{I_{t/0}}$$

Exemple VII.5.4. On considère les données suivantes : Le revenu moyen des habitants de la région de Salé exprimé en indice par rapport à celui des habitants de la région de Rabat est de 125 en 1990.

Quel est celui des habitants de Rabat exprimé par rapport à ceux de Salé ?

$$I_{Rb/Salé} = \frac{10^4}{I_{Salé/Rb}} = \frac{10^4}{125} = 80$$

PARTIE 2

APPLICATIONS ET EXERCICES CORRIGÉS

CHAPITRE I

EXERCICES CORRIGÉS

I.1 CONCEPTS FONDAMENTAUX

Exercice I.1.1. Quelle est la principale différence entre " les *statistiques*" et "la *statistique*" ?

1. Les " statistiques " désignent la science des méthodes d'analyse des données, tandis que la "statistique" fait référence aux ensembles de données collectées.
2. Les "statistiques" font référence à l'ensemble des données chiffrées collectées et organisées, tandis que la "statistique" désigne la science qui développe des méthodes pour analyser et interpréter ces données.
3. Les "statistiques" désignent la science des méthodes statistiques, alors que la "statistique" est une méthode spécifique utilisée pour organiser les données.
4. Les "statistiques" se réfèrent aux outils et techniques d'analyse, tandis que la " statistique " au singulier concerne uniquement la présentation graphique des données.

Solution I.1.1. Réponse correcte : B.

— Statistiques : Ce terme fait référence aux <u>données</u> chiffrées collectées et organisées, telles que des pourcentages, des moyennes, des écarts-types, etc. Par exemple, les « statistiques de ventes » désignent les chiffres relatifs aux ventes d'une entreprise.

— Statistique : Ce terme désigne la science qui développe des méthodes pour analyser et interpréter ces données. Elle englobe des concepts tels que la théorie des probabilités, les tests d'hypothèses, et l'inférence statistique.

Exercice I.1.2. Quelle est la principale différence entre la statistique *descriptive* et la statistique *inférentielle* ?

A. La statistique descriptive se concentre sur la collecte et l'interprétation des données, tandis que la statistique inférentielle utilise des outils comme les tests d'hypothèses et les intervalles de confiance pour faire des généralisations sur la population entière.

B. La statistique descriptive utilise des outils comme les tests d'hypothèses et les intervalles de confiance pour faire des inférences sur une population entière, tandis que la statistique inférentielle se concentre uniquement sur la présentation des données à travers des mesures comme la moyenne et l'écart-type.

C. La statistique inférentielle se limite à la présentation et à la synthèse des données à l'aide de graphiques et de tableaux, tandis que la statistique descriptive permet d'estimer des paramètres et de faire des généralisations sur la population.

D. La statistique descriptive et la statistique inférentielle sont deux aspects identiques de la statistique qui ne diffèrent que par le nom.

Solution I.1.2. Réponse correcte : A.

— Statistique descriptive se concentre sur la collecte, l'organisation, le résumé et la présentation des données. Elle permet de décrire et de résumer les caractéristiques d'un ensemble de données à l'aide de mesures telles que la moyenne, la médiane, l'écart-type, ainsi que des graphiques et tableaux.

— Statistique inférentielle utilise les données échantillonnées pour faire des inférences ou des généralisations sur une population entière. Cela inclut l'utilisation de tests d'hypothèses, d'intervalles de confiance, et d'autres techniques pour estimer des paramètres de population ou pour prendre des décisions basées sur les données.

Exercice I.1.3. Quelle affirmation décrit correctement la différence entre une *population* et un *individu* en statistique ?

A. Une population est constituée de toutes les unités statistiques qui partagent une caractéristique commune, tandis qu'un individu est un ensemble d'unités statistiques au sein de cette population.

B. Une population est un ensemble complet d'éléments que l'on souhaite analyser, tandis qu'un individu est une seule unité ou observation au sein de cette population.

C. Une population se réfère uniquement à des éléments physiques tels que des personnes ou des objets, tandis qu'un individu est toujours un concept abstrait.

D. Une population est une observation spécifique, tandis qu'un individu est l'ensemble des données collectées sur cette observation.

Solution I.1.3. La bonne réponse est B. En effet :

— En statistique, une population est définie comme l'ensemble complet des éléments ou unités d'observation que l'on souhaite étudier. Cela inclut tous les individus ou objets partageant une ou plusieurs caractéristiques communes sur lesquelles on veut tirer des conclusions.

— Un individu, ou une unité statistique est une seule entité ou observation au sein de cette population. Chaque individu représente une unité distincte de l'ensemble des données collectées.

Exercice I.1.4. Quels sont les avantages de l'utilisation d'un *échantillon* plutôt que d'analyser une *population* entière ?

A. L'utilisation d'un échantillon permet de réduire les coûts, d'accélérer le processus de collecte et d'analyse des données, de simplifier la gestion de l'étude, et de s'adapter aux contraintes logistiques et temporelles.

B. Les échantillons permettent une analyse plus précise des caractéristiques individuelles de chaque membre de la population.

C. Une taille d'échantillon appropriée peut améliorer la précision des résultats et réduire la marge d'erreur, offrant ainsi des conclusions plus fiables tout en économisant des ressources.

D. La taille de l'échantillon n'a aucun impact sur la précision ou la représentativité des résultats.

Solution I.1.4. Réponses correctes : A. et C.

L'analyse d'un échantillon, par opposition à une population entière, présente plusieurs avantages pratiques et économiques :

- Réduction des coûts : Analyser un échantillon réduit considérablement les coûts liés à la collecte des données.
- Gain de temps : La collecte de données à partir d'un échantillon est généralement plus rapide, ce qui permet d'obtenir des résultats plus rapidement.
- Gestion simplifiée : Un échantillon plus petit est plus facile à gérer, ce qui simplifie la logistique et la mise en œuvre de l'étude.
- Adaptabilité : Les contraintes de temps et de ressources sont mieux gérées en travaillant avec un échantillon plutôt qu'avec la population complète.

La réponse C. mentionne l'amélioration de la précision des résultats avec un échantillon approprié, ce qui est aussi vrai.

Exercice I.1.5. Pour chaque situation décrite ci-dessous (de A à E), alimenter ce tableau :

	Votre réponse
Identifiez la population ciblée	
Déterminez l'unité statistique	
Décrivez l'échantillon	
Précisez la variable étudiée	

A. Un chercheur souhaite évaluer l'efficacité d'un nouveau médicament contre la grippe. Pour cela, il choisit de l'administrer aux vingt premiers patients atteints de la grippe qui se présenteront à son bureau.

B. Un sondage, qui consiste à interroger un échantillon représentatif de personnes pour obtenir des informations sur leurs opinions ou comportements, est mené auprès de 200 citoyens de la ville de Rabat pour identifier leur chaîne de télévision préférée.

C. Une analyse est réalisée pour suivre l'évolution des habitudes alimentaires des étudiants de l'Université Mohammed V de Rabat entre 2020 et 2023. Les chercheurs collectent des données sur la fréquence de consommation de fruits et légumes parmi les étudiants de cette période.

D. Une étude est menée pour évaluer la satisfaction des clients d'un restaurant à Fès. Les chercheurs décident de distribuer des questionnaires de satisfaction à 50 clients au hasard qui ont dîné au restaurant au cours de la dernière semaine.

E. Une enquête est réalisée pour examiner l'impact des pratiques de télétravail sur la productivité des employés dans une entreprise à Casablanca. L'étude se concentre sur la productivité mesurée par le nombre de tâches complétées par mois par chaque employé pendant une période de six mois.

Solution I.1.5. Pour chaque situation :

	Situation **A**
Population	Tous les patients atteints de la grippe qui consultent le chercheur
Individu	Chaque patient atteint de la grippe
Échantillon	$n = 20$ patients
Variable	Efficacité du médicament
Sa nature	Qualitative avec des modalités ordinales
	Situation **B**
Population	Tous les citoyens de la ville de Rabat
Individu	Citoyen Rabati
Échantillon	$n = 200$ citoyens
Variable	Chaîne de télévision préférée
Sa nature	Qualitative avec des modalités nominales
	Situation **C**
Population	Les étudiants de l'Université Mohammed V de Rabat pendant la période de 2020 à 2023
Individu	L'étudiant de l'Université Mohammed V de Rabat.
Échantillon	Les étudiants sélectionnés pour l'étude $n =?$
Variable	Fréquence de consommation de fruits et légumes
Sa nature	Quantitative (nombre de fois par semaine)
	Situation **D**
Population	Tous les clients ayant dîné au restaurant à Fès au cours de la dernière semaine
Individu	Chaque client du restaurant
Échantillon	$n = 50$ clients
Variable	La satisfaction des clients
Sa nature	Qualitative ordinale avec des modalités telles que "satisfait", "pas satisfait", etc.
	Situation **E**
Population	Les employés de l'entreprise à Casablanca
Individu	Chaque employé de l'entreprise
Échantillon	Les employés de l'entreprise dont la productivité est mesurée sur une période de six mois
Variable	Productivité
Sa nature	Quantitative continue

Exercice I.1.6. Une enquête est menée auprès des employés d'une entreprise pour évaluer différents aspects de leur environnement de travail, tels que la satisfaction générale, le nombre d'heures de formation suivies, et le niveau de stress. Le chercheur utilise un questionnaire distribué à un échantillon de 150 employés. Pour chaque variable suivante, identifiez son type :

1. Le nombre d'heures de formation suivies par mois.
2. Le niveau de stress ressenti au travail, évalué sur une échelle de 1 à 10.
3. Le département dans lequel l'employé travaille : marketing, ressources humaines, ou finance.
4. Le nombre d'années d'expérience dans l'entreprise.
5. La satisfaction générale vis-à-vis de l'environnement de travail, évaluée comme : très insatisfait, insatisfait, neutre, satisfait, ou très satisfait.

Solution I.1.6.

1. Le nombre d'heures de formation suivies par mois.
   - Nature : quantitative continue
   - Explication : La variable est quantitative, car elle mesure une quantité (heures de formation), et elle est continue, car elle peut prendre n'importe quelle valeur dans un intervalle donné.
2. Le niveau de stress ressenti au travail, évalué sur une échelle de 1 à 10.
   - Nature : quantitative discrète
   - Explication : La variable est quantitative, car elle mesure un niveau (stress) en unités distinctes, et elle est discrète, car elle prend des valeurs entières spécifiques dans une échelle définie.
3. Le département dans lequel l'employé travaille : marketing, ressources humaines, ou finance.
   - Nature : qualitative nominale
   - Explication : La variable est qualitative, car elle classe les employés en catégories distinctes (départements),

et elle est nominale, car il n'y a pas d'ordre entre les catégories.

4. Le nombre d'années d'expérience dans l'entreprise.
   — Nature : quantitative discrète
   — Explication : La variable est quantitative, car elle mesure une quantité d'années, et elle est discrète, car elle prend des valeurs entières et distinctes.

5. La satisfaction générale vis-à-vis de l'environnement de travail, évaluée comme : très insatisfait, insatisfait, neutre, satisfait, ou très satisfait.
   — Nature : qualitative ordinale
   — Explication : La variable est qualitative, car elle mesure un niveau de satisfaction en catégories, et elle est ordinale, car ces catégories ont un ordre ou un classement du plus insatisfait au plus satisfait.

I.2 Séries Univariées : représentation des données

Exercice I.2.1. Un enseignant a enregistré le nombre d'absences de ses étudiants au cours d'un semestre. Les données suivantes représentent le nombre d'absences pour un échantillon de 50 étudiants. Complétez le tableau statistique ci-dessous en utilisant les informations fournies pour déterminer les effectifs et les fréquences relatives manquants.

Nombre d'absences	*Effectif* n_i	*Fréquence relative* f_i
0	8	0,16
1	15	?
2	?	0,24
3	7	0,14
4	?	0,10
5	3	0,06
Total	*50*	

Solution I.2.1. Calculons les valeurs manquantes : nous allons utiliser la formule suivante :

$$f_i = \frac{n_i}{N} \Leftrightarrow n_i = f_i \times N$$

Puisque la fréquence relative pour 2 absences est de $f_3 = 0,24$, on peut calculer l'effectif correspondant en multipliant la fréquence relative par le total des effectifs :

$$n_3 = 0{,}24 \times 50 = 12$$

De la même manière, on peut calculer n_5 de manières différentes :

$$n_5 = 0.1 \times 50 = 5 = n_5 = 50 - (8 + 15 + 12 + 7 + 3) = 5$$

La fréquence relative f_2 est calculée en divisant l'effectif par le total :

$$f_1 = \frac{n_1}{50} = \frac{15}{50} = 0{,}30$$

Vérification des totaux

Nombre d'absences	n_i	f_i
0	8	0,16
1	15	**0,30**
2	**12**	0,24
3	7	0,14
4	**5**	0,10
5	3	0,06
Total	*50*	*1*

Exercice I.2.2. La distribution statistique des salaires annuels du personnel d'une entreprise est fournie ci-dessous avec les fréquences relatives pour chaque tranche de salaire. L'échantillon total est de 200 employés. Utilisez ces fréquences relatives pour calculer les effectifs absolus correspondants à chaque tranche de salaire.

Tranche de salaire (en milliers de dirhams)	*Fréquence relative (%)*	*Effectif absolu*
[10; 15[	8	?
[15; 20[	15	?
[20; 25[	22	?
[25; 30[	18	?
[30; 35[	12	?
[35; 40[	10	?
[40; 45[	8	?
[45; 50[	7	?

1. Calculez l'effectif absolu pour chaque tranche de salaire.

2. Déterminez l'effectif des salariés ayant un salaire inférieur à 30 000 dirhams.
3. Déterminez l'effectif des salariés ayant un salaire supérieur à 40 000 dirhams.
4. Déterminez l'effectif des salariés ayant un salaire compris entre 25 000 et 35 000 dirhams.

Solution I.2.2. 1. Calcul des effectifs absolus

Pour chaque tranche de salaire, multipliez la fréquence relative (en pourcentage) par le nombre total d'employés (200) et divisez par 100.

Par exemple, pour la tranche $[10;15[$, l'effectif correspondant est :

$$8\% \times 200 = 0.08 \times 200 = 16.$$

On obtient ainsi le tableau statistique suivant :

Tranche de salaire (en milliers)	*Effectif absolu n_i*
$[10;15[$	16
$[15;20[$	30
$[20;25[$	44
$[25;30[$	36
$[30;35[$	24
$[35;40[$	20
$[40;45[$	16
$[45;50[$	14

2. Effectif des salariés ayant un salaire inférieur à 30 000 dirhams : Les classes concernées sont $[10;15[$, $[15;20[$, $[20;25[$, et $[25;30[$. On cumule alors les effectifs qui leur sont associés :

$$16 + 30 + 44 + 36 = 126.$$

Il y a donc 126 employés qui touchent un salaire inférieur à 30 000 dirhams.

3. Effectif des salariés ayant un salaire supérieur à 40 000 dirhams : Les classes concernées sont $[40;45[$ et $[45;50[$. On cumule alors les effectifs qui leur sont associés :

$$16 + 14 = 30.$$

On peut conclure que 30 employés touchent un salaire supérieur à 40 000 dirhams.

4. Effectif des salariés ayant un salaire compris entre 25 000 et 35 000 dirhams : Les classes concernées sont $[25;30[$ et $[30;35[$. On additionne alors les effectifs qui leur sont associés :

$$36 + 24 = 60.$$

On conclut alors que 60 employés ont un salaire compris entre 25 000 et 35 000 dirhams.

Exercice I.2.3. Un policier en service sur le boulevard Mohammed V à Casablanca mesure la vitesse (en km/h) d'un échantillon aléatoire de 98 automobiles. Les résultats obtenus sont les suivants :

75	42	64	45	42	44	78	95	65	83	100	70
78	82	85	63	57	102	95	52	65	54	92	66
77	53	69	72 75	53	70	106	88	71	85	53	70
106	61	71	95	82	88	63	72	44	64	109	70
73	87	78	72	100	65	61	61	63	82	67	70
85	75	44	83	72	51	55	82	70	53	68	69
96	60	88	103	73	80	44	67	51	87	85	75
68	46	61	60	72	90	96	73	53	103	101	80
72											

1. Identifiez la population et la variable statistique. Quelle est la nature de cette variable ?
2. Quelle est la vitesse maximale et minimale enregistrée ?
3. Élaborez une distribution des fréquences en commençant par une classe à 40 km/h et en utilisant une amplitude de 10 km/h pour chaque classe.
4. Calculez les fréquences relatives cumulées croissantes et décroissantes.
5. Quel pourcentage d'automobiles ont une vitesse inférieure à 90 km/h ? Quel pourcentage ont une vitesse d'au moins 70 km/h ? Et quel pourcentage ont une vitesse comprise entre 80 et 100 km/h ?

Solution I.2.3. 1. La population correspond à l'ensemble des automobiles circulant sur le boulevard Mohammed V à Casablanca. Il s'agit de toutes les voitures qui pourraient potentiellement être mesurées par le policier.

La variable statistique est la vitesse des automobiles mesurée en km/h. C'est une variable quantitative continue.

2. La vitesse maximale enregistrée est de 109 km/h, tandis que la vitesse minimale enregistrée est de 42 km/h.

3. Distribution des fréquences :

Nous commençons par une classe à 40 km/h avec une amplitude de 10 km/h pour chaque classe.

Classe (km/h)	n_i	f_i
40 – 49	9	0.092
50 – 59	10	0.102
60 – 69	18	0.184
70 – 79	24	0.245
80 – 89	17	0.173
90 – 99	10	0.102
100 – 109	10	0.102
Total	98	1

4. Fréquences relatives cumulées croissantes et décroissantes :

Classe (km/h)	n_i	f_i	F_i^+	F_i^-
40 – 49	9	0.092	0,092	1
50 – 59	10	0.102	0,194	0,908
60 – 69	18	0.184	0,378	0,806
70 – 79	24	0.245	0,622	0,622
80 – 89	17	0.173	0,796	0,378
90 – 99	10	0.102	0,898	0,204
100 – 109	10	0.102	1	0,102
Total	98	1		

5. Pourcentages demandés

— Pourcentage d'automobiles ayant une vitesse inférieure à 90 km/h est de 89.8%.

— Pourcentage d'automobiles ayant une vitesse d'au moins 70 km/h est de 62.2%.

— Pourcentage d'automobiles ayant une vitesse comprise entre 80 et 100 km/h est de 27.6%.

Exercice I.2.4. Dans une entreprise de textile, on a enregistré la répartition des salaires journaliers des 450 employés. Les informations suivantes concernant les salaires sont incomplètes. Complétez le tableau ci-dessous en déterminant les effectifs manquants et en calculant les centres de classe.

Salaires (Dhs)	*Nombre d'employés*	*Centre de classe*
[200; 300[	70	?
[300; 400[	120	?
[400; ? [	130	450
[? ; 600[	80	?
[600; 700[	?	?

Solution I.2.4. Pour compléter le tableau, on utilise la formule suivante pour calculer les centres de classe a_i :

$$a_i = x_{i+1} - x_i$$

Salaires (Dhs)	n_i	a_i
[200; 300[	70	**250**
[300; 400[	120	**350**
[400; **500** [	130	450
[**500** ; 600[	80	**550**
[600; 700[	**50**	**650**
Total	**450**	

Exercice I.2.5. Considérons une enquête sur la satisfaction des employés dans une entreprise, où l'on souhaite analyser la répartition des avis des employés sur le service de restauration de l'entreprise. La variable qualitative étudiée est le niveau de satisfaction, avec les modalités suivantes : « très satisfait », « satisfait », « neutre », « insatisfait » et « très insatisfait ».

Les résultats de l'enquête montrent les effectifs suivants pour chaque modalité :

Niveau de satisfaction	Effectifs
Très satisfait	30
Satisfait	40
Neutre	15
Insatisfait	10
Très insatisfait	5

— Présentez graphiquement ces données pour obtenir une vue d'ensemble plus claire du niveau de satisfaction des employés.

Solution I.2.5. Pour présenter graphiquement les données sur le niveau de satisfaction des employés, deux représentations visuelles sont particulièrement adaptées : le diagramme en tuyaux d'orgue et le diagramme à secteurs circulaires.

— Diagramme en tuyaux d'orgue : Ce graphique illustre les effectifs pour chaque niveau de satisfaction sous forme de barres verticales, offrant une représentation visuelle précise de la répartition des réponses des employés. Chaque barre correspond à une catégorie de satisfaction, et sa hauteur est proportionnelle au nombre d'employés dans cette catégorie. Ce diagramme facilite ainsi l'analyse du degré de satisfaction des employés vis-à-vis du service de restauration de l'entreprise.

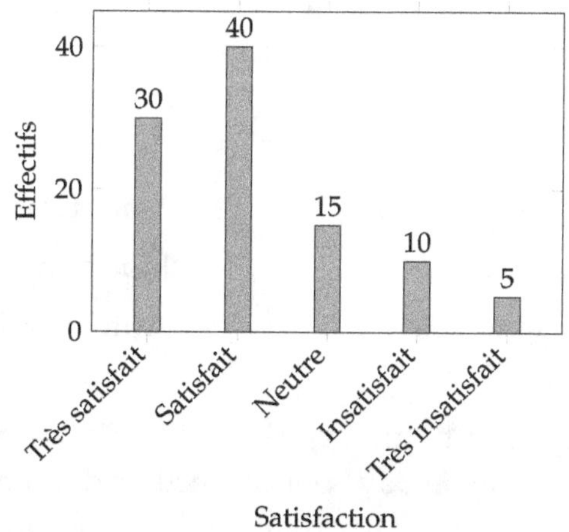

— Diagramme à secteurs circulaires : Ce graphique représente la répartition des niveaux de satisfaction des employés sous forme de secteurs d'un cercle, offrant une vue proportionnelle claire de chaque catégorie. Chaque secteur du cercle illustre la proportion d'employés dans une catégorie de satisfaction spécifique, avec la taille de chaque secteur correspondant directement au nombre d'employés dans cette catégorie. Ce diagramme facilite ainsi l'analyse visuelle des proportions relatives des réponses des employés concernant le service de restauration de l'entreprise.

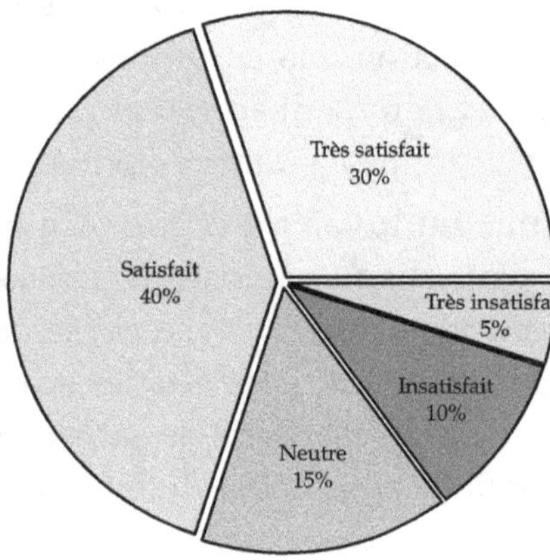

Exercice I.2.6. Supposons une enquête sur les pays visités par les étudiants d'une université au cours de l'année écoulée. Les résultats sont les suivants :

— France : 25%

— Espagne : 20%

— Italie : 15%

— Allemagne : 10%

— Royaume-Uni : 10%

— États-Unis : 8%

— Japon : 5%

— Autres : 7%

Effectuer un graphique semi-circulaire en représentant chaque pays ou catégorie de pays par un secteur du demi-cercle, avec des angles proportionnels aux pourcentages indiqués.

Solution I.2.6. Pour créer un graphique semi-circulaire basé sur les pourcentages des pays visités, il faudra suivre les étapes suivantes :

Etape 1 : Calcul des angles des secteurs Puisque nous utilisons un demi-cercle, l'angle total du demi-cercle est de 180 degrés. Les pourcentages doivent être convertis en angles proportionnels pour le demi-cercle.

Pays	Pourcentage	Angle calculé
France	25%	$25\% \times 180° = 45°$
Espagne	20%	$20\% \times 180° = 36°$
Italie	15%	$15\% \times 180° = 27°$
Allemagne	10%	$10\% \times 180° = 18°$
Royaume-Uni	10%	$10\% \times 180° = 18°$
États-Unis	8%	$8\% \times 180° = 14,4°$
Japon	5%	$5\% \times 180° = 9°$
Autres	7%	$7\% \times 180° = 12,6°$

Étape 2 : Création du graphique Le graphique se présente comme suit :

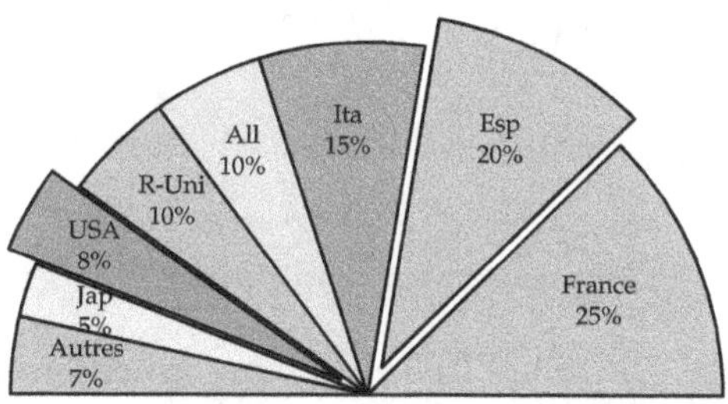

Exercice I.2.7. Une enquête a été réalisée sur le temps de trajet quotidien des employés pour se rendre au travail. Les données collectées sont les suivantes :

Temps de trajet (minutes)	Effectifs
$[10; 15[$	5
$[15; 20[$	12
$[20; 40[$	18
$[40; 50[$	9
$[50; 60[$	6

— Tracer l'histogramme de la distribution des temps de trajet des employés. Utilisez une unité de base uniforme pour normaliser les amplitudes des différentes classes afin de rendre l'histogramme plus comparable.

Solution I.2.7. Les amplitudes des classes étant différentes, il est important d'utiliser une unité de base uniforme, appelée amplitude de référence, pour normaliser les données et faciliter la comparaison. L'amplitude de référence est généralement choisie en fonction de l'amplitude la plus courante ou la plus représentative parmi les données. , nous optons pour une amplitude de référence de 5 minutes (U = 5). Cette normalisation permet d'assurer une meilleure comparabilité des barres de l'histogramme, malgré les variations des amplitudes des classes.

Il convient de convertir les amplitudes des classes en unités proportionnelles par rapport à l'amplitude de référence. Cela signifie ajuster les largeurs des barres pour qu'elles soient proportionnelles à l'amplitude choisie. Ensuite, il convient de calculer les hauteurs des rectangles en divisant les effectifs par l'amplitude uniforme de chaque classe.

Temps de trajet	a_i	$d_i = \frac{a_i}{U}$	n_i	$h_i = \frac{n_i}{d_i}$
[10-15[	5	1	5	5
[15-20[	5	1	12	12
[20-40[	20	4	18	4.5
[40-50[	10	2	9	4.5
[50-60[	10	2	6	3

À partir de là, on trace l'histogramme en dessinant des rectangles utilisant les largeurs normalisées et les hauteurs proportionnelles pour chaque classe.

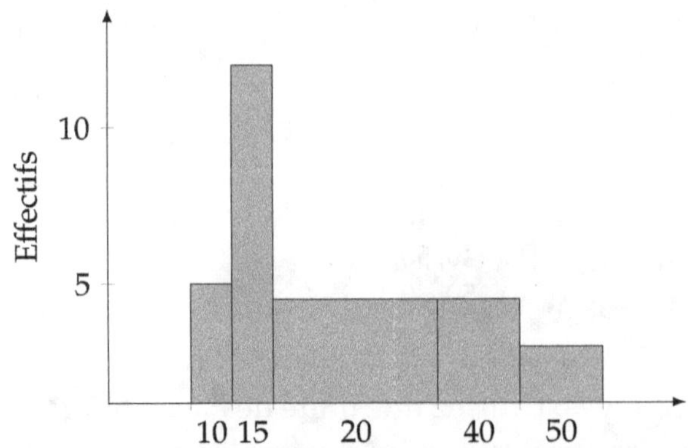

Distribution des temps de trajet des employés

Exercice I.2.8. Une étude a été menée sur les revenus mensuels de 200 employés d'une entreprise. Les données ont été regroupées en classes de revenus, et les effectifs pour chaque classe sont les suivants :

Classe de revenu	Effectifs
[3000; 4000[	30
[4000; 5000[	50
[5000; 6000[	60
[6000; 7000[	40
[7000; 8000[	20

1. Tracer les polygones cumulatifs, croissant et décroissant, des effectifs.
2. Tracer les polygones cumulatifs, croissant et décroissants des fréquences.
3. Estimer le pourcentage d'employés qui touchent au plus 5500 dirhams.
4. Estimer le pourcentage d'employés qui touchent plus de 6200 dirhams.

Solution I.2.8. Le tableau suivant regroupe les éléments importants pour tracer les représentations graphiques demandées.

Classe de revenu	n_i	N^+	N^-	f_i	F^+ en %	F^- en %
[3000; 4000[	30	30	200	0.15	15%	100%
[4000; 5000[	50	80	170	0.25	40%	85%
[5000; 6000[	60	140	120	0.30	70%	60%
[6000; 7000[	40	180	60	0.2	90%	30%
[7000; 8000[	20	200	20	0.1	100%	10%

1. Les polygones cumulatifs, croissant et décroissant, des effectifs sont comme suit :

Polygone cumulatif croissant et décroissant des effectifs

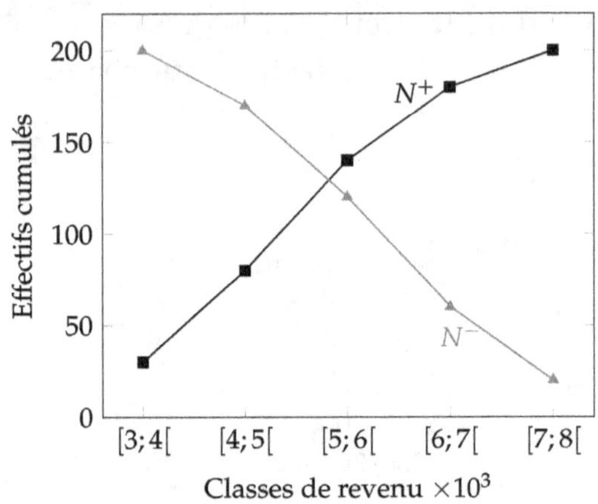

2. Les polygones cumulatifs, croissants et décroissants des fréquences :

Polygone cumulatif croissant et décroissant des fréquences

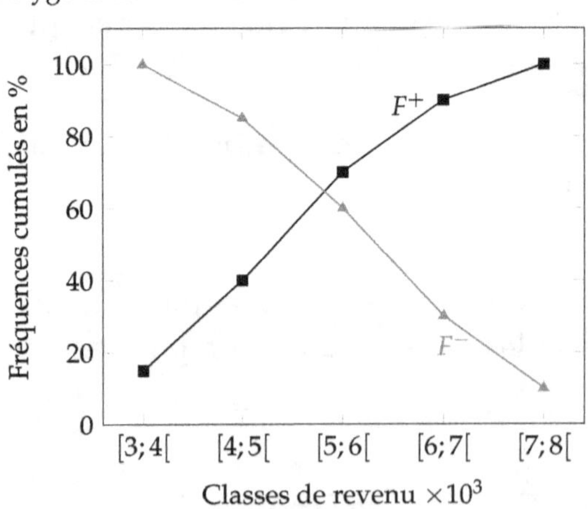

3. Estimer le pourcentage d'employés qui touchent au plus 5500 dirhams. Au plus signifie au grand maximum, c'est à dire on cherche le pourcentage des employés ayant un revenu *inférieur* à 5500 dirhams. Pour cela, on utilise les fréquences cumulées *croissantes*.

Polygone cumulatif croissant et décroissant des fréquences

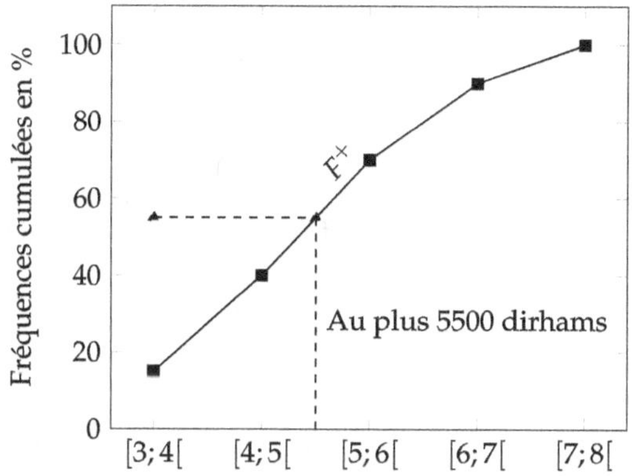

Algébriquement, il faut interpoler entre les classes [4000;5000[et [5000;6000[, puisque 5500 dirhams se situe entre 5000 et 6000 dirhams. En effet, 80 employés gagnent moins de 5000 dirhams, tandis que 140 employés perçoivent un salaire inférieur à 6000 dirhams.

$$\frac{5500 - 5000}{6000 - 5000} = \frac{n - 80}{140 - 80}$$

$$\Rightarrow \frac{500}{1000} = \frac{n - 80}{60}$$

$$\Rightarrow \frac{1}{2} \cdot 60 = n - 80$$

$$\Rightarrow n = 30 + 80 = 110$$

On peut donc conclure qu'environ 110 employés perçoivent un salaire maximal de 5500 dirhams, ce qui représente 55% du total des 200 employés ($\frac{110}{200} = 55\%$). En d'autres termes, le pourcentage estimé d'employés touchant au plus 5500 dirhams est de 55%.

4. Pour estimer le pourcentage d'employés qui touchent plus de 6200 dirhams, nous appliquerons la même logique que celle utilisée dans la question précédente, en fondant cette

fois-ci le raisonnement sur les effectifs cumulés décroissants.

$$\frac{6200-7000}{6000-7000}=\frac{n-20}{60-20}$$

$$\Rightarrow \frac{-800}{-1000}=\frac{n-20}{40}$$

$$\Rightarrow 0.8\cdot 40=n-20$$

$$\Rightarrow 32=n-20$$

$$\Rightarrow n=52$$

On peut donc conclure qu'environ 52 employés perçoivent un salaire qui dépasse 6200 dirhams, ce qui représente 26% du total des 200 employés $\left(\frac{148}{200}=26\%\right)$. En d'autres termes, le pourcentage estimé d'employés touchant plus de 6200 dirhams est de 26%.

I.3 Séries Univariées : Caractéristiques et paramètres

Exercice I.3.1. La répartition de 500 jets d'un dé est donnée par le tableau suivant :

Modalité	Effectifs
1	86
2	80
3	102
4	69
5	76
6	87

1. Déterminer le mode

2. Sachant que vous gagnez 1 dh si vous obtiendrez la face "1", 2 dh pour la phase "2", ... et 6 dh pour la face "6". Calculer pour les 500 jets :

   (a) Le gain moyen

   (b) Le gain médian

   (c) La variance ainsi que l'écart-type des gains

Solution I.3.1.

1. Détermination du mode : Le mode est la valeur ayant l'effectif le plus élevé. D'après le tableau, l'effectif le plus élevé est 102, qui correspond à la modalité 3. Donc : le Mode vaut 3.

2. Calculons :

(a) Le gain moyen : $\bar{x}$

(x_i)	(f_i)	$x_i \times f_i$	$x_i^2 \times f_i$
1	86	$1 \times 86 = 86$	$1^2 \times 86 = 86$
2	80	$2 \times 80 = 160$	$2^2 \times 80 = 320$
3	102	$3 \times 102 = 306$	$3^2 \times 102 = 918$
4	69	$4 \times 69 = 276$	$4^2 \times 69 = 1104$
5	76	$5 \times 76 = 380$	$5^2 \times 76 = 1900$
6	87	$6 \times 87 = 522$	$6^2 \times 87 = 3132$
Total	500	1730	7460

$$\bar{x} = \frac{\sum x_i \times f_i}{\sum f_i} = \frac{1730}{500} = 3,46$$

(b) Le gain médian : nous cherchons la modalité correspondant à la position médiane dans les effectifs cumulés.

Les effectifs cumulés sont :

86, 166, 268, 337, 413, 500

La 250e valeur se trouve dans l'intervalle correspondant à la modalité 3. Donc : Le Gain médian vaut 3.

(c) La variance et l'écart-type : La formule de la variance est :

$$\sigma^2 = \frac{\sum x_i^2 \times f_i}{\sum f_i} - \bar{x}^2$$

$$\sigma^2 = \frac{7460}{500} - (3,46)^2 = 14,92 - 11,97 = 2,95$$

L'écart-type est :

$$\sigma = \sqrt{\sigma^2} = \sqrt{2,95} \approx 1,72$$

Exercice I.3.2. La distribution statistique suivante représente le nombre de paires de chaussures vendues selon la pointure dans un magasin durant le mois de septembre.

Pointure	36	37	38	39	40	41	42	43	44	45	46
Effectifs	6	12	31	34	44	32	26	18	12	5	1

1. Déterminer le mode
2. Calculer la pointure moyenne
3. Calculer la pointure médiane
4. Déterminer la variance et l'écart-type
5. Calculer le coefficient de variation

Solution I.3.2.

1. Déterminer le mode : l'effectif le plus élevé est 44, qui correspond à la pointure 40. Donc le Mode vaut 40.
2. Calculer la pointure moyenne : Les calculs sont présentés dans le tableau suivant :

Pointure (x_i)	Effectifs (f_i)	$x_i \times f_i$
36	6	$36 \times 6 = 216$
37	12	$37 \times 12 = 444$
38	31	$38 \times 31 = 1178$
39	34	$39 \times 34 = 1326$
40	44	$40 \times 44 = 1760$
41	32	$41 \times 32 = 1312$
42	26	$42 \times 26 = 1092$
43	18	$43 \times 18 = 774$
44	12	$44 \times 12 = 528$
45	5	$45 \times 5 = 225$
46	1	$46 \times 1 = 46$
Total	221	8901

La moyenne est donc :

$$\bar{x} = \frac{8901}{221} \approx 40,26$$

3. Calculer la pointure médiane :
Les effectifs cumulés sont :

6, 18, 49, 83, 127, 159, 185, 203, 215, 220, 221

La $110,5^e$ valeur se trouve dans l'intervalle correspondant à la pointure 40.

4. Déterminer la variance et l'écart-type :
   Les calculs pour $x_i^2 \times f_i$ sont ajoutés dans le tableau :

(x_i)	(f_i)	$x_i \times f_i$	$x_i^2 \times f_i$
36	6	216	$36^2 \times 6 = 7776$
37	12	444	$37^2 \times 12 = 16428$
38	31	1178	$38^2 \times 31 = 44732$
39	34	1326	$39^2 \times 34 = 51606$
40	44	1760	$40^2 \times 44 = 70400$
41	32	1312	$41^2 \times 32 = 54032$
42	26	1092	$42^2 \times 26 = 45864$
43	18	774	$43^2 \times 18 = 33354$
44	12	528	$44^2 \times 12 = 23232$
45	5	225	$45^2 \times 5 = 10125$
46	1	46	$46^2 \times 1 = 2116$
Total	221	8901	361095

   La variance est donc :

$$\sigma^2 = \frac{361095}{221} - (40,26)^2 \approx 1634,32 - 1620,85 = 13,47$$

   L'écart-type est :

$$\sigma = \sqrt{\sigma^2} = \sqrt{13,47} \approx 3,67$$

5. Calculer le coefficient de variation Le coefficient de variation est donné par la formule :

$$CV = \frac{\sigma}{\bar{x}} \times 100 = \frac{3,67}{40,26} \times 100 \approx 9,12\%$$

Exercice I.3.3. On effectue un contrôle de la qualité pendant 100 heures de travail sur deux machines produisant des pièces mécaniques destinées à la fabrication de grues. Certaines pièces présentent un défaut qui les rend inutilisables. On a relevé le nombre de pièces inutilisables constatées durant chaque heure :

— Machine A :

Pièces inutilisables	0	1	2	3	4	5	6	7
Nombre d'heures	13	42	38	2	2	1	1	1

— Machine B :

Pièces inutilisables	0	1	2	3	4	5
Nombre d'heures	35	40	1	1	10	13

1. Calculer les nombre moyens $\overline{X}_A$ et $\overline{X}_B$ ainsi que les variances V_A et V_B de pièces inutilisables pendant les 100 heures étudiées pour la machine A et B.
2. Déterminer la médiane, puis l'écart interquartile dans le cas de la machine A et B. Calculer les étendues E_A et E_B.
3. Parmi la moyenne, l'écart-type, la médiane, l'écart interquartile ou l'étendue, quels sont les paramètres qui mesurent la dispersion ?
4. Quel(s) paramètre(s) semble(nt) le(s) plus intéressant(s) à exploiter pour comparer ces deux machines ? Justifier.

Solution I.3.3.

1. Nous avons :
   — Les nombre moyens de pièces inutilisables pendant les 100 heures étudiées pour la machine A et B :

$$\overline{X}_A = 1,5$$

$$\overline{X}_B = 1,5$$

   — Les variances V_A et V_B :

$$V_A = 1,29$$

$$V_B = 3,13$$

2. Nous avons aussi dans le cas de deux machines A et B :
   — La médiane, comme le nombre d'heure total est pair (n=100) alors :

$$M_e^A = \frac{x_{(\frac{n}{2})} + x_{(\frac{n}{2}+1)}}{2} = \frac{x_{(50)} + x_{(51)}}{2} = 1$$

et

$$M_e^B = \frac{x_{(\frac{n}{2})} + x_{(\frac{n}{2}+1)}}{2} = \frac{x_{(50)} + x_{(51)}}{2} = 1$$

- L'intervalle inter-quartile :
  - La machine A :
    - Le premier quartile son rang = 0,25 × 100 = 25 est un nombre entier, on a :

$$Q_1^A = \frac{x_{(25)} + x_{(26)}}{2} = \frac{1+1}{2} = 1$$

    - Le troisième quartile : Comme $np = 0{,}75 \times 100 = 75$ est un nombre entier, on a :

$$Q_3^A = \frac{x_{(75)} + x_{(76)}}{2} = \frac{1+1}{2} = 1$$

    alors

$$[Q_1^A \ ; \ Q_3^A] = 1$$

  - La machine B :
    - Le premier quartile son rang = 0,25 × 100 = 25 est un nombre entier, on a :

$$Q_1^B = \frac{x_{(25)} + x_{(26)}}{2} = \frac{0+0}{2} = 0$$

    - Le troisième quartile : Comme $np = 0{,}75 \times 100 = 75$ est un nombre entier, on a :

$$Q_3^B = \frac{x_{(75)} + x_{(76)}}{2} = \frac{1+2}{2} = 1,5$$

$$[Q_1^B \ ; \ Q_3^B] = [0 \ ; \ 1,5]$$

- Les étendues :

$$E_A = Max(x_i^A) - Min(x_i^A) = 7 - 0 = 7$$

$$E_B = Max(x_i^B) - Min(x_i^B) = 5 - 0 = 5$$

3. Parmi :

la moyenne, l'écart type, la médiane,

l'écart inter-quartile ou l'étendue

Les paramètres qui mesurent la dispersion sont :

l'écart type, l'écart inter-quartile et l'étendue

4. Les paramètres semblent les plus intéressants à exploiter pour comparer ces deux machines, sont :
   — l'écart type :

$$\sigma_x^A = \sqrt{V_A} = \sqrt{1,29} = 1,1357$$
$$\sigma_x^B = \sqrt{V_B} = \sqrt{3,13} = 1,7691$$

   — le coefficient de variation :

$$CV_A = 0,7571$$

$$CV_B = 1,1794$$

   Les deux paramètres montrent que les résultats pour la machine B et plus dispersés que la machine A.

Exercice I.3.4. Le directeur d'un magasin des produits électroménagers à Fès a effectué une enquête sur les possibilités d'achat des smart TVs. Le tableau suivant donne la distribution des 1.250 individus interrogés, dont les classes correspondent aux prix d'achat maximum consentis :

Prix en Dh	Effectifs	Prix en Dh	Effectifs
[3000; 3500[	40	[6500; 7000[	130
[3500; 4000[	60	[7000; 7500[	75
[4000; 4500[	110	[7500; 8000[	75
[4500; 5000[	120	[8000; 8500[	90
[5000; 5500[	120	[8500; 9000[	70
[5500; 6000[	125	[9000; 9500[	50
[6000; 6500[	135	[9500; 10000[	50

1. Quel est le prix exact qui partagera la clientèle potentielle en deux groupes égaux ?
2. Si vous ne pouviez commander qu'un type d'appareil, dans quelle classe de prix porteriez-vous votre choix pour avoir le maximum de clientèle ?

3. Quel est le prix moyen consenti pour l'achat d'un smart TV ?
4. Si vous aviez la possibilité d'élargir la gamme de vos modèles, quels seraient les prix minimum et maximum que vous envisageriez d'afficher dans votre rayon pour satisfaire 50% de la clientèle répartie autour du prix médian.

Solution I.3.4. Nous avons

Prix (dh)	C_i	n_i	f_i	N_i	F_i	$n_i \times C_i$
[3000 ; 3500[	3250	40	3,20%	40	3,20%	130000
[3500 ; 4000[	3750	60	4,80%	100	8,00%	225000
[4000 ; 4500[	4250	110	8,80%	210	16,80%	467500
[4500 ; 5000[	4750	120	9,60%	330	26,40%	570000
[5000 ; 5500[	5250	120	9,60%	450	36,00%	630000
[5500 ; 6000 [	5750	125	10,00%	450	36,00%	718750
[6000 ; 6500[	6250	135	10,80%	710	56,80%	843750
[6500 ; 7000[	6750	130	10,40%	840	67,20%	877500
[7000 ; 7500[	7250	75	6,00%	915	73,20%	543750
[7500 ; 8000[	7750	75	6,00%	990	79,20%	581250
[8000 ; 8500[	8250	90	7,20%	1080	86,40%	742500
[8500 ; 9000[	8750	70	5,60%	1150	92,00%	612500
[9000 ; 9500[	9250	50	4,00%	1200	96,00%	462500
[9500 ;10000[	9750	50	4,00%	1250	100,00%	487500
	1250					7892500

1. Le prix exact qui partagera la clientèle potentielle en deux groupes égaux, il s'agit de la valeur médiane. Dans ce cas, nous avons une variable continue donc, nous procédons en deux étape :

   — La classe médiane :

$$[6000; 6500[$$

   — L'interpolation :

$$M_e = L_i + a_i \times \frac{50\% - F_{i-1}}{f_i}$$

   avec

   — L_i : la borne inférieure de la classe médiane.

   — a_i : l'amplitude de la classe médiane.

— F_{i-1} : la fréquence cumulée de la classe qui précède la classe médiane.

— f_i : la fréquence de la classe médiane.

- Application numérique :

$$M_e = 6000 + 500 \times \frac{50\% - 36\%}{10,80\%} = 6648,148148$$

2. Il s'agit bien de la classe modale :

$$[6000; 6500[$$

c'est la classe de prix qui correspond au maximum de clientèle.

3. Le prix moyen consenti pour l'achat d'un smart TV :

$$\bar{x} = \frac{1}{n} \sum_{i=1}^{5} n_i X_i^c = 6314$$

4. La classe des prix minimum et maximum que nous pouvons envisager d'afficher dans le rayon pour satisfaire 50% de la clientèle répartie autour du prix médian.C'est l'intervalle interquartile :

$$[Q_1; Q_3] = [4927,0833; 7650]$$

Exercice I.3.5. Le service de recouvrement des créances de l'entreprise FIN-FAS reçoit et traite au cours du mois de juin 900 chèques. La distribution des montants de ces chèques est fournie dans le tableau suivant :

Montant du chèque	Effectifs
$[50;150[$	31
$[150;250[$	46
$[250;350[$	86
$[350;450[$	151
$[450;550[$	197
$[550;650[$	167
$[650;750[$	107
$[750;850[$	65
$[850;950[$	32
$[950;1050[$	18
Total	900

1. Déterminer pour cette série les indicateurs de position :
   (a) la médiane
   (b) le mode
   (c) la moyenne
2. Déterminer l'intervalle interquartile
3. Calculer la variance et l'écart-type

Solution I.3.5.

1. Les indicateurs de position :
   (a) la médiane
      — La classe médiane :

$$[450;550[$$

      — L'interpolation :

$$M_e = L_i + a_i \times \frac{50\% - F_{i-1}}{f_i}$$

      avec
      — L_i : la borne inférieure de la classe médiane.
      — a_i : l'amplitude de la classe médiane.
      — F_{i-1} : la fréquence cumulée de la classe qui précède la classe médiane.

— f_i : la fréquence de la classe médiane.

- Application numérique :

$$M_e = 450 + 100 \times \frac{50\% - 34,89\%}{21,89\%} = 519,035$$

(b) le mode :

— La classe correspondant à

$$[450; 550[$$

— Pour calculer *algébriquement* le mode, il faut appliquer la formule suivante (méthode des diagonales) :

$$M_o = L_i + a_i \times \frac{d_1}{d_1 + d_2}$$

On note :

— L_i est la borne inférieure de la classe modale

— a_i est l'amplitude de classe

— d_1 est la différence : $d_1 = n_i - n_{i-1}$

— d_2 est la différence :$d_2 = n_i - n_{i+1}$

— n_i est l'effectif absolu (corrigé si les amplitudes sont inégales)

- Application numérique :

$$M_o = 450 + 100 \times \frac{(197 - 151)}{(197 - 151) + (197 - 167)} = 510,53$$

(c) la moyenne :

$$\bar{x} = \frac{1}{n} \sum_{i=1}^{5} n_i X_i^c = 6314$$

2. L'intervalle inter-quartile :

— $Q_1 = 391,0596026$

— $Q_3 = 648,2035928$

alors

$$[Q_1; Q_3] = [391,0596; 648,2035]$$

3. La variance et l'écart-type :

$$V(x) = 38871,83951$$

$$\sigma_x = \sqrt{V(x)} = \sqrt{38871,83951} = 197,1594266$$

Exercice I.3.6. On considère la répartition d'unités urbaines de plus de 10 000 habitants, sans l'agglomération parisienne, selon le nombre d'habitants en 1986 (source INSEE) :

Nombre d'habitants	Nombre d'unités urbaines
[10000; 20000[	194
[20000; 30000[	64
[30000; 50000[	52
[50000; 100000[	55
[100000; 200000[	29
[200000; 2000000[	27

1. Déterminer et interpréter le (ou les) mode(s).
2. Calculer et interpréter la médiane.
3. Calculer la moyenne
4. Déterminer l'intervalle interquartile [Q1 ; Q3] et interpréter.

Solution I.3.6.

1. Détermination et interprétation du mode : Dans ce cas, la classe modale est :

$$[10\,000 ; 20\,000[$$

Cette classe contient le plus grand nombre d'unités urbaines.

2. Calcul et interprétation de la médiane : La médiane est la valeur telle que $F(\text{Médiane}) = 0,5$. En observant les fréquences cumulées, $0,5$ est dans la classe $[10\,000; 20\,000[$. La

médiane est donc :

$$M = 10\,000 + \frac{(0,5 - 0)}{0,4608} \times 10\,000 \approx 21\,670$$

La moitié des unités urbaines ont une population inférieure à environ 21 670.

3. Calcul de la moyenne

C_i	f_i	$C_i \times f_i$
15 000	194	2 910 000
25 000	64	1 600 000
40 000	52	2 080 000
75 000	55	4 125 000
150 000	29	4 350 000
1 100 000	27	29 700 000
Total	421	44 765 000

$$\bar{x} = \frac{44\,765\,000}{421} \approx 106\,352$$

4. Intervalle interquartile [Q1 ; Q3] : $Q1$ correspond à $F(Q1) = 0,25$ et $Q3$ à $F(Q3) = 0,75$. En utilisant les fréquences cumulées, les valeurs sont calculées par interpolation linéaire dans les classes correspondantes.
   L'intervalle interquartile représente la dispersion centrale des effectifs.

I.4 Séries Bivariées

Exercice I.4.1. D'après le recensement de 2014, la population active occupée par catégories socioprofessionnelles dans une région au Maroc est donnée dans le tableau suivant :

X \ Y	Hommes (milliers)	Femmes (milliers)	Total (milliers)
Agriculteurs	446	225	671
Commerçants	906	408	1 314
Cadres	2 432	1 284	3 716
Artisans	3 008	2 763	5 771
Employés	1 682	5 432	7 114
Ouvriers	4 965	1 162	6 127
Médecins	8	4	12
Total	13 447	11 278	24 725

1. Calculer les fréquences partielles : f_{ij} .
2. Calculer les fréquences marginales de X et de Y.

Solution I.4.1. 1. Les fréquences partielles f_{ij} en pourcentage :

X \ Y	H (en milliers)	F (en milliers)
Agriculteurs	1,80	0,91
Commerçants	3,66	1,65
Cadres	9,84	5,19
Artisans	12,17	11,17
Employés	6,80	21,97
Ouvriers	20,08	4,70
Médecins	0,03	0,02

2. Les fréquences marginales en pourcentage :

— Pour X :

X	$f_{i.}$
Agriculteurs	2,71
Commerçants	5,31
Cadres	15,03
Artisans	23,34
Employés	28,77
Ouvriers	24,78
Médecins	0,05

— Pour Y :

Y	H (en milliers)	F (en milliers)
$f_{.j}$	54,39	45,61

Exercice I.4.2. Complétez le tableau suivant sachant que les deux variables X et Y sont indépendantes.

Valeur de Y / Valeur de X	0	20	30	40	Total
100	?	?	?	?	40
200	?	?	?	?	60
Total	10	30	40	20	100

Solution I.4.2. Le tableau de contingence peut être formé si les deux variables X et Y sont indépendantes en utilisant la formule suivante :

Dans le cas de l'indépendance entre X et Y nous avons :

$$\boxed{n_{ij} = \frac{n_{i.}n_{.j}}{n_{..}}}$$

Y / X	0	20	30	40	Total
100	4	12	16	8	40
200	6	18	24	12	60
Total	10	30	40	20	100

Exercice I.4.3. Soit un échantillon de 100 ménages à Hamria réparti en fonction du nombre d'enfants Y et du nombre de chambres du logement X :

X \ Y	1	2	3
2	15	5	0
3	10	25	5
4	5	15	20

1. Déterminer les distributions marginales de X et de Y.
2. Calculer les moyennes et les variances marginales.
3. Déterminer la distribution conditionnelle de X sachant Y = 1 ; puis celle de X sachant Y = 2.

Solution I.4.3. 1. Les distributions marginales de X et de Y :

X \ Y	1	2	3	*Total*
2	15	5	0	20
3	10	25	5	40
4	5	15	20	40
Total	30	45	25	100

2. Les caractéristiques marginales :

— Pour X :

— La moyenne marginale est :

$$\bar{x} = \frac{1}{100}\sum_{i=1}^{3} n_{i.}x_i = 3,2$$

— La variance marginale est :

$$V(x) = \left(\frac{1}{100}\sum_{i=1}^{3} n_{i.} \times x_i^2\right) - \bar{x}^2 = 0,56$$

— Pour Y :

— La moyenne marginale est :

$$\bar{y} = \frac{1}{100}\sum_{j=1}^{3} n_{.j}y_i = 3,2$$

— La variance marginale est :

$$V(y) = \left(\frac{1}{100} \sum_{j=1}^{3} n_{.j} \times y_j^2 \right) - \bar{y}^2 = 0,56$$

3. La distribution conditionnelle :

— de X sachant Y = 1 :

$X/_{Y=1}$	L'effectif conditionnel
2	15
3	10
4	5
Total	30

— de Y sachant X = 3 :

$Y/_{X=3}$	1	2	3	*Total*
L'effectif conditionnel	10	25	5	40

Exercice I.4.4. Une grande banque à réaliser une étude sur les prêts à la consommation accordés à des jeunes de 18 à 25 ans à Rabat, au cours de l'année 2015, a permis d'obtenir la répartition des prêts selon le montant et le type d'achat :

Montant \ Type	véhicule	mobilier	trésorerie	divers
[1000; 10000[	41	14	24	22
[10000; 25000[	123	33	15	18
[25000; 50000[	78	13	1	4
[50000; 100000[	20	1	1	2

1. Déterminer les distributions marginales.
2. Calculer la moyenne conditionnelle du montant du prêt si le type d'achat est un véhicule.
3. Calculer la variance conditionnelle du montant du prêt si le type d'achat est divers.

Solution I.4.4.

1. Les distributions marginales de X et de Y :

X \ Type	véh.	mob.	trés.	divers	*Total*
[1000; 10000[	41	14	24	22	101
[10000; 25000[	123	33	15	18	189
[25000; 50000[	78	13	1	4	96
[50000; 100000[	20	1	1	2	24
Total	262	61	41	46	410

2. La moyenne conditionnelle du montant du prêt si le type d'achat est un véhicule. Nous avons :

Montant / véhicule	Effectif conditionnel
[1000; 10000[	41
[10000; 25000[	123
[25000; 50000[	78
[50000; 100000[	20
Total	262

3. La variance conditionnelle du montant du prêt si le type d'achat est divers :

Montant / divers	Effectif conditionnel
[1000; 10000[	22
[10000; 25000[	18
[25000; 50000[	4
[50000; 100000[	2
Total	46

Exercice I.4.5. Une entreprise veut mener une étude pour connaître la relation entre les dépenses hebdomadaires en publicité et le volume des ventes qu'elle réalise. On a recueilli au cours des dix dernières semaines les données suivantes :

X (Coût en 10^3 DH)	Y (Ventes en 10^3 DH)
4	49
2	41
2	43
5	39
2	46
3	53
5	38
1	54
5	48
5	51

1. Trouver l'équation de la droite de régression des moindres carrés.
2. Estimer le volume des ventes si la semaine prochaine on compte dépenser 3500 DH en publicité.

Solution I.4.5. 1. Équation de la droite de régression des moindres carrés :

La droite de régression est de la forme :

$$Y = a + bX$$

Pour déterminer les coefficients a et b, nous utilisons les formules suivantes :

$$b = \frac{n \sum XY - \sum X \sum Y}{n \sum X^2 - (\sum X)^2}$$

$$a = \frac{\sum Y - b \sum X}{n}$$

En utilisant les données fournies :

$$\sum X = 34, \quad \sum Y = 462, \quad \sum XY = 1548,$$

$$\sum X^2 = 128, \quad n = 10$$

Calculons b :

$$b = \frac{10(1548) - (34)(462)}{10(128) - 34^2} = \frac{15480 - 15708}{1280 - 1156} = -1.839$$

Maintenant, calculons a :

$$a = \frac{462 - (-1.839)(34)}{10} = \frac{462 + 62.526}{10} = 52.453$$

Donc, l'équation de la droite de régression est :

$$Y = 52.453 - 1.839X$$

2. Estimation du volume des ventes :

Si la semaine prochaine on compte dépenser 3500 DH en publicité, soit $X = 3.5$ (car 3500 DH $= 3.5 \times 10^3$ DH), alors :

$$\hat{Y} = 52.453 - 1.839(3.5) = 52.453 - 6.437 = 46.016$$

Le volume estimé des ventes serait donc de $46{,}016 \times 10^3$ DH, soit environ 46 016 DH.

Exercice I.4.6. Une entreprise veut s'assurer de l'existence d'une relation entre le CA y_i et le nombre de spots publicitaires x_i. Les données collectées au cours des 10 dernières semaines sur deux variables sont les suivantes :

Semaines	x_i	y_i en milliers de dh
1	2	50
2	5	57
3	1	41
4	3	54
5	4	54
6	1	38
7	5	63
8	3	48
9	4	59
10	2	46

1. Tracez le nuage de points CA en fonction des spots.
2. Quel type de relation décèle-t-il ce nuage de points ?
3. Calculez la covariance entre les deux variables en question, interprétez le résultat.
4. La réponse à la question 2 est elle en contradiction avec celle de la question 3.
5. Si l'on exprime le CA en euro, la covariance devra- t- elle augmenter ou diminuer ? Pourquoi ?
6. Quelle conclusion peut-on tirer de la comparaison des deux covariances calculées ?
7. Calculez le coefficient de corrélation entre le CA et le nombre de messages publicitaires, interprétez le résultat.
8. Même question avec le CA exprimé en euro, interprétez

Solution I.4.6. 1. Le nuage de points CA en fonction des spots :

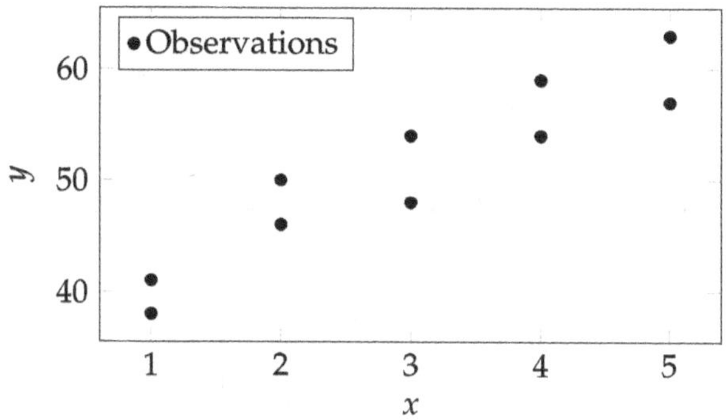

2. Il s'agit d'une relation linéaire.
3. La covariance :

$$Cov(x,y) = \frac{1}{n}\sum_{i=1}^{n}(x_i - \bar{x})(y_i - \bar{y}) = 9,910^3 Dh$$

ce résultat montre l'existence d'un lien positive entre le CA et le nombre des spots

4. Non, au contraire elle est en concordance.
5. Si l'on exprime le CA en euro, la covariance devra- t- elle diminuer, car 1 euro égale 10 dh. Et selon la relation suivante :

$$Cov(cX, Y) = cCov(X, Y)$$

6. La deuxième covariance est plus petite que la première, mais le changement dans l'unité n'influence pas le sens de dépendance.
7. Le coefficient de corrélation entre le CA et le nombre de messages publicitaires :

$$r_{xy} = \frac{Cov(x,y)}{\sqrt{V(x)}\sqrt{V(y)}} = \frac{Cov(x,y)}{\sigma_x \sigma_y} = 0,930$$

8. La corrélation est un indicateur sans unité, donc il ne sera pas affecté par ce changement d'unité.

Exercice I.4.7. Le tableau suivant fournit pour 10 premiers mois en 2010 les évolutions des investissements et des revenus (en millions de Dirhams).

Inv.	360	480	500	530	580	620	570	640	720	760
Rev.	32	34	35	36	38	40	42	44	46	48

1. Calculer le coefficient de corrélation linéaire entre les deux grandeurs.
2. Calculer les équations des droites de régression.
3. Donner une estimation des investissements si le revenu est de 52, d'estimer le revenu nécessaire à des investissements de 600. Quelle conclusion en tirez-vous ?

Solution I.4.7.

1. Le coefficient de corrélation linéaire entre les deux grandeurs "X : investissements" et "Y : revenus : est :

$$r_{xy} = \frac{Cov(x,y)}{\sqrt{V(x)}\sqrt{V(y)}} = \frac{Cov(x,y)}{\sigma_x \sigma_y} \approx 0,947$$

2. Les équations des droites de régression :
   — Nous avons l'équation de la droite d'ajustement de Y en X de est donnée par :

   $$Y = aX + b$$

   avec

   (a) $a = \dfrac{Cov(X,Y)}{V(X)} \approx 0,042$

   (b) $b = \bar{\bar{Y}} - a\bar{\bar{X}} = 15,646$

   — nous avons l'équation de la droite d'ajustement de X en Y de est donnée par :

   $$X = a'Y + b'$$

   avec

(a) $a' = \dfrac{Cov(X,Y)}{V(Y)} \approx 21,295$

(b) $b' = \bar{\bar{X}} - b'\bar{\bar{Y}} \approx -275,162$

3. Selon les résultats au-dessus nous avons :

   (a) une estimation des investissements si le revenu est de 52 est donnée par :

$$\hat{X} = 21,295 \times Y - 275,162 = 21,295 \times 52 - 275,162$$

$$\hat{X} = 832,191$$

   (b) une estimation du revenu nécessaire à des investissements de 600 est donnée par :

$$\hat{Y} = 0,042 \times X + 15,65 = 0,042 \times 600 + 15,65 = 40,9$$

I.5 SÉRIES CHRONOLOGIQUES

Exercice I.5.1. Considérons une série temporelle $\{Y_t\}$ représentant la demande mensuelle d'un produit sur une période de 10 ans.

1. Définissez ce qu'est une série temporelle et expliquez les différentes composantes qui peuvent être identifiées dans une série temporelle.
2. Expliquez comment décomposer une série temporelle en ses composantes (tendance, saisonnalité, cycle, composante aléatoire).
3. Décrivez les méthodes couramment utilisées pour lisser une série temporelle.
4. Si une série temporelle présente une tendance linéaire, proposez un modèle pour la modéliser et expliquez comment estimer ses paramètres.

Solution I.5.1. 1. Une série temporelle est une suite de données chronologiques mesurées à intervalles réguliers. Les observations d'une série temporelle sont ordonnées dans le temps, ce qui permet d'analyser l'évolution d'un phénomène au fil du temps. Les composantes typiques d'une série temporelle incluent :

— Tendance (T) ou (C) : La direction générale vers laquelle les données tendent sur une longue période.

— Saisonnalité (S) : Les variations périodiques régulières qui se répètent à intervalles fixes (par exemple, mensuelles, trimestrielles).

— Cycle (Cy) : Les fluctuations à long terme dues à des facteurs économiques ou commerciaux.

— Bruit ou terme aléatoire (ϵ) : Les variations irrégulières et imprévisibles qui ne peuvent pas être expliquées par les autres composantes.

2. La décomposition d'une série temporelle consiste à séparer la série en ses composantes (T, S, Cy, ϵ). Deux approches principales existent pour cela : (notons que la décomposition ne tiendra pas en compte la composante cycle)

— Modèle additif : $Y_t = T_t + S_t + \epsilon_t$, utilisé lorsque l'amplitude de la saisonnalité est constante.

— Modèle multiplicatif : $Y_t = T_t \times S_t \overset{\times}{+} \epsilon_t$, utilisé lorsque l'amplitude de la saisonnalité varie proportionnellement avec la tendance.

La décomposition peut être réalisée à l'aide de méthodes comme la décomposition classique ou la décomposition par moyennes mobiles.

3. Pour lisser une série temporelle, on peut utiliser plusieurs méthodes, dont les plus courantes sont :

   — Moyennes mobiles : Cette méthode consiste à remplacer chaque valeur de la série par la moyenne des valeurs environnantes pour réduire les fluctuations à court terme.

   — Lissage exponentiel : Un poids décroissant est appliqué aux valeurs passées, ce qui permet de capturer à la fois la tendance et la saisonnalité.

   — Lissage exponentiel double/triple : Ces variantes permettent de prendre en compte des séries présentant une tendance ou une saisonnalité.

4. Si une série temporelle présente une tendance linéaire, elle peut être modélisée par une équation du type :

$$Y_t = \beta_0 + \beta_1 t + \epsilon_t$$

Où Y_t est la valeur observée à l'instant t, β_0 est l'ordonnée à l'origine, β_1 est le coefficient de pente (qui représente la tendance) et ϵ_t est l'erreur aléatoire. Les paramètres β_0 et β_1 peuvent être estimés par la méthode des moindres carrés.

Exercice I.5.2. Considérons les données suivantes, qui enregistrent les variations mensuelles du nombre de visiteurs d'un site web de janvier 2021 à décembre 2022.

	2021	2022		2021	2022
Janv.	1050	1080	Juil.	1360	1390
Févr.	1070	1100	Août	1420	1450
Mars	1150	1180	Sept.	1100	1130
Avril	1140	1170	Oct.	1550	1580
Mai	1300	1330	Nov.	1530	1560
Juin	1250	1280	Déc.	1160	1190

1. Représentez graphiquement la série.
2. Identifiez les composantes temporelles de cette série.
3. Proposez un modèle pour modéliser la tendance à long terme de la série.
4. Calculez les composantes saisonnières.

Solution I.5.2. 1. Représentation graphique de la série :

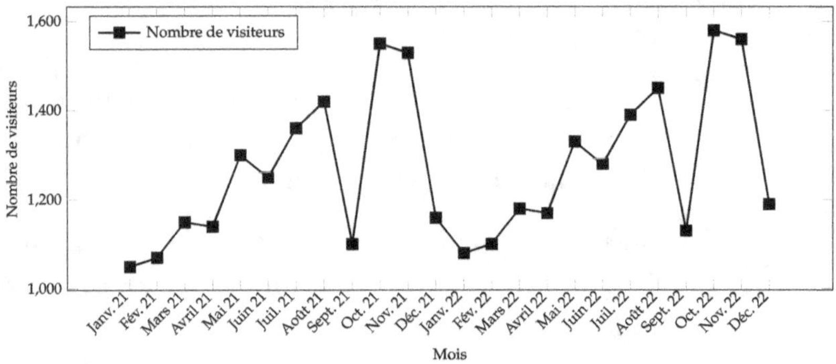

2. Identification des composantes temporelles :
   — Tendance (T) : Il est difficile d'observer la tendance à long terme de la série sur les deux années. Vous pouvez utiliser des méthodes de lissage (comme la moyenne mobile) ou ajuster une régression linéaire pour observer la tendance à long terme.
   — Saisonnalité (S) : Il semble y avoir une saisonnalité. Une analyse plus approfondie pourrait être nécessaire pour déterminer la présence de saisonnalité.
   — Cycle (C) : Aucun cycle économique significatif n'est identifiable sur cette courte période.

— Résidu (R) : Les variations non expliquées par les composantes ci-dessus sont considérées comme des résidus.

3. Modélisation de la tendance à long terme : Pour cela, on identifie l'équation suivante :

$$\text{Tendance} = \alpha + \beta \times \text{Temps}$$

Où α et β sont des coefficients à estimer. On peut utiliser une régression linéaire (Méthode des moindres carrées ordinaires) pour estimer ces coefficients en utilisant les données. On note :

— Les données (y) : $\{1050, 1070, \ldots, 1560, 1190\}$

— La variable Temps (t) : $\{1, 2, 3, \ldots, 23, 24\}$

Calcul de α et β en utilisant les formules suivantes :

$$\beta = \frac{\sum(t-\bar{t})(y-\bar{y})}{\sum(t-\bar{t})^2} = 9,2$$

$$\alpha = \bar{y} - \beta \times \bar{t} = 1156,66$$

Ainsi, l'équation de la tendance est :

$$\text{Tendance} = 1017.21 + 51.86 \times \text{Temps}$$

Les valeurs de tendance (T) pour chaque mois sont calculées en utilisant l'équation de la tendance :

	Y	t	Trend		Y	t	Trend
jan-21	1050	1	1165,87	jan-22	1080	13	1276,27
fév-21	1070	2	1175,07	fév-22	1100	14	1285,47
mar-21	1150	3	1184,27	mar-22	1180	15	1294,67
avr-21	1140	4	1193,47	avr-22	1170	16	1303,87
mai-21	1300	5	1202,67	mai-22	1330	17	1313,07
jui-21	1250	6	1211,87	jui-22	1280	18	1322,27
juil-21	1360	7	1221,07	juil-22	1390	19	1331,47
août-21	1420	8	1230,27	août-22	1450	20	1340,67
sept-21	1100	9	1239,47	sept-22	1130	21	1349,87
oct-21	1550	10	1248,67	oct-22	1580	22	1359,07
nov-21	1530	11	1257,87	nov-22	1560	23	1368,27
déc-21	1160	12	1267,07	déc-22	1190	24	1377,47

4. Pour calculer les composantes saisonnières, deux points essentiels doivent être considérés :

   — Choix entre le schéma additif et le schéma multiplicatif : Les valeurs de Y montrent une tendance générale à la hausse, mais les variations ne semblent pas augmenter proportionnellement avec le temps. Ainsi, un schéma multiplicatif premier ordre pourrait être plus approprié pour décomposer cette série temporelle, car les variations semblent être relativement constantes et relativement proportionnelles à la tendance.

   — Nombre de coefficients saisonniers (périodicité) : Comme les données sont mensuelles, il existe 12 coefficients saisonniers correspondant aux 12 mois de l'année.

Les indices saisonniers sont obtenus en prenant la moyenne des rapports entre les valeurs réelles et les valeurs de tendance correspondantes pour chaque mois sur les deux années.

Mois	S
Janvier	0,873
Février	0,883
Mars	0,941
Avril	0,926
Mai	1,047
Juin	1,000
Juillet	1,079
Août	1,118
Septembre	0,862
Octobre	1,202
Novembre	1,178
Décembre	0,890
Total	*12*

Par exemple :

$$S_1 = (\frac{1050}{1165,87} + \frac{1080}{1276.27})/2 \approx 0.873$$
$$S_2 = (\frac{1070}{1175.07} + \frac{1100}{1285.47})/2 \approx 0.883$$
$$S_3 = (\frac{1150}{1184.27} + \frac{1800}{1294.67})/2 \approx 0.941$$

Exercice I.5.3. Les admissions trimestrielles (en nombre de patients) dans un centre de soins de santé se présentent comme suit :

Année/Trimestres	2021	2022	2023
T1	901	835	762
T2	983	905	822
T3	1054	971	982
T4	943	861	783

1. Donnez une représentation graphique de cette série
2. Déterminez la tendance (trend) et représentez-la sur le graphique
3. Calculez les coefficients saisonniers de chaque trimestre. Interprétez-les.

Solution I.5.3. 1. La représentation graphique : Pour une première fois, il faut choisir quel type de graphique pour représenter les admissions trimestrielles dans le centre de santé. On distingue deux types de graphiques :

— Le graphique (compilé) avec des courbes pour chaque trimestre. Ici, chaque courbe correspond à un trimestre spécifique (T1, T2, T3, T4) et montre l'évolution de ce trimestre sur les trois années. Cette représentation permet de comparer directement les admissions d'un trimestre spécifique (par exemple, T1) d'une année à l'autre. Cela aide à observer les tendances saisonnières spécifiques de chaque trimestre. On peut voir si un trimestre particulier suit un schéma similaire chaque année ou si des variations significatives apparaissent.

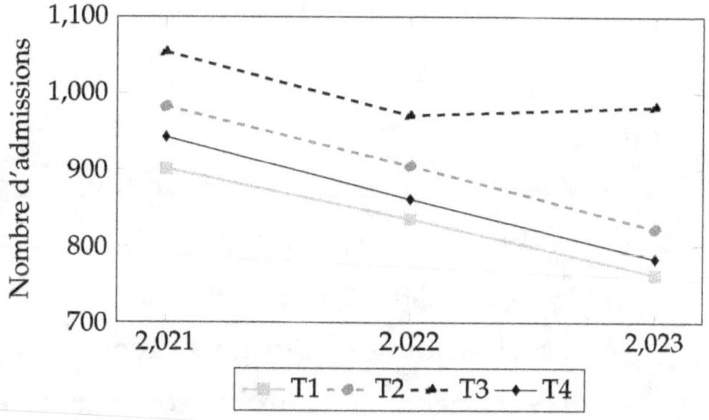

— Le graphique linéaire pour toutes les admissions, organisées séquentiellement par trimestre. Ici, les admissions de chaque trimestre sont connectées en une seule série chronologique. Ce graphique permet de visualiser l'évolution continue des admissions sur tous les trimestres consécutifs, sans distinguer explicitement les années. Il est utile pour observer la tendance globale des admissions sur plusieurs années. C'est un bon moyen d'identifier les tendances à long terme, comme une augmentation ou une diminution générale des admissions sur la période donnée, sans se concentrer sur les différences spécifiques entre les trimestres.

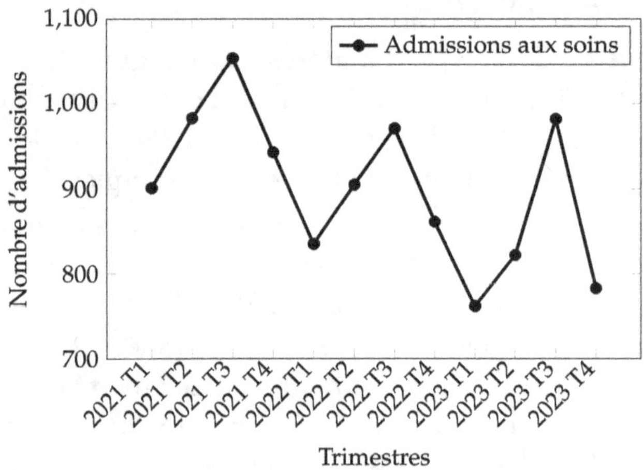

2. La méthode des Moindres Carrés Ordinaires (MCO) est utilisée pour ajuster une tendance linéaire aux données observées. L'équation de la droite de tendance est de la forme :

$$\hat{Y} = a + bt$$

où :

— Y est la valeur observée des admissions.

— t est le numéro de trimestre.

— $\hat{Y}$ est la valeur prédite (tendance) pour le trimestre t.

— a est l'ordonnée à l'origine (intercept).

— b est la pente de la droite (coefficient de régression).

Les coefficients a et b sont calculés comme suit :

$$b = \frac{n\sum Y \cdot t - \sum Y \sum t}{n\sum t^2 - (\sum t)^2} = \frac{Cov(X,Y)}{Var(X)} = \frac{-167.82}{13} = -12.91$$

$$a = \frac{\sum Y - b\sum t}{n} = \bar{Y} - b\bar{X} = 900.17 - b \times 6.5 = 984.07$$

La droite estimée par la méthode MCO est donnée par :

$$\hat{Y} = 984.07 + (-12.91) \times t$$

Cette droite de tendance permet de prédire les valeurs futures des admissions en utilisant le modèle linéaire. Elle aide à comprendre la tendance générale des données, en particulier s'il y a une augmentation ou une diminution constante des admissions sur les trimestres.

Ensuite, la valeur de la tendance pour chaque trimestre est calculée en utilisant l'équation $\hat{Y} = a + bt$.

Par exemple : $\hat{Y}_1 = 984.075 + (-12.9090) \times 1 = 971.17$

Année/Tri.	Y	Tri. (t)	t^2	$Y \times t$	Tendance
2021 T1	901	1	1	901	$\hat{Y}_1$
2021 T2	983	2	4	1966	985.26
2021 T3	1054	3	9	3162	945.35
2021 T4	943	4	16	3772	932.44
2022 T1	835	5	25	4175	919.53
2022 T2	905	6	36	5430	906.62
2022 T3	971	7	49	6797	893.71
2022 T4	861	8	64	6888	880.8
2023 T1	762	9	81	6858	876.89
2023 T2	822	10	100	8220	854.98
2023 T3	982	11	121	10802	842.08
2023 T4	783	12	144	9396	829.17
Total	*10702*	*78*	*650*	*68767*	

La représentation graphique du Trend calculé par la méthode MCO est :

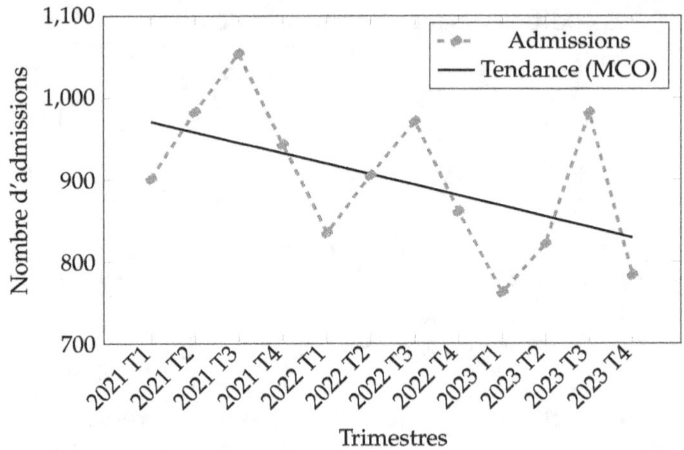

En comparant la droite de tendance avec les données observées, on peut évaluer l'ajustement du modèle linéaire et identifier les variations saisonnières ou irrégulières.

3. Pour déterminer les coefficients saisonniers, il est essentiel de s'interroger d'abord sur le schéma de décomposition de la série des admissions, en procédant notamment à une évaluation des variations saisonnières. Pour une analyse préliminaire, calculons les moyennes trimestrielles suivantes :

Année/Trimestres	2021	2022	2023	Moyennes
T1	901	835	762	*832.67*
T2	983	905	822	*903.33*
T3	1054	971	982	*1002.33*
T4	943	861	783	*862.33*

De la même manière, et en se basant sur la visualisation du graphique des données empilées (voir ci-dessus), On peut lire que :

— T1 : Les admissions sont les plus basses en 2023 (762), et il semble qu'il y ait une tendance à la baisse au fil des ans.

— T2 : Une légère baisse en 2023 (822).

— T3 : Les admissions augmentent en 2023 (982) mais varient selon les années.

— T4 : Une tendance générale à la baisse, avec 783 en 2023.

On conclut que les variations saisonnières semblent varier proportionnellement au niveau des admissions. Par conséquent, il est recommandé d'utiliser le modèle multiplicatif pour le calcul des coefficients saisonniers.

$$Y = T \times S + \epsilon$$

Avec : T est la tendance déjà calculée notée : $T = \hat{Y} = a + bt$

Les coefficients saisonniers sont calculés en divisant chaque valeur d'admission aux soins par la valeur de la tendance correspondante pour obtenir les coefficients saisonniers de chaque trimestre i.

$$S_i = \text{Moyenne}(\frac{Y_i}{T_i})$$

Année/Trimestres	2021	2022	2023	S_i
T1	0.928	0.908	0.878	*0.905*
T2	1.026	0.998	0.961	*0.995*
T3	1.115	1.086	1.166	*1.123*
T4	1.011	0.978	0.944	*0.978*

Un coefficient saisonnier du troisième trimestre est supérieur à 1 et vaut (1.123) signifie que, pendant ce trimestre, la demande pour le soin a augmenté de 12.3% par rapport à la moyenne des trois ans étudiés.

Exercice I.5.4. Une entreprise enregistre les ventes mensuelles d'un produit au cours des trois dernières années. Les données, en milliers d'unités, sont résumées dans le tableau suivant :

Mois	Année 1	Année 2	Année 3
Janvier	120	135	150
Février	115	130	145
Mars	140	155	170
Avril	160	175	190
Mai	150	165	180
Juin	170	185	200
Juillet	180	195	210
Août	160	175	190
Septembre	150	165	180
Octobre	140	155	170
Novembre	130	145	160
Décembre	120	135	150

1. Représentez graphiquement les données des ventes mensuelles pour visualiser la tendance et la saisonnalité.

2. Décomposez les ventes en trois composantes : tendance, saisonnalité et bruit. Utilisez les méthodes de lissage pour estimer la tendance.

3. Déterminez les coefficients saisonniers en supposant un modèle additif. Expliquez les étapes de calcul.

4. Déterminez les coefficients saisonniers en supposant un modèle multiplicatif. Expliquez les étapes de calcul.

5. Comparez les résultats obtenus avec les modèles additif et multiplicatif. Quel modèle semble le plus approprié pour cette série chronologique ? Justifiez votre choix.

Solution I.5.4. 1. Représentation graphique des données :

— La représentation en données compilées est donnée dans le graphique suivant :

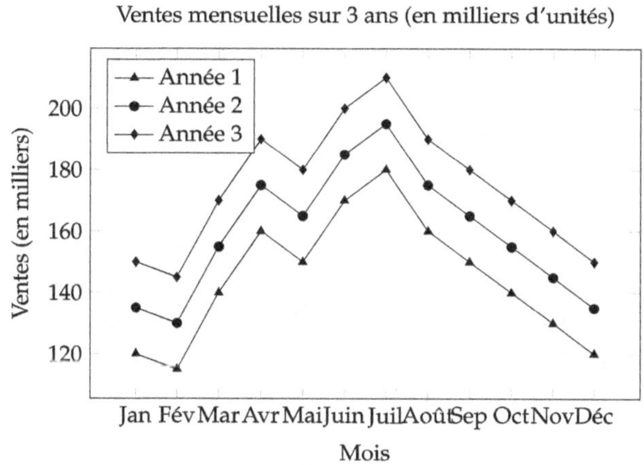

— La représentation linéaire des ventes au cours des différents mois est donnée comme suit :

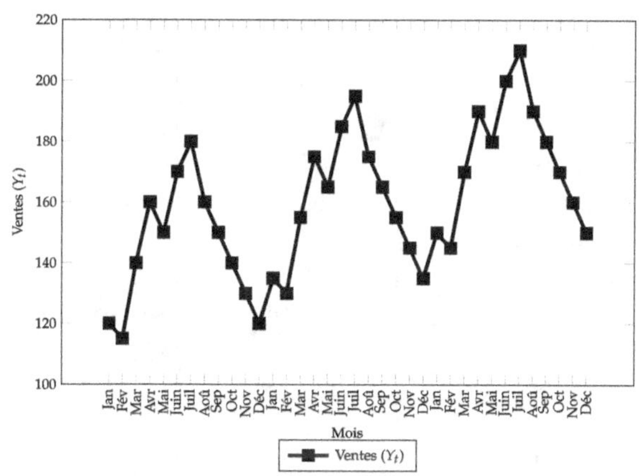

2. Pour décomposer les ventes, nous utilisons une méthode de lissage simple pour estimer la tendance. Supposons que la tendance est linéaire. Une estimation de la tendance pourrait se faire en utilisant la moyenne mobile centrée sur les données disponibles (voir colonne 3 et colonne 4).

Mois	Y_t	MM	MM centrée	$Y_t - \text{Trend}$	$\frac{Y_t}{\text{Trend}}$
Janvier	120	-	-	-	-
Février	115	-	-	-	-
Mars	140	-	-	-	-
Avril	160	-	-	-	-
Mai	150	-	-	-	-
Juin	170	144.58	-	-	-
Juillet	180	145.83	145.21	34.79	1.24
Août	160	147.08	146.46	13.54	1.09
Septembre	150	148.33	147.71	2.29	1.01
Octobre	140	149.58	148.96	-8.96	0.94
Novembre	130	150.83	150.21	-20.21	0.87
Décembre	120	152.08	151.46	-31.46	0.79
Janvier	135	153.33	152.71	-17.71	0.88
Février	130	154.58	153.96	-23.96	0.84
Mars	155	155.83	155.21	-0.21	1.00
Avril	175	157.08	156.46	18.54	1.12
Mai	165	158.33	157.71	7.29	1.05
Juin	185	159.58	158.96	26.04	1.16
Juillet	195	160.83	160.21	34.79	1.22
Août	175	162.08	161.46	13.54	1.08
Septembre	165	163.33	162.71	2.29	1.01
Octobre	155	164.58	163.96	-8.96	0.94
Novembre	145	165.83	165.21	-20.21	0.88
Décembre	135	167.08	166.46	-31.46	0.81
Janvier	150	168.33	167.71	-17.71	0.89
Février	145	169.58	168.96	-23.96	0.86
Mars	170	170.83	170.21	-0.21	1.00
Avril	190	172.08	171.46	18.54	1.11
Mai	180	173.33	172.71	7.29	1.04
Juin	200	174.58	173.96	26.04	1.15
Juillet	210	-	-	-	-
Août	190	-	-	-	-
Septembre	180	-	-	-	-
Octobre	170	-	-	-	-
Novembre	160	-	-	-	-
Décembre	150	-	-	-	-

3. Dans le modèle additif, la série chronologique est décomposée selon la formule :

$$Y_t = T_t + S_t + \epsilon_t$$

Pour le modèle additif, les coefficients saisonniers se calculent en soustrayant la tendance estimée des valeurs observées pour chaque mois et en prenant la moyenne de ces valeurs sur les trois années (voir la colonne 5). La colonne "Y_t - Trend" représente la différence entre les ventes et la moyenne mobile centrée (MM centrée). Les valeurs sont calculées uniquement pour les lignes où la MM centrée est fournie.

Par exemple : pour juillet $180 - 145.21 = 34.79$

$$S_1\text{Janvier} = \frac{(120 - T_{Jan,1}) + (135 - T_{Jan,2}) + (150 - T_{Jan,3})}{3}$$

Où $T_{Jan,i}$ représente la tendance pour le mois de janvier de l'année i.

Mois	Année 1	Année 2	Année 3
Janvier	-	-17.71	-17.71
Février	-	-23.96	-23.96
Mars	-	-0.21	-0.21
Avril	-	18.54	18.54
Mai	-	7.29	7.29
Juin	-	26.04	26.04
Juillet	34.79	34.79	-
Août	13.54	13.54	-
Septembre	2.29	2.29	-
Octobre	-8.96	-8.96	-
Novembre	-20.21	-20.21	-
Décembre	-31.46	-31.46	-

Dans ce cas, la périodicité est $p = 12$. Le calcul des moyennes mobiles a entraîné la perte de 12 observations : 6 correspond à l'année 1 et 6 correspondent à l'année 3. Dans ce cas, les coefficients saisonniers sont simplement ceux qui apparaissent pour l'année 2.

4. Pour le modèle multiplicatif, les coefficients saisonniers se calculent en divisant les valeurs observées par la tendance estimée pour chaque mois, et en prenant la moyenne de ces ratios sur les trois années (voir colonne 6). La colonne représente le rapport entre les ventes et la moyenne mobile centrée (MM centrée).

Mois	Année 1	Année 2	Année 3	S
Janvier	-	0.88	0.89	0.88
Février	-	0.84	0.86	0.84
Mars	-	1.00	1.00	1.00
Avril	-	1.12	1.12	1.12
Mai	-	1.05	1.05	1.05
Juin	-	1.16	1.16	1.16
Juillet	1.24	1.22	-	1.22
Août	1.09	1.08	-	1.08
Septembre	1.01	1.01	-	1.01
Octobre	0.94	0.94	-	0.9
Novembre	0.87	0.87	-	0.87
Décembre	0.79	0.81	-	0.81

Par exemple, pour juillet, $\frac{180}{145.21} \approx 1.24$

$$\text{Coefficient saisonnier pour Janvier} = \frac{\frac{120}{T_{Jan,1}} + \frac{135}{T_{Jan,2}} + \frac{150}{T_{Jan,3}}}{3}$$

5. Le modèle additif est généralement préférable lorsque les variations saisonnières sont constantes en amplitude, tandis que le modèle multiplicatif est plus adapté lorsque les variations saisonnières sont proportionnelles au niveau de la série. Dans cet exemple, si la variation saisonnière semble augmenter avec le niveau de la série, le modèle multiplicatif serait plus approprié.

I.6 Indices statistiques

Exercice I.6.1. Le chiffre d'affaires d'une entreprise est passé de 100 000 dh à 120 000 dh en un an.

1. Calculez le taux de croissance du chiffre d'affaires entre ces deux années.
2. Interprétez le résultat obtenu.

Solution I.6.1. Le taux de croissance est donné par la formule suivante :

$$\text{Taux de croissance} = \left(\frac{\text{Valeur finale} - \text{Valeur initiale}}{\text{Valeur initiale}}\right) \times 100$$

En appliquant cette formule :

$$\text{Taux de croissance} = \left(\frac{120\,000 - 100\,000}{100\,000}\right) \times 100 = 20\%$$

Ainsi, le chiffre d'affaires de l'entreprise a augmenté de 20% entre les deux années.

Exercice I.6.2. On considère le tableau suivant où sont présentées les valeurs de l'indice des prix à la consommation (IPC) :

IPC (base 100 en 1998)	Déc 2007	Déc 2008	Déc 2010
Ensemble des ménages	117,70	119,17	118,88

1. Calculez le taux de variation de l'IPC entre décembre 2007 et décembre 2008, puis entre décembre 2008 et décembre 2010.
2. Interprétez les résultats obtenus en termes d'évolution des prix à la consommation.
3. Comparez l'évolution des prix entre les deux périodes (de 2007 à 2008 et de 2008 à 2010). Quelle période a connue la plus forte inflation ?
4. Recalculer les valeurs de l'IPC en prenant comme base 100 en 2007. Quelle est la nouvelle valeur de l'IPC pour décembre 2008 et décembre 2010 ?

Solution I.6.2. 1. Le taux de variation de l'IPC entre décembre 2007 et décembre 2008 est donné par la formule suivante :

$$\text{Tx de variation} = \frac{\text{IPC}_{\text{Décembre 2008}} - \text{IPC}_{\text{Décembre 2007}}}{\text{IPC}_{\text{Décembre 2007}}} \times 100$$

En appliquant cette formule :

$$\text{Taux de variation} = \frac{119,17 - 117,70}{117,70} \times 100 \approx 1,25\%$$

Pour la période 2008 à 2010 :

$$\text{Taux de variation} = \frac{118,88 - 119,17}{119,17} \times 100 \approx -0,24\%$$

2. Le taux de variation positif entre 2007 et 2008 indique une légère augmentation des prix à la consommation. En revanche, le taux négatif entre 2008 et 2010 suggère une légère baisse des prix à la consommation.
3. La période 2007 à 2008 a connu une légère inflation (hausse des prix), alors que la période 2008 à 2010 a connu une très légère déflation (baisse des prix).
4. Pour recalculer l'IPC avec une nouvelle base en 2007, la formule suivante est utilisée :

$$\text{Nouvel IPC} = \frac{\text{IPC}_{\text{année souhaitée}}}{\text{IPC}_{\text{base}}} \times 100$$

En appliquant cette formule pour 2008 :

$$\text{Nouvel IPC 2008} = \frac{119,17}{117,70} \times 100 \approx 101,25$$

Et pour 2010 :

$$\text{Nouvel IPC 2010} = \frac{118,88}{117,70} \times 100 \approx 100,99$$

Exercice I.6.3. L'évolution des admissions dans un service de cardiologie à l'hôpital universitaire de RABAT est présentée dans le tableau ci-dessous :

Année	Nb d'admissions	% de femmes	% de patients de plus de 65 ans
2017	1200	48,0%	35,0%
2018	1250	47,0%	37,0%
2019	1300	46,0%	38,5%
2020	1350	45,0%	40,0%

1. Calculez le taux d'évolution du nombre d'admissions entre 2017 et 2020.
2. Le pourcentage de femmes parmi les admissions décroît-il plus rapidement que le nombre total d'admissions ?
3. Peut-on observer une tendance à la hausse dans les admissions des patients de plus de 65 ans ?

Solution I.6.3. 1. Le taux d'évolution est calculé par la formule :

$$\text{Taux d'évolution} = \frac{\text{Valeur finale} - \text{Valeur initiale}}{\text{Valeur initiale}} \times 100$$

Pour les admissions :

$$\text{Taux d'évolution} = \frac{1350 - 1200}{1200} \times 100 = 12,5\%$$

2. Pour comparer de la diminution du pourcentage de femmes au nombre total d'admissions, on sait que le pourcentage de femmes a diminué de $48,0\%$ à $45,0\%$, soit une baisse de :

$$\text{Pour les femmes} = \frac{48,0 - 45,0}{48,0} \times 100 \approx 6,25\%$$

Comparée au taux d'évolution du nombre d'admissions $(12,5\%)$, la diminution du pourcentage de femmes est moins rapide que l'augmentation du nombre total d'admissions.

3. La tendance dans les admissions des patients de plus de 65 ans :

Le pourcentage de patients de plus de 65 ans a augmenté de $35,0\%$ à $40,0\%$. Cela représente une augmentation de :

$$\text{Augmentation} = \frac{40,0 - 35,0}{35,0} \times 100 \approx 14,29\%$$

Il y a donc une tendance à la hausse dans les admissions des patients de plus de 65 ans.

Exercice I.6.4. Une entreprise commercialise trois produits : A, B et C. Les prix et les quantités vendues pour ces produits au cours de deux années consécutives (année de base 2020 et année 2024) sont les suivants :

Produit	Prix (2020)	Quantité (2020)	p_t (2024)	Q_t (2024)
A	10	100	12	120
B	20	200	22	180
C	30	150	32	160

1. Calculez les indices de prix de chaque produit entre l'année 2020 et l'année 2024 en utilisant la formule suivante :

$$I_{p_i} = \frac{P_{i1}}{P_{i0}} \times 100$$

Où P_{i0} et P_{i1} sont les prix des produits à l'année 2020 et à l'année 2024 respectivement.

2. Calculez les indices de quantité pour chaque produit en utilisant la formule suivante :

$$I_{q_i} = \frac{Q_{i1}}{Q_{i0}} \times 100$$

Où Q_{i0} et Q_{i1} sont les quantités des produits à l'année 2020 et à l'année 2024 respectivement.

3. Calculez l'indice synthétique des prix I_p et l'indice synthétique des quantités I_q en utilisant la formule de Laspeyres :

$$I_p = \frac{\sum(P_{i1} \times Q_{i0})}{\sum(P_{i0} \times Q_{i0})} \times 100$$

$$I_q = \frac{\sum(Q_{i1} \times P_{i0})}{\sum(Q_{i0} \times P_{i0})} \times 100$$

Solution I.6.4. 1. Indices élémentaires des prix :

Pour le produit A :

$$I_{p_A} = \frac{12}{10} \times 100 = 120$$

Pour le produit B :

$$I_{p_B} = \frac{22}{20} \times 100 = 110$$

Pour le produit C :

$$I_{p_C} = \frac{32}{30} \times 100 = 106.67$$

2. Indices élémentaires des quantités :

   Pour le produit A :

$$I_{q_A} = \frac{120}{100} \times 100 = 120$$

   Pour le produit B :

$$I_{q_B} = \frac{180}{200} \times 100 = 90$$

   Pour le produit C :

$$I_{q_C} = \frac{160}{150} \times 100 = 106.67$$

3. Indices synthétiques :

   Calculons d'abord les sommes :

$$\sum(P_{i0} \times Q_{i0}) = (10 \times 100) + (20 \times 200) + (30 \times 150)$$

$$= 1000 + 4000 + 4500 = 9500$$

$$\sum(P_{i1} \times Q_{i0}) = (12 \times 100) + (22 \times 200) + (32 \times 150)$$

$$= 1200 + 4400 + 4800 = 10400$$

   Ainsi, pour l'indice synthétique des prix :

$$I_p = \frac{10400}{9500} \times 100 \approx 109.47$$

   Calculons maintenant l'indice synthétique des quantités :

$$\sum(Q_{i0} \times P_{i0}) = (100 \times 10) + (200 \times 20) + (150 \times 30)$$

$$= 1000 + 4000 + 4500 = 9500$$

$$\sum(Q_{i1} \times P_{i0}) = (120 \times 10) + (180 \times 20) + (160 \times 30)$$

$$= 1200 + 3600 + 4800 = 9600$$

Ainsi, pour l'indice synthétique des quantités :

$$I_q = \frac{9600}{9500} \times 100 \approx 101.05$$

Exercice I.6.5. Une entreprise a investi dans trois portefeuilles d'actions : X, Y et Z. Les prix des actions et les quantités détenues dans ces portefeuilles au cours de deux années consécutives (année de base 2020 et année 2024) sont les suivantes :

Portefeuille	p (2020)	Q (2020)	p (2024)	Q (2024)
X	50	500	55	520
Y	100	300	110	290
Z	150	400	160	420

1. Calculez les indices de prix des actions de chaque portefeuille entre l'année 2020 et l'année 2024
2. Calculez les indices de quantité pour chaque portefeuille
3. Calculez l'indice synthétique de prix I_p et l'indice synthétique de quantité I_q en utilisant
   (a) La formule de LASPEYRES
   (b) La formule de PAASCHE

Solution I.6.5. 1. Calculons des indices de prix des actions de chaque portefeuille entre l'année 2020 et l'année 2024

$$I_{p_X} = \frac{V_{X_1}}{V_{X_0}} \times 100 = \frac{55}{50} \times 100 = 110$$

$$I_{p_Y} = \frac{V_{Y_1}}{V_{Y_0}} \times 100 = \frac{110}{100} \times 100 = 110$$

$$I_{pZ} = \frac{V_{Z_1}}{V_{Z_0}} \times 100 = \frac{160}{150} \times 100 = 106.67$$

2. Calculons des indices de quantité pour chaque portefeuille :

$$I_{qX} = \frac{Q_{X_1}}{Q_{X_0}} \times 100 = \frac{520}{500} \times 100 = 104$$

$$I_{qY} = \frac{Q_{Y_1}}{Q_{Y_0}} \times 100 = \frac{290}{300} \times 100 = 96.67$$

$$I_{qZ} = \frac{Q_{Z_1}}{Q_{Z_0}} \times 100 = \frac{420}{400} \times 100 = 105$$

3. Calculons les indices synthétiques de valeur et de quantité :

   (a) Indice synthétique de prix I_v selon la formule de LASPEYRES

$$I_p^{\mathrm{L}} = \frac{\sum(V_{i1} \times Q_{i0})}{\sum(V_{i0} \times Q_{i0})} \times 100$$

$$I_p^{\mathrm{L}} = \frac{(55 \times 500) + (110 \times 300) + (160 \times 400)}{(50 \times 500) + (100 \times 300) + (150 \times 400)} \times 100$$

$$I_p^{\mathrm{L}} = \frac{27500 + 33000 + 64000}{25000 + 30000 + 60000} \times 100$$
$$= \frac{124500}{115000} \times 100 = 108.26$$

   Indice synthétique de quantité I_q selon la formule de LASPEYRES

$$I_q^{\mathrm{L}} = \frac{\sum(Q_{i1} \times V_{i0})}{\sum(Q_{i0} \times V_{i0})} \times 100$$

$$I_q^{\mathrm{L}} = \frac{(520 \times 50) + (290 \times 100) + (420 \times 150)}{(500 \times 50) + (300 \times 100) + (400 \times 150)} \times 100$$

$$I_q^{\mathrm{L}} = \frac{26000 + 29000 + 63000}{25000 + 30000 + 60000} \times 100$$

$$= \frac{118000}{115000} \times 100 = 102.61$$

(b) Indice synthétique de prix I_v selon la formule de PAASCHE :

$$I_p^{\mathrm{P}} = \frac{\sum(V_{i1} \times Q_{i1})}{\sum(V_{i0} \times Q_{i1})} \times 100$$

$$I_p^{\mathrm{P}} = \frac{(55 \times 520) + (110 \times 290) + (160 \times 420)}{(50 \times 520) + (100 \times 290) + (150 \times 420)} \times 100$$

$$I_p^{\mathrm{P}} = \frac{28600 + 31900 + 67200}{26000 + 29000 + 63000} \times 100$$
$$= \frac{127700}{118000} \times 100 = 108.22$$

Indice synthétique de quantité I_q selon la formule de PAASCHE :

$$I_q^{\mathrm{P}} = \frac{\sum(Q_{i1} \times V_{i1})}{\sum(Q_{i0} \times V_{i1})} \times 100$$

$$I_q^{\mathrm{P}} = \frac{(520 \times 55) + (290 \times 110) + (420 \times 160)}{(500 \times 55) + (300 \times 110) + (400 \times 160)} \times 100$$

$$I_q^{\mathrm{P}} = \frac{28600 + 31900 + 67200}{27500 + 33000 + 64000} \times 100$$
$$= \frac{127700}{124500} \times 100 = 102.57$$

Exercice I.6.6. Un pays exporte cinq types de biens : le bien A, le bien B, le bien C, le bien D et le bien E. Les valeurs à l'exportation et les quantités exportées de ces biens au cours de deux années consécutives (année de base 2015 et année 2024) sont les suivantes :

Produit	p (2015)	Q (2015)	p (2024)	Q (2024)
A	500	1000	550	1050
B	800	750	900	800
C	1200	600	1350	650
D	700	900	720	580
E	1600	950	1400	800

1. Calculez les indices de prix à l'exportation de chaque bien entre l'année 2015 et l'année 2024.
2. Calculez les indices de quantité exportée pour chaque bien entre l'année 2015 et l'année 2024.
3. Calculez l'indice synthétique de prix des exportations I_v et l'indice synthétique des quantités exportées I_q en utilisant :
   (a) La formule de LASPEYRES
   (b) La formule de PAASCHE
   (c) La formule de FISCHER

Solution I.6.6. 1. Calculons des indices de prix à l'exportation de chaque bien entre l'année 2015 et l'année 2024 :

$$I_{p_A} = \frac{P_{A1}}{P_{A0}} \times 100 = \frac{550}{500} \times 100 = 110$$

$$I_{p_B} = \frac{P_{B1}}{P_{B0}} \times 100 = \frac{900}{800} \times 100 = 112.5$$

$$I_{p_C} = \frac{P_{C1}}{P_{C0}} \times 100 = \frac{1350}{1200} \times 100 = 112.5$$

$$I_{p_D} = \frac{P_{D1}}{P_{D0}} \times 100 = \frac{720}{700} \times 100 = 102.86$$

$$I_{p_E} = \frac{P_{E1}}{P_{E0}} \times 100 = \frac{1400}{1600} \times 100 = 87.5$$

2. Calculons des indices de quantité exportée pour chaque bien entre l'année 2015 et l'année 2024 :

$$I_{q_A} = \frac{Q_{A1}}{Q_{A0}} \times 100 = \frac{1050}{1000} \times 100 = 105$$

$$I_{q_B} = \frac{Q_{B1}}{Q_{B0}} \times 100 = \frac{800}{750} \times 100 = 106.67$$

$$I_{q_C} = \frac{Q_{C1}}{Q_{C0}} \times 100 = \frac{650}{600} \times 100 = 108.33$$

$$I_{q_D} = \frac{Q_{D1}}{Q_{D0}} \times 100 = \frac{580}{900} \times 100 = 64.44$$

$$I_{q_E} = \frac{Q_{E1}}{Q_{E0}} \times 100 = \frac{800}{950} \times 100 = 84.21$$

3. Calculons des indices synthétiques de prix et de quantité :
   (a) Indice synthétique de prix I_v selon la formule de LASPEYRES :

$$I_p^{\mathrm{L}} = \frac{\sum(P_{i1} \times Q_{i0})}{\sum(P_{i0} \times Q_{i0})} \times 100$$

$$I_p^{\mathrm{L}} = \frac{(550 \times 1000) + \cdots + (1400 \times 950)}{(500 \times 1000) + \cdots + (1600 \times 950)} \times 100$$

$$I_p^{\mathrm{L}} = \frac{550000 + \cdots + 1330000}{500000 + \cdots + 1520000} \times 100$$

$$I_p^{\mathrm{L}} = \frac{4113000}{3970000} \times 100 = 103.60$$

   (b) Indice synthétique de quantité I_q selon la formule de LASPEYRES :

$$I_q^{\mathrm{L}} = \frac{\sum(Q_{i1} \times P_{i0})}{\sum(Q_{i0} \times P_{i0})} \times 100$$

$$I_q^{\mathrm{L}} = \frac{(1050 \times 500) + \cdots + (800 \times 1600)}{(1000 \times 500) + \cdots + (950 \times 1600)} \times 100$$

$$I_q^{\mathrm{L}} = \frac{3621000}{3970000} \times 100 = 91.21$$

(c) Indice synthétique de prix I_p selon la formule de PAASCHE :

$$I_p^{\mathrm{P}} = \frac{\sum(P_{i1} \times Q_{i1})}{\sum(P_{i0} \times Q_{i1})} \times 100$$

$$I_p^{\mathrm{P}} = \frac{(550 \times 1050) + \cdots + (1400 \times 800)}{(500 \times 1050) + \cdots + (1600 \times 800)} \times 100$$

$$I_p^{\mathrm{P}} = \frac{3714600}{3671000} \times 100 = 101.19$$

(d) Indice synthétique de quantité I_q selon la formule de PAASCHE :

$$I_q^{\mathrm{P}} = \frac{\sum(Q_{i1} \times P_{i1})}{\sum(Q_{i0} \times P_{i1})} \times 100$$

$$I_q^{\mathrm{P}} = \frac{(1050 \times 550) + \cdots + (800 \times 1400)}{(1000 \times 550) + \cdots + (950 \times 1400)} \times 100$$

$$I_q^{\mathrm{P}} = \frac{3714600}{4018000} \times 100 = 92.45$$

(e) Indice synthétique de prix I_p selon la formule de FISCHER :

$$I_p^{\mathrm{Fischer}} = \sqrt{I_p^{\mathrm{L}} \times I_p^{\mathrm{P}}}$$

$$I_p^{\mathrm{Fischer}} = \sqrt{103.60 \times 101.19} = \sqrt{104.81} = 102.38$$

(f) Indice synthétique de quantité I_q selon la formule de FISCHER :

$$I_q^{\mathrm{Fischer}} = \sqrt{I_q^{\mathrm{L}} \times I_q^{\mathrm{P}}}$$

$$I_q^{\text{Fischer}} = \sqrt{91.21 \times 92.45} = \sqrt{84.31} = 91.82$$

Exercice I.6.7. Un pays exporte deux types de biens : le bien X et le bien Y. Les valeurs à l'exportation et les quantités exportées de ces biens au cours de trois années consécutives (2010, 2015, et 2020) sont les suivantes :

	P(2010)	Q (2010)	P (2015)	Q (2015)	P (2020)	Q (2020)
X	200	300	220	310	240	320
Y	150	400	170	390	190	380

1. Calculez les indices de prix à l'exportation de chaque bien entre les années 2010 et 2015, puis entre les années 2015 et 2020.
2. Calculez les indices de quantité exportée pour chaque bien entre les années 2010 et 2015, puis entre les années 2015 et 2020.
3. Calculez l'indice synthétique de prix des exportations I_v et l'indice synthétique des quantités exportées I_q en utilisant la formule de LASPEYRES pour les périodes 2010-2015 et 2015-2020.
4. Calculez les indices enchaînés pour les prix et les quantités entre 2010 et 2020.
5. Vérifiez la réversibilité des indices entre les années 2010 et 2020. Le résultat est-il le même si l'on enchaîne les indices ou si l'on calcule directement l'indice entre les deux années ?
6. Discutez de la circularité des indices en vérifiant si l'indice de 2010 à 2020 est égal au produit de l'indice de 2010 à 2015 et de l'indice de 2015 à 2020.
7. Vérifiez la transitivité des indices en comparant les indices 2010-2015-2020 directement avec l'indice 2010-2020.

Solution I.6.7. 1. Calculons les indices de prix à l'exportation :

$$I_{p_X}(2010 - 2015) = \frac{220}{200} \times 100 = 110$$

$$I_{p_Y}(2010 - 2015) = \frac{170}{150} \times 100 = 113.33$$

$$I_{p_X}(2015-2020) = \frac{240}{220} \times 100 = 109.09$$

$$I_{p_Y}(2015-2020) = \frac{190}{170} \times 100 = 111.76$$

2. Calculons des indices de quantité exportée :

$$I_{q_X}(2010-2015) = \frac{310}{300} \times 100 = 103.33$$

$$I_{q_Y}(2010-2015) = \frac{390}{400} \times 100 = 97.50$$

$$I_{q_X}(2015-2020) = \frac{320}{310} \times 100 = 103.23$$

$$I_{q_Y}(2015-2020) = \frac{380}{390} \times 100 = 97.44$$

3. Calcul des indices synthétiques en utilisant la formule de LASPEYRES :

   Pour la période 2010-2015 :

$$I_v(10-15) = \frac{(220 \times 300) + (170 \times 400)}{(200 \times 300) + (150 \times 400)} \times 100 = 111.67$$

$$I_q(10-15) = \frac{(310 \times 200) + (390 \times 150)}{(300 \times 200) + (400 \times 150)} \times 100 = 100.42$$

   Pour la période 2015-2020 :

$$I_v(15-20) = \frac{(240 \times 310) + (190 \times 390)}{(220 \times 310) + (170 \times 390)} \times 100 = 110.39$$

$$I_q(15-20) = \frac{(320 \times 220) + (380 \times 170)}{(310 \times 220) + (390 \times 170)} \times 100 = 100.37$$

4. Calculons les indices enchaînés pour les prix et les quantités entre 2010 et 2020 :

$$I_{p_X}(10-20) = I_{p_X}(10-15) \times I_{p_X}(15-20) =$$

$$110 \times 109.09/100 = 120$$

$$I_{p_Y}(10-20) = I_{p_Y}(10-15) \times I_{p_Y}(15-20) =$$

$$113.33 \times 111.76/100 = 126.6$$

$$I_{q_X}(10-20) = I_{q_X}(10-15) \times I_{q_X}(15-20) =$$

$$103.33 \times 103.23/100 = 106.71$$

$$I_{q_Y}(10-20) = I_{q_Y}(10-15) \times I_{q_Y}(15-20) =$$

$$97.50 \times 97.44/100 = 95.01$$

5. Vérification de la réversibilité des indices :

   Pour le produit X :

$$I_{p_X}(10-20) = 120 \quad \text{(via indices enchaînés)}$$

$$I_{p_X}(10-20) = \frac{240}{200} \times 100 = 120 \quad \text{(calcul direct)}$$

   Pour le produit Y :

$$I_{p_Y}(10-20) = 126.6 \quad \text{(via indices enchaînés)}$$

$$I_{p_Y}(10-20) = \frac{190}{150} \times 100 = 126.67 \quad \text{(calcul direct)}$$

   On observe que les indices enchaînés sont très proches des indices directs, respectant ainsi la réversibilité.

6. Vérification de la circularité des indices :

   La circularité est vérifiée si :

$$I_{p_X}(10-20) = I_{p_X}(10-15) \times I_{p_X}(15-20)$$

   et

$$I_{p_Y}(10-20) = I_{p_Y}(10-15) \times I_{p_Y}(15-20)$$

   Dans notre cas, les calculs montrent que la circularité est respectée.

7. La transitivité implique que le résultat entre deux années par un intermédiaire doit être égal au résultat direct entre ces deux années. Ici, la transitivité est respectée, car les in-

dices enchaînés et les indices directs produisent des résultats similaires.

CHAPITRE II

TUTORIEL : EXCEL

II.1 POURQUOI EXCEL

PRÉSENTATION DES TABLEURS

Définition II.1.1. Un tableur est un logiciel spécialisé dans la gestion, l'organisation et l'analyse de données structurées sous forme de tableaux. Il fournit une interface numérique qui imite la disposition d'une feuille de papier quadrillée, où les informations sont organisées en lignes et en colonnes.

Cet outil offre plusieurs fonctionnalités clés, à l'exemple de :

— Un tableur permet de classer et d'organiser les données en tableaux. Les informations sont saisies dans des cellules individuelles, regroupées en lignes et colonnes. Cette structuration facilite le classement, le tri et le filtrage des données, permettant ainsi une gestion efficace des informations. Par exemple, à travers cet outil, il est possible de créer un tableau en vue de suivre les dépenses d'un projet, gérer un inventaire ou organiser des données clients.

— Les tableurs offrent des capacités de calcul puissantes. Ils permettent de réaliser des opérations arithmétiques simples comme l'addition, la soustraction, la multiplication et la division. En outre, ils permettent des calculs plus complexes grâce à des formules et des fonctions intégrées. Ces outils permettent d'effectuer des analyses approfondies, telles que la création de prévisions financières, le calcul de moyennes, ou l'exécution de simulations de scénarios.

— Pour une meilleure compréhension et une analyse visuelle des données, les tableurs permettent de créer divers types de graphiques, tels que les graphiques à barres, les courbes, les camemberts, que nous explorerons plus en détail dans le chapitre suivant. Ces représentations graphiques aident à visualiser les tendances, les distributions et les relations entre les données, facilitant ainsi la présentation et l'interprétation des résultats.
— Les tableurs sont dotés de fonctionnalités permettant d'automatiser les tâches répétitives. Les macros permettent d'enregistrer et d'exécuter automatiquement des séquences d'actions, simplifiant les processus complexes et réduisant le besoin de saisie manuelle répétée. Les formules permettent de calculer automatiquement les résultats en fonction des données saisies, ce qui réduit le risque d'erreurs humaines et améliore l'efficacité opérationnelle.
— Les tableurs peuvent gérer de grands volumes de données et effectuer des opérations sur des ensembles de données importants. Ils permettent également d'utiliser des outils d'analyse et de filtrage pour extraire et examiner des sous-ensembles spécifiques d'informations.
— De nombreux tableurs modernes offrent des fonctionnalités de collaboration en ligne, permettant à plusieurs utilisateurs de travailler simultanément sur le même document. Ils facilitent le partage des données et des analyses avec d'autres personnes, que ce soit pour des rapports, des présentations ou des projets collaboratifs.

Présentation d'Excel

Excel est un logiciel de tableur développé par Microsoft, intégré à la suite bureautique Office. L'interface d'Excel repose principalement sur un tableau, qui constitue la structure de base du logiciel pour organiser, manipuler et analyser les données. Chaque document dans EXCEL est appelé un classeur, lequel peut contenir une ou plusieurs feuilles de calcul. Ces feuilles sont présentées sous forme d'onglets situés en bas de la page, permettant ainsi une gestion structurée et accessible des informations au sein d'un même fichier.

Un tableau EXCEL est constitué de plusieurs éléments clés qui facilitent l'organisation et l'analyse des données :

— *Lignes* : Les lignes dans un tableau Excel sont numérotées de 1 à n et s'étendent horizontalement. Elles permettent d'organiser les données en rangées, ce qui est utile pour aligner des ensembles de données ou des enregistrements de manière séquentielle. Chaque ligne représente un enregistrement ou une entrée dans le tableau, facilitant ainsi l'ajout et la gestion des données.

— *Colonnes* : Les colonnes sont identifiées par des lettres, commençant par A, B, C, et continuant jusqu'à Z, puis AA, AB, et ainsi de suite. Elles s'étendent verticalement et servent à catégoriser les données en différentes classes ou attributs. Chaque colonne représente un type spécifique de donnée, comme le nom d'un produit, la date de vente, le montant d'une transaction, ou autres.

— *Cellules* : Les cellules se trouvent à l'intersection des lignes et des colonnes, chacune ayant une adresse unique formée par la lettre de la colonne et le numéro de la ligne (par exemple, A1 pour l'intersection de la colonne A avec la ligne 1, ou B2 pour celle de la colonne B avec la ligne 2). Elles représentent les unités fondamentales du tableau où les données peuvent être saisies, modifiées ou calculées. Les cellules permettent de stocker divers types d'informations, y compris des valeurs numériques, des textes, des dates, ou des formules, facilitant ainsi le traitement et l'analyse des données.

— *En-têtes* : Les en-têtes sont les titres placés en haut des colonnes et parfois sur le côté des lignes, permettant de décrire et d'identifier les données contenues dans chaque colonne ou ligne. Ils aident à clarifier le contenu du tableau, facilitant la lecture et l'interprétation des données. Par exemple, un en-tête de colonne peut indiquer « Nombre de vente » ou « Montant », ce qui rend le tableau plus compréhensible.

— *Formules* : Les formules dans Excel permettent d'effectuer des calculs et des opérations sur les données contenues dans les cellules. Elles commencent toujours par le signe égal (=), suivi d'une opération ou d'une fonction, telle que =SOMME(A1 :A10) pour calculer la somme des valeurs dans la plage de cellules allant de A1 à A10. Les formules peuvent inclure des opérations arithmétiques de base, des fonctions statistiques ou des références à d'autres cellules, permettant ainsi une analyse dynamique et automatisée des données.

II.2 VISUALISATION DES DONNÉES

PRÉSENTATION D'UN TABLEAU STATISTIQUE DANS EXCEL

Un tableau statistique dans EXCEL est une représentation organisée de données quantitatives qui simplifie leur analyse et leur interprétation. Pour créer ce type de tableau, il faut d'abord préparer les données : s'assurer que les informations sont correctement structurées en lignes et colonnes, et que les en-têtes décrivent clairement chaque variable ou catégorie, telles que "Ventes", "Date" ou "Produit". Ensuite, il convient de créer le tableau en sélectionnant les données à analyser et en utilisant l'outil "Tableau" d'EXCEL, disponible dans l'onglet "Insertion". Cette fonctionnalité convertit les données en un tableau dynamique, facilitant ainsi leur manipulation future, comme le tri et le filtrage, pour une analyse plus approfondie et efficace.

Exemple II.2.1. Reprenons l'exemple précédent, où 15 notes obtenues par un étudiant durant ses devoirs au cours d'un trimestre ont été collectées, et introduisons-les dans EXCEL.

	A	B
1	Note	Effectif
2	7	1
3	8	2
4	9	1
5	10	3
6	12	3
7	15	1
8	16	3
9	17	1
10		

Dans cet exemple, nous traitons une variable statistique discrète. Les valeurs possibles de cette variable (appelées modalités) sont listées dans la première colonne, intitulée "Note". La deuxième colonne, intitulée "Effectif", indique combien de fois chaque note a été obtenue, indiquant ainsi le nombre d'occurrences de chaque modalité.

Pour calculer les fréquences relatives de chaque modalité, nous allons d'abord ajouter une colonne où seront effectués les calculs nécessaires à l'aide des formules appropriées.

	A	B	C
1	Note	Effectif	Fréquences
2	7	1	0,0666667
3	8	2	
4	9	1	
5	10	3	
6	12	3	
7	15	1	
8	16	3	
9	17	1	
10			

	A	B	C
1	Note	Effectif	Fréquences
2	7	1	0,0666667
3	8	2	0,1333333
4	9	1	0,0666667
5	10	3	0,2
6	12	3	0,2
7	15	1	0,0666667
8	16	3	0,2
9	17	1	0,0666667
10			

Dans la cellule `C2`, nous avons utilisé la formule `B2/SOMME(B2:B9)` pour calculer la fréquence relative de la modalité indiquée dans la cellule `A2`. En effet, voici ce que fait chaque partie de la formule :

— `B2` : Cette cellule contient l'effectif de la modalité en question, c'est-à-dire le nombre de fois que la note (ou modalité) listée dans la cellule `A2` a été obtenue.

— `SOMME(B2:B9)` : Cette fonction calcule la somme de tous les effectifs listés dans les cellules allant de `B2` à `B9`. Ce total représente le nombre total d'observations (ou le nombre total des notes obtenues). Dans cet exemple, ce nombre est de 15, car l'étudiant a effectué 15 devoirs, d'où 15 notes observées.

— `B2/SOMME(B2:B9)` : La division de l'effectif de la modalité (`B2`) par le total des effectifs (`SOMME(B2:B9)`) donne la fréquence relative de cette modalité. La fréquence relative exprime la proportion de cette modalité par rapport au total d'observations, indiquant ainsi son poids relatif dans l'ensemble des modalités observées.

Ensuite, pour étendre cette formule à la plage de cellules `C2:C9`, qui doit contenir les fréquences relatives de chaque modalité, il est nécessaire d'ajouter le signe « $ » dans la formule `SOMME(B2:B9)`. En modifiant la formule en `SOMME(B$2:B$9)`, on fixe les références des cellules pour que la somme totale reste constante lorsque la formule est copiée dans les autres cellules. Il suffit ensuite d'étendre cette formule modifiée sur la plage `C2:C9` pour obtenir les fréquences relatives correspondantes à chaque modalité.

Il est à noter que le signe « $ » est placé devant les numéros de ligne (2 et 9) pour fixer ces références lors du déplacement de la formule. Ainsi, lorsque la formule est étendue verticalement dans la colonne `C`, la plage `B2:B9` reste constante, garantissant que la somme totale des effectifs utilisée pour le calcul des fréquences relatives ne change pas. La lettre de colonne `B` n'a pas besoin d'être fixée, car elle reste constante dans toute la colonne. En résumé, la formule modifiée `SOMME(B$2:B$9)` permet d'assurer que les références en lignes restent fixes, tout en permettant à la formule de s'adapter correctement lorsqu'elle est étendue sur la colonne `C`.

Il est possible d'adapter le format des fréquences relatives pour les afficher en pourcentage. Pour ce faire, il convient de sélectionner d'abord la plage de cellules concernée. Ensuite, faire un clic droit et choisir l'option « Format de cellule », puis sélectionner la catégorie « Pourcentage » dans la liste proposée. Alternativement, accéder à l'onglet « Accueil » et cliquer sur le symbole % dans le groupe "Nombre". Cette conversion permet de présenter les fréquences relatives de manière plus intuitive, en affichant directement la proportion de chaque modalité par rapport au total.

De plus, il est essentiel de noter que le nombre de décimales affichées peut être ajusté selon le niveau de précision souhaité.

	A	B	C	D
1	Note	Effectif	Fréquences	
2	7	1	6,67%	
3	8	2	13,33%	
4	9	1	6,67%	
5	10	3	20,00%	
6	12	3	20,00%	
7	15	1	6,67%	
8	16	3	20,00%	
9	17	1	6,67%	
10				

Pour calculer les fréquences cumulées croissantes, il faut cumuler les fréquences relatives situées dans la plage de cellules `C2:C9` de manière séquentielle. Ainsi, pour déterminer la fréquence cumulée croissante de la *i*-ème modalité (F_i^+), il suffit d'ajouter la fréquence relative de cette modalité (f_i) à la fréquence cumulée croissante de la modalité précédente (F_{i-1}^+). Il convient de noter que la fréquence cumulée croissante associée à la première modalité est équivalente à la première fréquence relative, comme mentionné précédemment ($F_1^+ = f_1$).

	A	B	C	D	E
1	Note	Effectif	Fréquences	Fréquences cumulées croissantes	
2	7	1	6,67%	6,67%	
3	8	2	13,33%	=D2+C3	
4	9	1	6,67%		
5	10	3	20,00%		
6	12	3	20,00%		
7	15	1	6,67%		
8	16	3	20,00%		
9	17	1	6,67%		
10					

Cette logique est utilisée pour introduire la formule `D2+C3` au niveau de la cellule `D3`, pour ensuite étendre la formule dans le sens ascendant aux cellules adjacentes `D4:D9`. On retrouve ainsi, automatiquement, dans la cellule `D9`, la formule `D8+C9`. Ceci signifie que la fréquence cumulée croissante associée à la 8ème modalité, c'est-à-dire la note de 17, est la fréquence relative qui lui est associée (située dans la cellule `C9`) additionnée à la fréquence cumulée croissante associée à la 7ème modalité (située dans la cellule `D8`).

	A	B	C	D	E
1	Note	Effectif	Fréquences	Fréquences cumulées croissantes	
2	7	1	6,67%	6,67%	
3	8	2	13,33%	20,00%	
4	9	1	6,67%	26,67%	
5	10	3	20,00%	46,67%	
6	12	3	20,00%	66,67%	
7	15	1	6,67%	73,33%	
8	16	3	20,00%	93,33%	
9	17	1	6,67%	100,00%	
10					

Pour les fréquences cumulées décroissantes, on adopte la même logique que celle employée pour calculer les fréquences cumulées croissantes, mais en appliquant le processus dans le sens descendant. On commence alors par calculer la dernière fréquence cumulée décroissante qui est égale à la dernière fréquence relative.

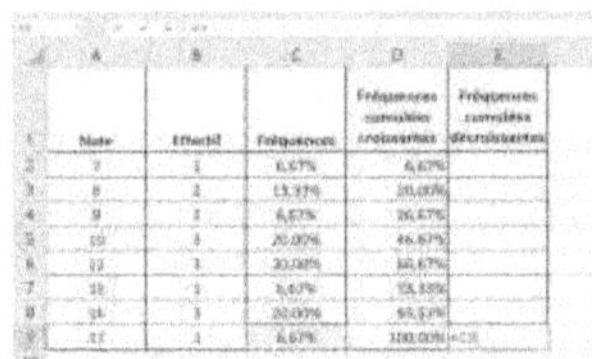

	A	B	C	D	E
1	Note	Effectif	Fréquences	Fréquences cumulées croissantes	Fréquences cumulées décroissantes
2	7	1	6,67%	6,67%	
3	8	2	13,33%	20,00%	
4	9	1	6,67%	26,67%	
5	10	3	20,00%	46,67%	
6	12	3	20,00%	66,67%	
7	15	1	6,67%	73,33%	
8	16	3	20,00%	93,33%	
9	17	1	6,67%	100,00%	=C9

Ensuite, on introduira une formule qui traduira la logique suivante : la fréquence cumulée décroissante associée à la i-ème modalité, F_i^-, est égale à la fréquence relative qui lui est associée, f_i, additionnée à la fréquence cumulée décroissante associée à la $(i+1)$-ème modalité, F_{i+1}^-. Par conséquent, en commençant par la cellule E8, il va falloir inscrire la formule E9+C8. Ceci signifie que la fréquence cumulée décroissante associée à la 7ème modalité, c'est-à-dire la note de 16, est la fréquence relative qui lui est associée (située dans la cellule C8) additionnée à la fréquence cumulée décroissante associée à la 8ème modalité (située dans la cellule E9).

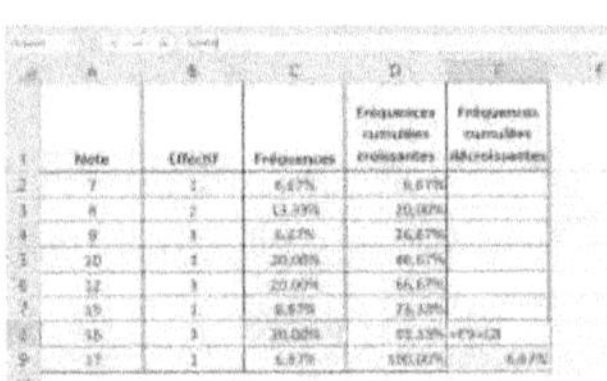

	A	B	C	D	E
1	Note	Effectif	Fréquences	Fréquences cumulées croissantes	Fréquences cumulées décroissantes
2	7	1	6,67%	6,67%	
3	8	2	13,33%	20,00%	
4	9	1	6,67%	26,67%	
5	10	3	20,00%	46,67%	
6	12	3	20,00%	66,67%	
7	15	1	6,67%	73,33%	
8	16	3	20,00%	93,33%	=E9+C8
9	17	1	6,67%	100,00%	6,67%

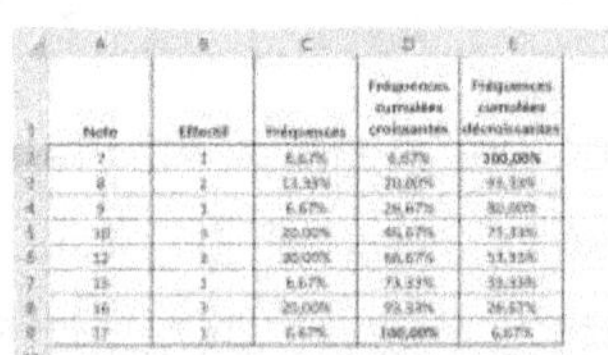

	A	B	C	D	E
1	Note	Effectif	Fréquences	Fréquences cumulées croissantes	Fréquences cumulées décroissantes
2	7	1	6,67%	6,67%	100,00%
3	8	2	13,33%	20,00%	93,33%
4	9	1	6,67%	26,67%	80,00%
5	10	3	20,00%	46,67%	73,33%
6	12	3	20,00%	66,67%	53,33%
7	15	1	6,67%	73,33%	33,33%
8	16	3	20,00%	93,33%	26,67%
9	17	1	6,67%	100,00%	6,67%

La formule saisie dans la cellule E8 est ensuite étendue dans le sens descendant aux cellules adjacentes E7 : E2.

Représentations graphiques sur Excel

Insérer un graphique dans Excel est une étape cruciale pour visualiser des données de manière claire et concise. Les graphiques permettent de présenter des informations complexes sous une forme visuelle, facilitant ainsi leur interprétation et leur analyse.

Que ce soit pour des présentations professionnelles, des rapports académiques ou des analyses personnelles, EXCEL propose une variété d'options graphiques adaptées à différents types de données. Cette fonctionnalité rend les données plus accessibles et met en lumière des tendances, des comparaisons et des relations au sein des ensembles de données. Dans ce contexte, il est essentiel de comprendre comment insérer et personnaliser des graphiques afin de maximiser l'impact de vos analyses.

Pour ce faire, il est impératif de suivre un processus structuré, en commençant par la sélection des données à représenter graphiquement. Cela implique d'identifier les colonnes ou lignes contenant les informations à visualiser. Il est crucial de sélectionner à la fois les valeurs et les étiquettes (titres des colonnes ou des lignes) pour garantir une représentation précise. Une fois que les données à utiliser sont déterminées, il est nécessaire de choisir le type de représentation graphique adéquat.

Le choix de la représentation graphique doit être effectué en fonction de la nature des données. Il est important de déterminer si celles-ci sont quantitatives, qualitatives ou ordinales, car cela influence le type de graphique à utiliser. Par exemple, les graphiques à barres sont idéaux pour comparer des valeurs distinctes, tandis que les histogrammes sont plus appropriés pour représenter l'évolution des effectifs en fonction des classes. Les graphiques circulaires, quant à eux, sont efficaces pour illustrer des parts d'un tout. La réflexion sur le message que vous souhaitez transmettre joue également un rôle clé dans ce choix, garantissant que le graphique choisi communique efficacement l'information souhaitée.

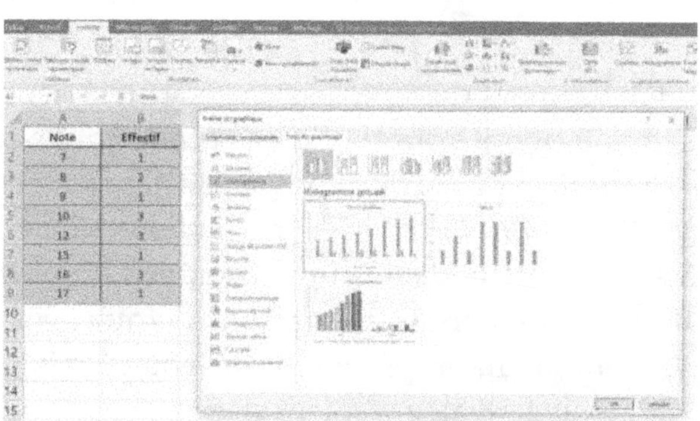

Une fois le choix établi, il est nécessaire d'insérer le graphique en accédant à l'onglet « Insertion » dans le ruban d'EXCEL. Ensuite, il suffit de cliquer sur le type de graphique souhaité dans la section « Graphiques ». Cette action ouvrira un menu déroulant présentant différentes options graphiques, telles que les graphiques à barres, les histogrammes, les graphiques linéaires ou circulaires. Après avoir sélectionné le type de graphique approprié, il sera possible de personnaliser le graphique en ajoutant des titres, des légendes et d'autres éléments visuels pour améliorer la clarté et l'impact de la présentation.

Il est possible ensuite de personnaliser le graphique pour garantir une présentation claire et attrayante des données. Pour commencer, il est essentiel de modifier les titres du graphique. En effet, une fois que le graphique est sélectionné, vous pouvez ajouter un titre en cliquant sur l'option « *Ajouter un élément de graphique* » dans le ruban supérieur et en choisissant « *Titre du graphique* ». Il est également important d'ajouter des titres explicites aux axes X et Y afin d'indiquer clairement ce que chaque axe représente. Cela contribue à la compréhension générale des données.

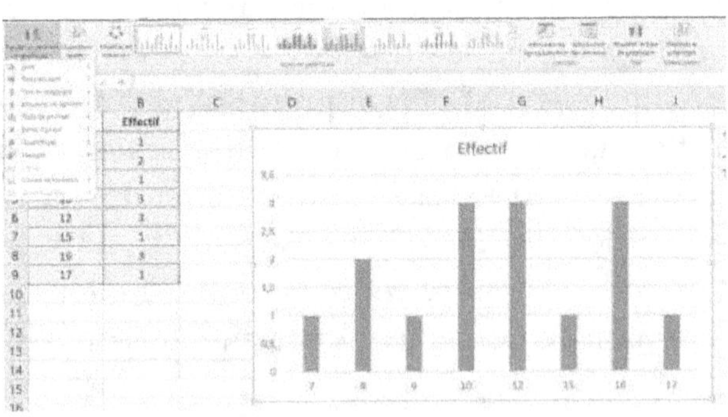

Ensuite, l'ajustement des axes est une étape clé dans le processus de personnalisation. Pour modifier l'échelle des axes, il suffit de faire un clic droit sur l'axe que vous souhaitez ajuster et de sélectionner « *Mettre en forme l'axe* ». Cela permet de changer les unités de mesure et d'ajuster la disposition selon vos besoins. De plus, il est recommandé de définir des options de numérotation pour améliorer la lisibilité du graphique, en ajustant les intervalles de marqueurs afin que les valeurs soient claires et compréhensibles.

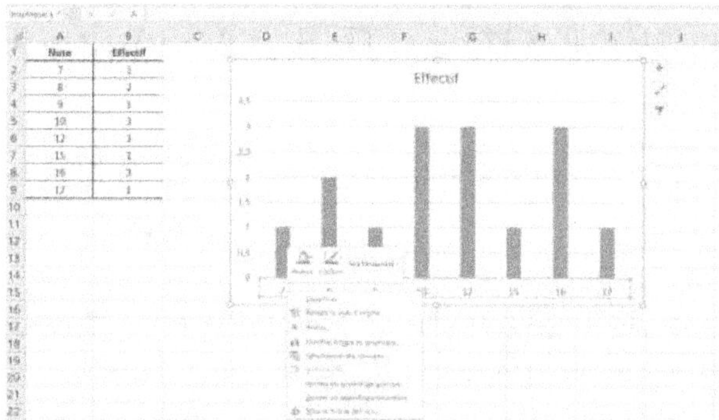

En ce qui concerne les couleurs et les styles, Excel offre une large gamme de choix pour personnaliser l'apparence des graphiques. En cliquant sur un élément spécifique du graphique, comme des barres ou des lignes, vous pouvez accéder au bouton "Format" pour sélectionner une palette de couleurs adaptée. Les styles de graphiques prédéfinis disponibles dans l'onglet « Création de graphique » peuvent également donner un aspect plus professionnel à votre présentation, tout en facilitant la communication des informations.

Enfin, après avoir effectué toutes ces modifications, il est essentiel d'analyser et d'affiner le graphique pour garantir qu'il transmet correctement le message souhaité. Il convient d'examiner attentivement le graphique afin de vérifier s'il reflète fidèlement les informations et facilite la comparaison des données. Si le type de graphique choisi ne semble pas optimal pour illustrer les tendances ou les relations entre les données, il est judicieux d'envisager un changement vers un autre type de représentation graphique qui pourrait mieux répondre aux besoins de l'analyse. Par exemple, passer d'un graphique à barres à un graphique circulaire peut être une option pertinente pour visualiser la proportion de différentes catégories par rapport à un ensemble total. Cette approche garantit que le graphique sélectionné soit non seulement informatif, mais aussi visuellement engageant et clair, favorisant ainsi une meilleure compréhension des données présentées.

II.3 Calcul des paramètres

II.3.1 Paramètres de l'analyse univariée

Moyenne On doit chercher la fonction `Moyenne` dans la liste des fonctions et sélectionner la plage des valeurs.

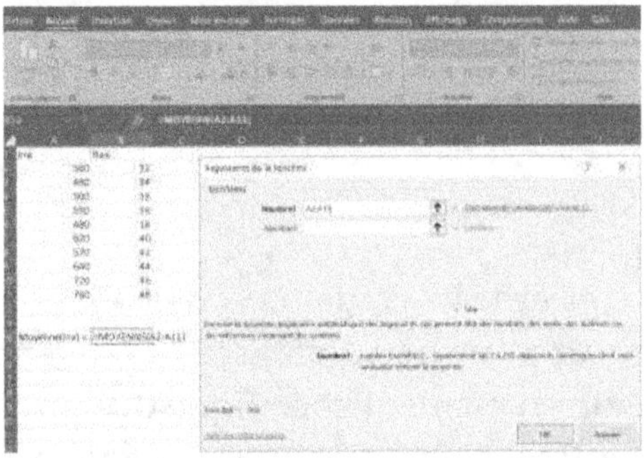

Remarque II.3.1. Les *fonctions d'EXCEL* sont accessibles dans la barre blanche en cliquant sur l'icone "`fx`", ou en commençant à écrire une expression avec "=".

Médiane Chercher la fonction `MEDIANE` dans la liste des fonctions et sélectionner la plage des valeurs.

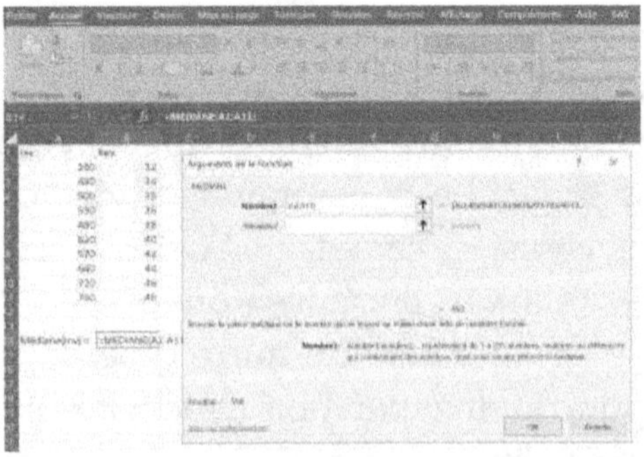

Remarque II.3.2. Il est à noter que le calcul de la médiane diffère selon qu'il s'agit d'une "variable discrète" ou d'une "variable continue". Il est donc essentiel d'appliquer les formules spécifiques à chaque cas pour obtenir une estimation précise.

Variance Chercher la fonction `Var.p` dans la liste des fonctions et sélectionner la plage des valeurs.

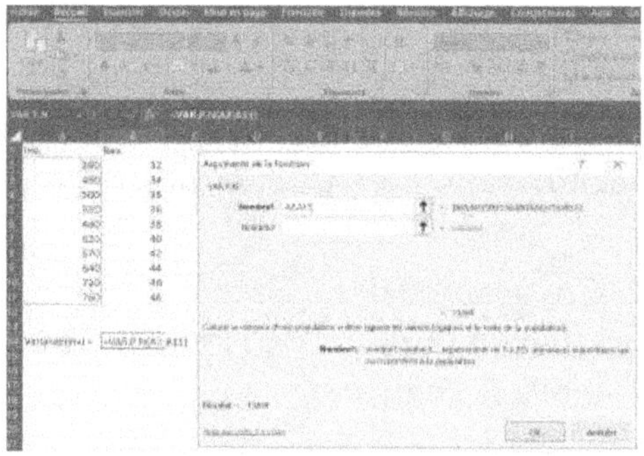

Écart-type Chercher la fonction `Ecartype.p` dans la liste des fonctions et sélectionner la plage des valeurs.

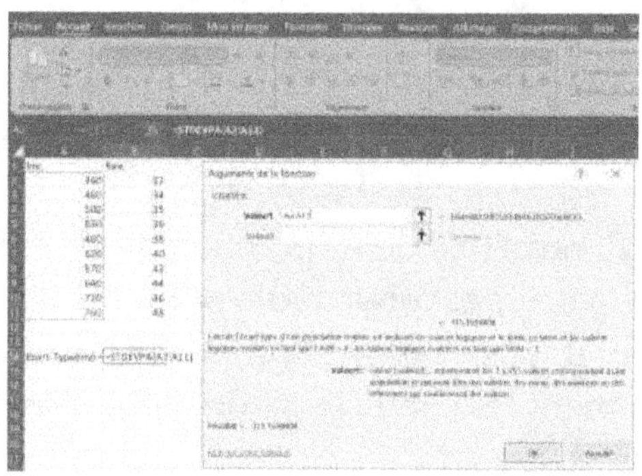

Quantiles Pour calculer un quantile donné, il faut utiliser la fonction suivante : `QUARTILE(A2:A11, k)` . Remplacez *k* par la valeur du quantile souhaité : 0 pour le minimum, 1 pour le premier quartile (Q1), 2 pour la médiane (Q2), 3 pour le troisième quartile (Q3), et 4 pour le maximum.

Déciles Pour calculer les déciles, vous pouvez utiliser la fonction `PERCENTILE` avec les valeurs de *p* correspondantes aux déciles :

— `=PERCENTILE(A2:A11, 0.1)`, Pour le 1er décile

— `=PERCENTILE(A2:A11, 0.2)`, Pour le 2ème décile

— `=PERCENTILE(A2:A11, 0.3)`, Pour le 3ème décile

— ...

— `=PERCENTILE(A2:A11, 0.9)` , Pour le 9ème décile

II.3.2 Paramètres de l'analyse Bivariée

Pour calculer les paramètres statistiques multivariés tels que la covariance et les paramètres de régression des moindres carrés ordinaires (MCO) dans Excel. On procède comme suit :

Calcul de la Covariance dans Excel : Pour calculer la covariance entre les deux variables, vous pouvez utiliser la fonction suivante : `=COVARIANCE.P(A2:A11, B2:B11)`

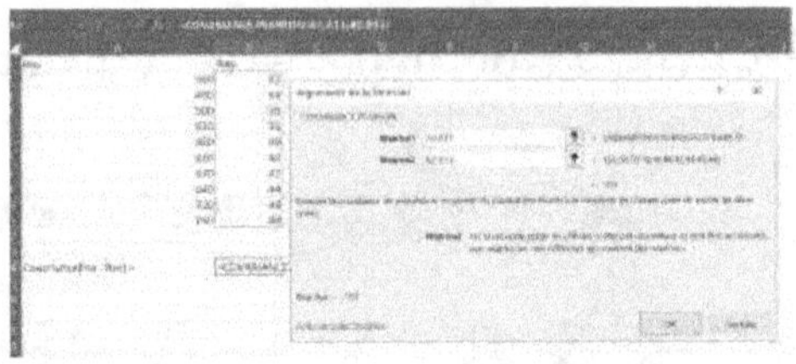

Calcul des Paramètres de Régression des Moindres Carrés Ordinaires (MCO) : Après avoir préparer les données dans un tableau, il faut : utiliser la fonction `DROITEREG` pour obtenir directement les coefficients de régression :

- Sélectionnez plusieurs cellules (en fonction du nombre de variables indépendantes et de l'interception).
- Tapez la formule suivante et appuyez sur `Ctrl + Shift + Enter` pour l'exécuter en tant que formule matricielle : `=DROITEREG(B2:B11, A2:A11)`

Coefficient de corrélation : Utiliser la formule suivante :

`=COEFFICIENT.CORRELATION(B2:B11, A2:A11)`

II.4 Traiter des données à l'aide de l'utilitaire d'analyse

II.4.1 Chargement de l'utilitaire d'analyse dans Excel

L'utilitaire d'analyse fait partie des macros complémentaires d'EXCEL qui ne sont pas activées par défaut. Avant la première utilisation, il faut donc l'activer :

1. Dans l'onglet `Fichier`, sélectionner l'item `Options`
2. Dans la fenêtre qui s'ouvre, choisir `Compléments` puis cliquer sur le bouton `Atteindre` en bas de la fenêtre
3. Dans la nouvelle fenêtre « `Macro complémentaires` », cocher `Analysis ToolPack`. puis valider (OK)

Remarque II.4.1. Si l'Analysis ToolPak ne figure pas dans la zone Macros complémentaires disponibles, cliquez sur Parcourir pour le rechercher.

II.4.2 Utilisation de l'outil

Statistiques descriptives

Le traitement univarié des variables quantitatives peut être facilité par l'utilisation de l'utilitaire d'analyse. En effet, il est ainsi aisé d'obtenir les paramètres de la manière suivante :

1. Sélectionner `Données > Analyse > Utilitaire d'analyse`, puis Statistiques descriptives

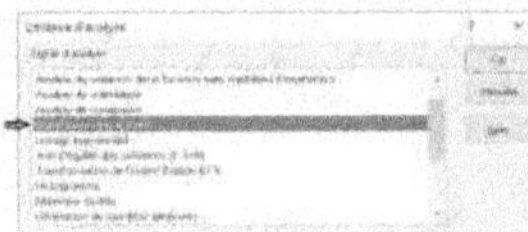

2. Pour la plage d'entrée, sélectionner la ou les colonnes correspondant aux variables quantitatives à étudier

3. Cocher `Intitulés en première ligne` et `Rapport détaillé`

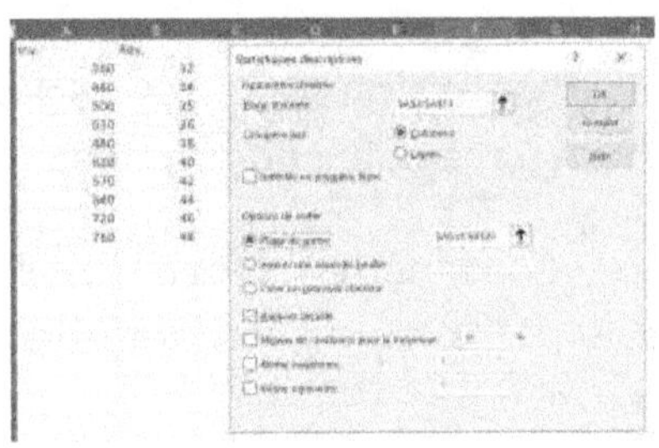

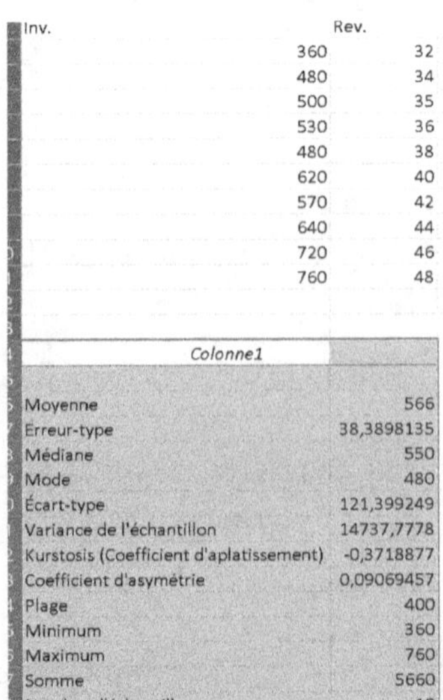

Inv.	Rev.
360	32
480	34
500	35
530	36
480	38
620	40
570	42
640	44
720	46
760	48

Colonne1	
Moyenne	566
Erreur-type	38,3898135
Médiane	550
Mode	480
Écart-type	121,399249
Variance de l'échantillon	14737,7778
Kurstosis (Coefficient d'aplatissement)	-0,3718877
Coefficient d'asymétrie	0,09069457
Plage	400
Minimum	360
Maximum	760
Somme	5660
Nombre d'échantillons	10

Histogramme

L'outil d'analyse `Histogramme` permet de calculer les fréquences individuelles et cumulées d'une plage de données spécifiée, ainsi que de définir des intervalles de classes pour ces données.

Cet outil analyse la répartition des occurrences en comptabilisant combien de fois chaque valeur ou groupe de valeurs apparaît dans un ensemble de données.

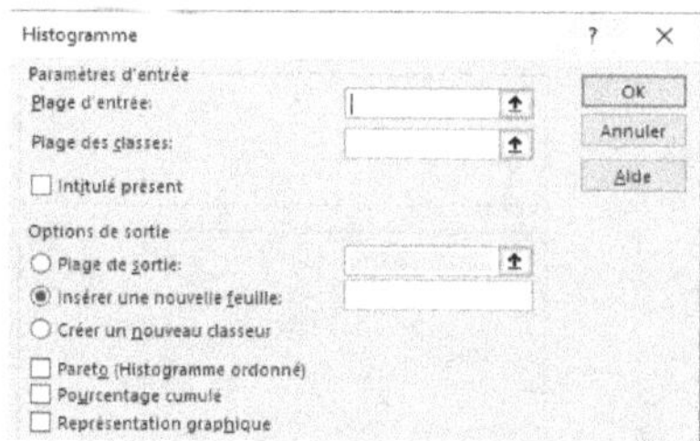

Régression

L'outil de `régression` permet de réaliser une analyse de régression linéaire en appliquant la méthode des moindres carrés, afin de déterminer une droite qui ajuste au mieux les valeurs observées dans un ensemble de données.

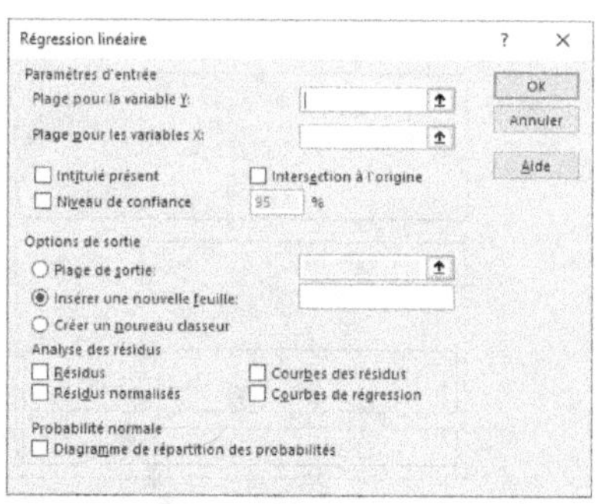

Moyennes mobiles

L'outil de calcul de la `moyenne mobile` permet de prévoir des valeurs en se basant sur la valeur moyenne de la variable sur un nombre spécifique de périodes précédentes.

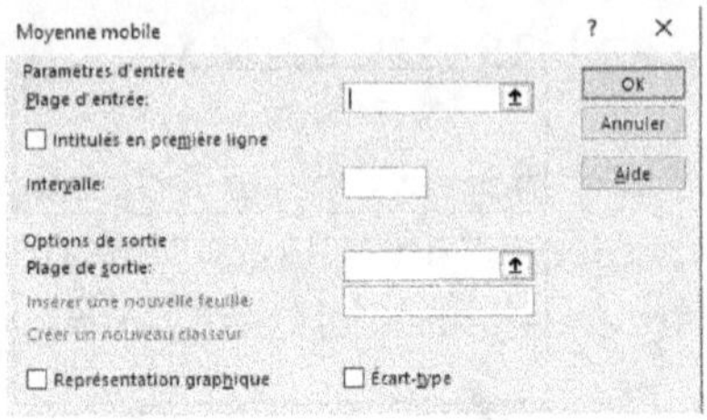
Moyenne mobile
Paramètres d'entrée
Plage d'entrée:
Intitulés en première ligne
Intervalle:
OK
Annuler
Aide
Options de sortie
Plage de sortie:
Insérer une nouvelle feuille:
Créer un nouveau classeur
Représentation graphique
Écart-type

CHAPITRE III

APPLICATIONS DIGITALES (EXCEL)

III.1 ANALYSE DESCRIPTIVE UNIVARIÉE

Exercice III.1.1 (Points marqués par une équipe de Futsal au cours d'une saison). KARIM, qui est capitaine de l'équipe de Futsal (football en salle) de son école, note le nombre de buts marqués par son équipe à chaque match. Il a résumé sa dernière saison dans le tableau ci-dessous :

Modalités de X_i	0	1	2	3	4	5	6	7	10
n_i	5	12	16	10	8	4	2	2	1

1. Reproduire ce tableau dans une feuille EXCEL.
2. Calculer la fréquence absolue et la fréquence relative pour chaque nombre de points marqués.
3. Calculer les fréquences cumulées croissante F_i^+
4. Calculer la moyenne
5. Calculer la variance et l'écart-type
6. Représenter graphiquement les données à l'aide d'un diagramme circulaire, puis créer un diagramme différentiel des

effectifs relatifs et enfin un diagramme cumulatif des fréquences

Solution III.1.1. 1. Reproduction du tableau :

— Ouvrir un document EXCEL.

— Recopier le tableau ci-dessous en ajoutant les colonnes suivantes : la fréquence relative, Fréquence cumulée croissante, $f_i \times x_i$ et $f_i \times x_i^2$

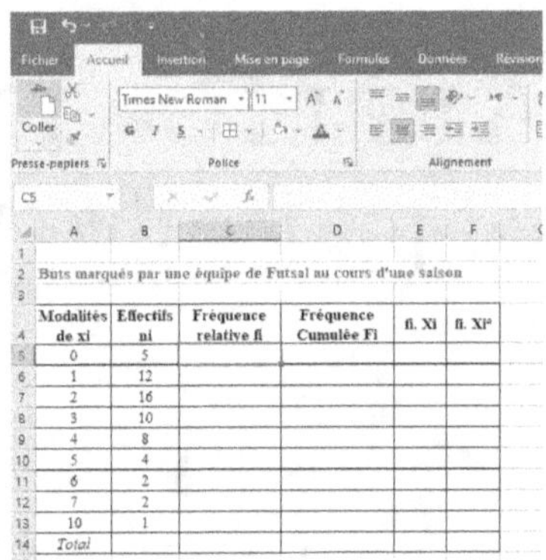

Buts marqués par une équipe de Futsal au cours d'une saison

Modalités de xi	Effectifs ni	Fréquence relative fi	Fréquence Cumulée Fi	fi. Xi	fi. Xi²
0	5				
1	12				
2	16				
3	10				
4	8				
5	4				
6	2				
7	2				
10	1				
Total					

2. Pour calculer la fréquence absolue et la fréquence relative pour chaque but marqué, suivez les étapes suivantes :

   — Calcul de la somme des effectifs en `B14`

   — Sélectionner les cellules `B5` à `B13`.

   — Cliquer sur $\sum$ (somme automatique) et le total s'affiche en `B14`.

   — Ou (alternative) dans une cellule `B14`, on calcule le total des n_i en utilisant la formule suivante :`=SOMME(B2:B6)`. Cela vous donnera le total des matchs joués.

   — Dans une nouvelle colonne (colonne `C`), vous allez calculer la fréquence relative de chaque catégorie (le nombre de matchs pour chaque catégorie divisé par le total des matchs). Placez-vous dans la cellule `C2` et utilisez la formule suivante :`=B5/$B$14`

Buts marqués par une équipe de Futsal au cours d'une saison

Modalités de xi	Effectifs ni	Fréquence relative fi	Fréquence Cumulée Fi	fi. Xi	fi. Xi²
0	5	=B5/$B$14			
1	12				
2	16				
3	10				
4	8				
5	4				
6	2				
7	2				
10	1				
Total	60				

— Appuyez ensuite sur "Entrée". Vous pouvez copier cette formule pour toutes les lignes suivantes (de C5 à C13) en tirant la poignée de recopie.

Buts marqués par une équipe de Futsal au cours d'une saison

Modalités de xi	Effectifs ni	Fréquence relative fi	Fréquence Cumulée Fi	fi. Xi	fi. Xi²
0	5	0,083			
1	12	0,200			
2	16	0,267			
3	10	0,167			
4	8	0,133			
5	4	0,067			
6	2	0,033			
7	2	0,033			
10	1	0,017			
Total	60				

— Vous pouvez formater les valeurs de la colonne C en pourcentages pour plus de lisibilité :

— Sélectionnez les cellules de la colonne C contenant les fréquences relatives.

— Faites un clic droit et choisissez Format de cellule.

— Sélectionnez % (Style de pourcentage) et ajustez le nombre de décimales si nécessaire.

— La fréquence cumulée croissante est la somme progressive des fréquences relatives. Son calcul doit suivre les étapes suivantes :

— Dans la cellule D5 (la première ligne de fréquence cumulée), la valeur sera égale à la fréquence relative de cette ligne, donc entrez simplement : =C5

Buts marqués par une équipe de Futsal au cours d'u

Modalités de xi	Effectifs ni	Fréquence relative fi	Fréquence Cumulée Fi
0	5	0,083	0,083
1	12	0,200	=D5+C6
2	16	0,267	

— Pour chaque ligne suivante, la fréquence cumulée croissante est la somme de la fréquence relative de la ligne actuelle et de la fréquence cumulée précédente : =D5+C6

Copiez cette formule pour toutes les lignes

restantes en tirant la poignée de recopie vers le bas.

	Modalités de xi	Effectifs ni	Fréquence relative fi	Fréquence Cumulée Fi	fi
5	0	5	0,083	0,083	
6	1	12	0,200	0,283	
7	2	16	0,267	0,550	
8	3	10	0,167	0,717	
9	4	8	0,133	0,850	
10	5	4	0,067	0,917	
11	6	2	0,033	0,950	
12	7	2	0,033	0,983	
13	10	1	0,017	1	
14	*Total*	60			

Remarque III.1.1. La dernière fréquence cumulée (D13) doit toujours être égale à 1 (ou 100 %) puisque toutes les fréquences relatives cumulées représentent l'ensemble des observations. Ces calculs sont utiles pour des représentations graphiques comme les courbes de LORENZ.

3. La moyenne pondérée est calculée à partir de la colonne (E), et il faut suivre les étapes suivantes :

   — Au niveau de la colonne (E), Calculez le produit $f_i \times X_i$: =A5*C5

   — Copiez cette formule vers le bas pour toutes les lignes du tableau

   — Dans la cellule (E14), calculez la somme des produits en utilisant la formule : =SOMME(E5:E13)

	Modalités de xi	Effectifs ni	Fréquence relative fi	Fréquence Cumulée Fi	fi. Xi
5	0	5	0,083	0,083	0
6	1	12	0,200	0,283	0,2000
7	2	16	0,267	0,550	0,5333
8	3	10	0,167	0,717	0,5000
9	4	8	0,133	0,850	0,5333
10	5	4	0,067	0,917	0,3333
11	6	2	0,033	0,950	0,2000
12	7	2	0,033	0,983	0,2333
13	10	1	0,017	1	0,1667
14	*Total*	60			***2,70***

   — Au niveau de la cellule (C16), entrez la formule suivante pour le calcul de la moyenne : =E14. En moyenne, l'équipe de Futsal marque environ 2,7 buts par match.

4. La variance est calculée à partir de la colonne (F), et il faut suivre les étapes suivantes :

   — Créer une nouvelle colonne (F) pour calculer le produit entre l'effectif $f_i \times x_i^2$. Dans la cellule F5, entrez la formule suivante : =A5^2*C5 et calculer la somme à la cellule (F14)

— Dans une cellule vide (par exemple, `D17`), entrez la formule associée pour calculer la variance.

— L'écart type est calculé par la formule : `=RACINE(D17)`. L'écart-type de 1,94 indique que, généralement, les résultats des matchs s'écartent en moyenne de 1,94 buts par rapport à la moyenne de 2,7 buts.

3						
4	Modalités de xi	Effectifs ni	Fréquence relative fi	Fréquence Cumulée Fi	fi. Xi	fi. Xi²
5	0	5	0,083	0,083	0	0
6	1	12	0,200	0,283	0,2000	0,200
7	2	16	0,267	0,550	0,5333	1,067
8	3	10	0,167	0,717	0,5000	1,500
9	4	8	0,133	0,850	0,5333	2,133
10	5	4	0,067	0,917	0,3333	1,667
11	6	2	0,033	0,950	0,2000	1,200
12	7	2	0,033	0,983	0,2333	1,633
13	10	1	0,017	1	0,1667	1,667
14	*Total*	60			*2,70*	*11,07*
15						
16			*Moyenne*	*2,7*		
17			*Variance*	*=F14-D16^2*		
18			*Ecart-Type*			

5. Diagramme à secteurs et représentations graphiques différentielles et cumulées :

   (a) Pour le diagramme en secteur, il faut suivre les étapes suivantes :

   — Étape 1 : Type de graphique

   i. Sélectionner la colonne des effectifs (`B5` à `B13`)

   ii. Cliquer sur l'icône `"Graphiques recommand`

   iii. Choisir le type de graphique ci-contre.

   iv. Cliquer sur `"Ok"`.

   — Étape 2 : Données source

   — Cliquez sur (bouton droit) `"Sélectionner des données"`.

   — Dans la boîte de dialogue qui s'affiche, ajustez les étiquettes de l'axe horizontal. Cela permet d'associer les données correctes aux segments du diagramme.

   — Sélectionner les catégories correspondantes (`A5` à `A13`) pour que chaque modalité ait son propre segment dans le diagramme.

   — Valider en cliquant sur `"Ok"`.

- Étape 3 : Personnalisation du graphique
  - Ajouter un titre au graphique en cliquant sur `"Ajouter un élément de graphique"` puis `"Titre du graphique"`.
  - Vous pouvez aussi ajouter des étiquettes de données sur chaque segment pour montrer les effectifs ou les pourcentages associés à chaque modalité.
  - Si nécessaire, modifier les couleurs des segments via l'option `"Modifier le remplissage"` pour une meilleure visualisation.
- Étape 4 : Finalisation
  - Ajustez la taille et la position du graphique si besoin.
  - Enregistrez votre travail en cliquant sur `"Fichier"` puis `"Enregistrer"`.

Le diagramme en secteurs est donné par :

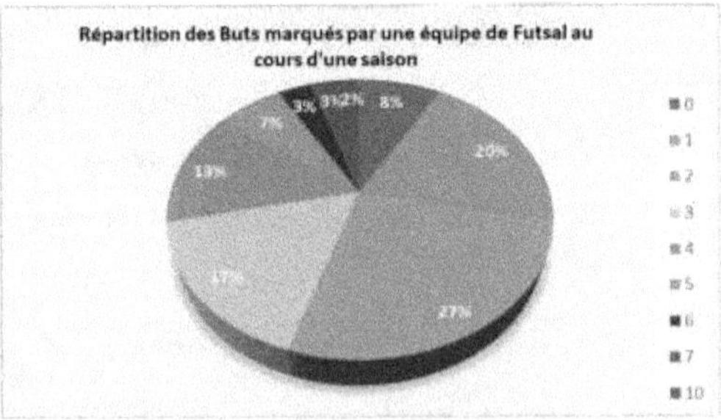

(b) Pour la représentation graphique différentielle des fréquences, il faut suivre les étapes suivantes :

- Étape 1 : Calcul des fréquences (voir ci-haut)
- Étape 2 : Préparation des données
  - Sélectionnez la plage : `C5:C13`

Étape 3 : Choix du graphique

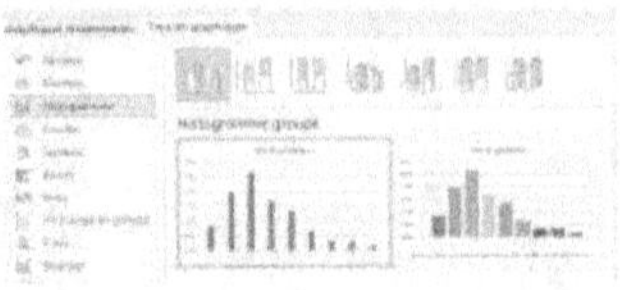

— Cliquez sur l'icône "`Graphiques recommandés`" dans votre tableur.

— Sélectionnez un graphique en courbes ou en barres pour représenter les fréquences différentielles.

— Cliquez sur "`Ok`" pour insérer le graphique.

— Étape 4 : Personnalisation du graphique

— Ajoutez un titre au graphique via "`Ajouter un élément de graphique`" puis "`Titre du graphique`".

— Ajoutez des étiquettes de données pour chaque point ou barre, représentant les fréquences calculées.

— Vous pouvez aussi ajuster les couleurs et le style du graphique via "`Modifier le style`" ou "`Remplissage`".

Le diagramme différentiel des effectifs relatifs est donné par :

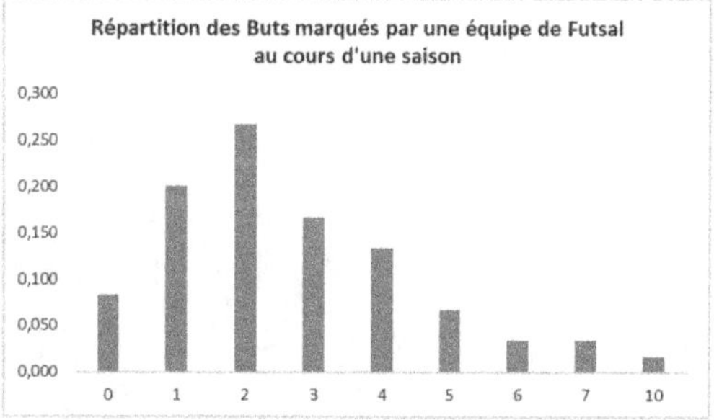

(c) Pour la représentation graphique cumulée des fréquences, il faut suivre les étapes suivantes :

— Étape 1 : Calculer les fréquences cumulées (Voir ci-haut)

— Étape 2 : Sélectionner les données :

— Sélectionnez les fréquences cumulées (`D5` à `D13`).

  - Sélectionnez également les modalités correspondantes (`A5` à `A13`) pour les étiquettes de l'axe horizontal.
- Étape 3 : Créer le graphique
  - Allez dans l'onglet "`Insertion`" puis cliquez sur "`Graphiques recommandés`".
  - Choisissez un graphique en courbes (ou lignes) pour représenter la fréquence cumulée. Ce type de graphique est idéal pour visualiser la progression des fréquences.
  - Cliquez sur "`Ok`" pour insérer le graphique dans votre feuille de calcul.

Le graphique des fréquences cumulées est donné par :

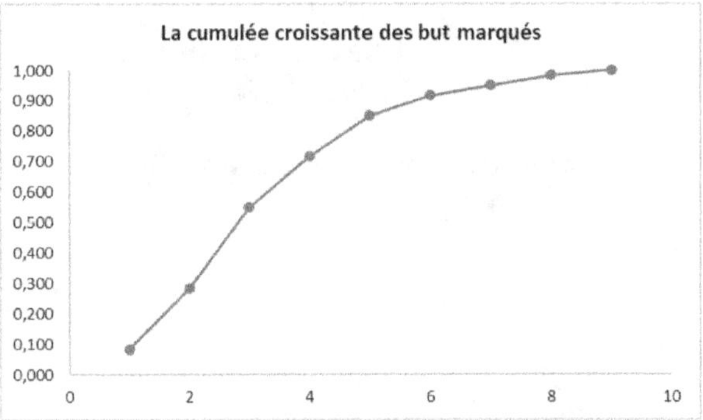

III.2 Analyse descriptive bivariée & régression

Exercice III.2.1. Nous reprenons dans cet exemple les énoncées de l'exercice I.4.7. qui fournit pour les 10 premiers mois en 2010 les évolutions des investissements et des revenus (en millions de Dirhams).

Inv.	360	480	500	530	580	620	570	640	720	760
Rev.	32	34	35	36	38	40	42	44	46	48

Solution III.2.1. Pour répondre à l'ensemble des questions, nous devons reproduire le tableau ou les données dans un tableur Excel. Pour cela, nous suivons les étapes citées dans l'application précédente. Nous aurons :

	A	B	C	D	E	F	G	H	I	J	K	L
1												
2	Xi	Inv.	360	480	500	530	480	620	570	640	720	760
3	Yi	Rev.	32	34	35	36	38	40	42	44	46	48

1. Calculer le coefficient de corrélation linéaire entre les deux grandeurs X et Y. La variance est calculée à partir des trois lignes (4), (5) et (6) ainsi que la colonne (`M`). Il faut suivre les étapes suivantes :
   - Créer des nouvelles colonnes (4) et (5) pour calculer la variance des deux variables X et Y puis une autre ligne (6) pour calculer la covariance en appliquant la formule donnée précédemment dans la solution de l'exercice.
   - Dans la colonne (`M`) nous calculons chaque fois les sommes liées aux termes qui nous permet de calculer l'ensemble des paramètres inclus dans la calcule de la corrélation à titre d'exemple pour la moyenne de X c'est `=SOMME(C2:L2)` etc.
   - Dans une cellule vide (par exemple, `F11`), entrez la formule associée pour calculer la variance de X.
   - L'écart type est calculé dans la `I11` cellule par la formule : `=RACINE(F11)`.
   - La même chose pour la variance et l'écart-type de Y respectivement dans les cellules `=RACINE(F12)` et `I12`.
   - La covariance dans la cellule `C11`.
   - Finalement, la corrélation dans la cellule `C13`

	A	B	C	D	E	F	G	H	I	J	K	L	M
1													Total
2	Xi	Inv.	360	480	500	530	480	620	570	640	720	760	5660
3	Yi	Rev.	32	34	35	36	38	40	42	44	46	48	395
4		xi^2	129600	230400	250000	280900	230400	384400	324900	409600	518400	577600	3336200
5		yi^2	1024	1156	1225	1296	1444	1600	1764	1936	2116	2304	15865
6		xi*yi	11520	16320	17500	19080	18240	24800	23940	28160	33120	36480	229160
7	1*												
8		Moyenne X =	566		V(X) =	13264		ET(X) =	115,1694				
9		Moyenne Y =	39,5		V(Y) =	26,25		ET(Y) =	5,123475				
10													
11		Cov(x, y) =	559										
12													
13		Corr(x,y) =	0,967549										

2. Les équations des droites de régression sont données à travers les équations définies dans la partie théorique :

(a) La droite de régression de Y en X :

- La valeur de b dans l'équation est calculer au niveau de cellule `D16` en mettant `=C11 / F8`
- Pour a, dans la cellule (`D18`), en utilisant la formule : `=C9-(C8*D16)`

(b) La droite de régression de X en Y :

- La valeur de b' dans l'équation est calculer au niveau de cellule `D21` en mettant `=C11/F9`
- Pour a', dans la cellule (`D23`), en utilisant la formule : `=C8-(C9*D21)`

3. Une estimation de revenu nécessaire si les investissements est de l'ordre de 600. On se met dans la cellule (`D23`) puis en utilise la relation : `:=D21*600 - D23`

III.3 Séries temporelles

Exercice III.3.1 (Chiffre d'Affaires Mensuel). Une entreprise suit son chiffre d'affaires mensuel au cours des deux dernières années afin d'analyser la tendance et les variations saisonnières. Le tableau ci-dessous présente les données de chiffre d'affaires mensuel (en milliers de dirhams) pour 2022 et 2023.

Mois	Année 2022	Année 2023
Janvier	120	125
Février	135	140
Mars	130	150
Avril	145	160
Mai	155	170
Juin	165	180
Juillet	150	160
Août	140	155
Septembre	130	145
Octobre	145	160
Novembre	160	170
Décembre	175	180

1. Représentez graphiquement le chiffre d'affaires en fonction du temps (mois).
2. Appliquez un schéma de décomposition adapté pour modéliser cette série chronologique.
3. Utilisez la méthode des moindres carrés ordinaires (MCO) pour estimer la tendance linéaire du chiffre d'affaires mensuel.
4. Calculez les coefficients saisonniers pour chaque mois de l'année.
5. Calculez le chiffre d'affaires ajusté des variations saisonnières pour chaque mois.
6. Calculez la moyenne mobile sur 3 mois pour lisser la série.

Solution III.3.1. 1. Représentation graphique sur Excel :

(a) Mise en forme des données sur Excel : Les données peuvent être représentées de deux manières distinctes selon le type d'analyse souhaitée :

i. **Organisation sous forme de série chronologique** : Les données sont disposées en deux colonnes, l'une pour les mois-année (par exemple, "jan-22") et l'autre pour le chiffre d'affaires (CA). Ce format séquentiel permet de visualiser les variations mensuelles du chiffre d'affaires sur une période continue de deux ans (2022-2023), facilitant l'analyse des tendances au fil du temps.

Ventes mensuelles (CA) pour une entreprise au c

Mois-Année	CA
jan-22	120
fév-22	135
mar-22	130
avr-22	145
mai-22	155
jui-22	165
juil-22	150
août-22	140
sept-22	130
oct-22	145
nov-22	160
déc-22	175
jan-23	125
fév-23	140
mar-23	150
avr-23	160

Série Univariée | Série Temporelle

ii. **Présentation sous forme de tableau croisé** : Les mois sont placés en première colonne, et les années (2022 et 2023) sont utilisées comme en-têtes de colonnes. Ce format facilite la comparaison des chiffres d'affaires pour un même mois d'une année à l'autre, permettant ainsi de repérer facilement les variations saisonnières ou les évolutions d'une année à l'autre.

	CA	
Mois	Année 2022	Année 2024
Janvier	120	125
Février	135	140
Mars	130	150
Avril	145	160
Mai	155	170
Juin	165	180
Juillet	150	160
Août	140	155
Septembre	130	145
Octobre	145	160
Novembre	160	170
Décembre	175	180

(b) Représentation graphique :

i. **Série Chronologique avec Graphique Linéaire** : Les étapes à suivre sont les suivantes :

   — Saisir les données dans une feuille EXCEL, avec les mois-année dans la première colonne et le chiffre d'affaires (CA) dans la deuxième colonne.

   — Sélectionner les données (colonnes Mois et CA).

   — Aller dans l'onglet Insertion > Graphiques > Courbes 2D > Courbes.

   — EXCEL créera automatiquement un graphique linéaire représentant le chiffre d'affaires en fonction des mois.

   Ce type de graphique est idéal pour visualiser l'évolution globale du chiffre d'affaires au fil des mois. Il aide également à identifier les tendances générales et les variations saisonnières éventuelles.

ii. **Graphique à courbes superposées (Barres Groupées)** : Ici, l'objectif est de comparer le chiffre d'affaires d'un même mois entre deux années. Les étapes à suivre sont les suivantes :

   — Saisir les données dans une feuille EXCEL, avec les mois dans la première colonne, les chiffres d'affaires pour 2022 dans la deuxième colonne, et ceux pour 2023 dans la troisième colonne.

   — Sélectionner les données (colonnes Mois, Année 2022 et Année 2023).

— Aller dans l'onglet Insertion > Graphiques > Courbes 2D > Courbes avec marques.

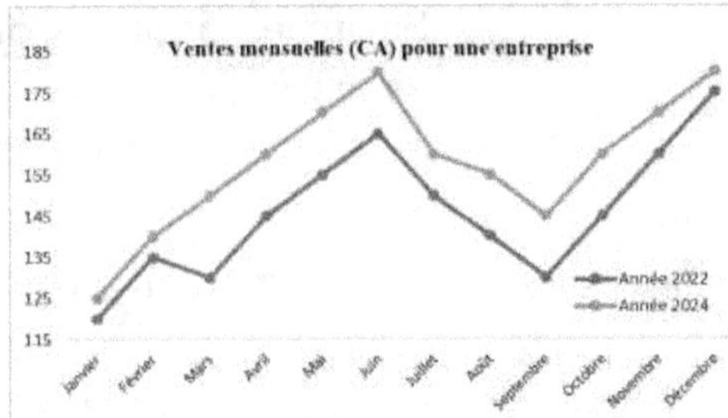

Ce type de graphique est utile pour comparer les valeurs d'un même mois entre plusieurs années. Cela facilite l'identification des variations saisonnières spécifiques et permet de comparer les performances d'une année à l'autre.

2. Pour déterminer le schéma de décomposition adapté aux données du chiffre d'affaires, nous devons observer si les variations saisonnières semblent augmenter proportionnellement au niveau général de la série ou si elles demeurent constantes. Pour cela, on doit analyser les graphiques cidessus :

   — Nous remarquons une tendance générale à la hausse dans les chiffres d'affaires entre 2022 et 2023 (graphique 1).

   — Les variations mensuelles (par exemple, entre janvier, juin, et décembre de chaque année) montrent que le chiffre d'affaires en fin de période (décembre) est plus élevé qu'au début, ce qui pourrait indiquer un effet saisonnier plus prononcé.

   — Le schéma de décomposition multiplicatif serait le plus adapté, car les variations saisonnières semblent croître en proportion avec l'augmentation de la tendance générale.

D'où le schéma de décomposition est :

$$CA_t = f(\text{Temps}) = C_t \times S_t + \epsilon_t$$

3. L'utilisation de la méthode MCO pour estimer la tendance linéaire nous oblige à considérer l'équation de la tendance sous la forme :

$$CA = a \times \text{Temps} + b$$

Où CA représente le chiffre d'affaires. Voici les étapes à suivre :

   (a) Créer une colonne pour le temps : Ajoutez une nouvelle colonne à côté de vos données de CA pour représenter le temps. Attribuez une valeur séquentielle à chaque mois, en commençant par 1 pour "jan-22", 2 pour "fév-22", et ainsi de suite jusqu'à 24 pour "déc-23".

   (b) Utiliser la fonction "`DROITEREG`" :

      — Sélectionnez deux cellules vides pour afficher la pente a et l'ordonnée à l'origine b.

      — Tapez la formule suivante : `=DROITEREG(B6:B29;C6:C29;VRAI;VRAI)` où `B6:B29` contient les valeurs de CA et `C6:C29` les valeurs de Temps.

      — La fonction "`DROITEREG`" retournera la pente a et l'ordonnée à l'origine b sous forme de tableau. Tapez : `Ctrl+Chift+Entrer`

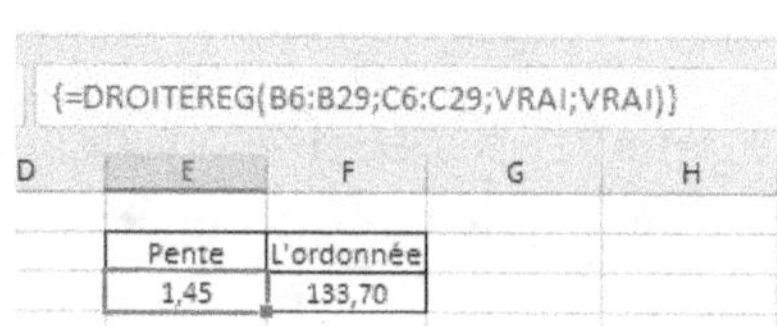

   (c) Calculer la valeur de la tendance pour chaque mois :

      — Dans une nouvelle colonne, utilisez l'équation de la tendance. Par exemple, si la pente est en `F20` et l'ordonnée à l'origine en `F21`, la formule pour la première cellule `D6` serait : `=$G$20+$F$20*C6`

      — Copiez cette formule pour toutes les lignes correspondantes.

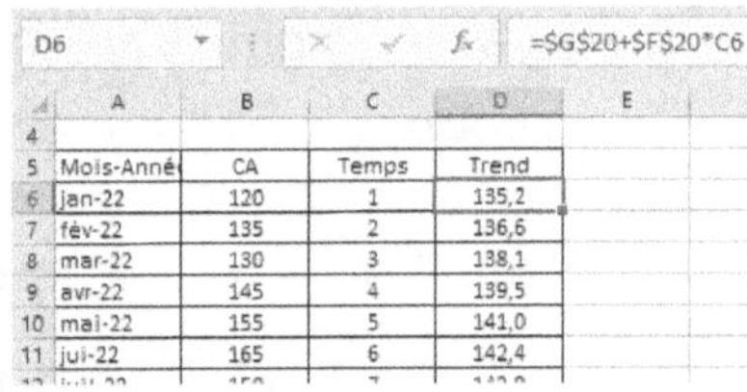
D6 =$G$20+$F$20*C6

Mois-Anné	CA	Temps	Trend
jan-22	120	1	135,2
fév-22	135	2	136,6
mar-22	130	3	138,1
avr-22	145	4	139,5
mai-22	155	5	141,0
jui-22	165	6	142,4

(d) Tracer le graphique :

— *Manuellement* : Sélectionnez le graphique de série déjà établi. Cliquez avec le bouton droit, puis choisissez `Sélection des données`. Cliquez ensuite sur `Ajouter` et, dans `Valeurs de la série`, sélectionnez la plage de données correspondant à la série de tendance `Trend`, puis validez avec `OK`.

— *Automatiquement* : Ajoutez une ligne de tendance en sélectionnant l'option `Ajouter une courbe de tendance` et choisissez `Linéaire` pour afficher la tendance estimée superposée aux données existantes.

4. Pour calculer les coefficients saisonniers dans un schéma de décomposition multiplicatif, nous suivons les étapes suivantes :

   (a) Insérer une colonne "*Ratio saisonnier*" : Dans une nouvelle colonne, divisez chaque valeur de CA par la valeur correspondante de Trend. Dans la cellule `E6` entrez la formule suivante pour diviser le chiffre d'affaires (CA) par la tendance (Trend) :=`B6/D6`. Cela divisera la valeur de CA de janvier 2022 par la tendance correspondante.

   (b) Copier la formule pour tous les mois.

E6 | f_x | =B6/D6

	A	B	C	D	E
5	Mois-Anné	CA	Temps	Trend	Ratio St
6	jan-22	120	1	135,2	0,9
7	fév-22	135	2	136,6	1,0
8	mar-22	130	3	138,1	0,9
9	avr-22	145	4	139,5	1,0
10	mai-22	155	5	141,0	1,1
11	jui-22	165	6	142,4	1,2

(c) Dans un tableau récapitulatif des mois, calculer les moyennes mensuelles : Filtrez les données par mois (par exemple, tous les janvier, tous les février, etc.), puis calculez la moyenne de chaque groupe de ratios pour obtenir les coefficients saisonniers mensuels en procédant ainsi :

— Utilisez la formule : `=(E6+E18)/2` pour calculer la moyenne des ratios saisonniers pour le mois de Janvier.

— Copier la formule pour tous les mois.

f_x | =(E6+E18)/2

H	I	J	K
Mois	Année 2022	Année 2024	St
Jan	120	125	0,85
Février	135	140	0,95
Mars	130	150	0,95
Avril	145	160	1,03
Mai	155	170	1,09
Juin	165	180	1,14
Juillet	150	160	1,02
Août	140	155	0,96
Septembre	130	145	0,88
Octobre	145	160	0,97
Novembre	160	170	1,04
Décembre	175	180	1,11

5. Pour calculer le chiffre d'affaires ajusté des variations saisonnières dans EXCEL, on utilise les étapes suivantes :

— Assurez-vous d'avoir déjà calculé les coefficients saisonniers pour chaque mois (comme décrit dans les étapes précédentes). Vous devriez avoir un tableau récapitulatif des mois avec les coefficients saisonniers (par exemple dans la colonne `K` notée S_t pour chaque mois).

— Ajouter une colonne pour le chiffre d'affaires ajusté des variations saisonnières dans le premier tableau (24 observations).

— Créer une nouvelle colonne `F` à droite de la colonne "Ratio S_t" dans votre tableau de données, nommée "CA ajusté".

— Appliquer la formule d'ajustement : `=B6/L6` et copier la formule pour tous les mois. Dans cette formule :

  — `B6` est la cellule contenant le chiffre d'affaires pour janvier 2022.

  — `L6` est la cellule où se trouvent les coefficients saisonniers pour chaque mois.

  — `F19` est la cellule qui correspond au Janvier de l'année suivante. On applique donc la formule : `=B18/L6` comme précédemment. Copier cette formule pour tous les mois restants.

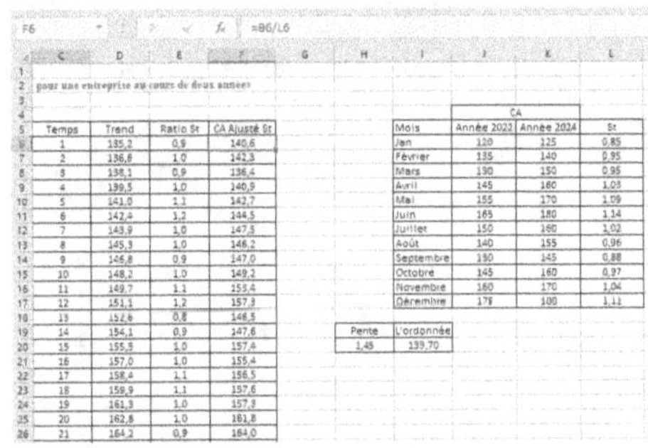

F6 =B6/L6

pour une entreprise au cours de deux années

Temps	Trend	Ratio St	CA Ajusté St
1	135,2	0,9	140,6
2	136,6	1,0	142,3
3	138,1	0,9	136,4
4	139,5	1,0	140,9
5	141,0	1,1	142,7
6	142,4	1,2	144,5
7	143,9	1,0	147,5
8	145,3	1,0	146,2
9	146,8	0,9	147,0
10	148,2	1,0	149,2
11	149,7	1,1	155,4
12	151,1	1,2	157,3
13	152,6	0,8	146,5
14	154,1	0,9	147,6
15	155,5	1,0	157,4
16	157,0	1,0	155,4
17	158,4	1,1	156,5
18	159,9	1,1	157,6
19	161,3	1,0	157,3
20	162,8	1,0	161,8
21	164,2	0,9	164,0

	CA		
Mois	Année 2022	Année 2024	St
Jan	120	125	0,85
Février	135	140	0,95
Mars	130	150	0,95
Avril	145	160	1,03
Mai	155	170	1,09
Juin	165	180	1,14
Juillet	150	160	1,02
Août	140	155	0,96
Septembre	130	145	0,88
Octobre	145	160	0,97
Novembre	160	170	1,04
Décembre	175	100	1,11

Pente	L'ordonnée
1,45	139,70

6. Calculons la moyenne mobile sur 3 mois (Lissage de la série du CA) en suivant les étapes suivants :

— Ajouter une colonne pour la moyenne mobile (Cellule `G5`) et nommez-la "MM3" Moyenne mobile 3 mois.

— Entrer la formule de moyenne mobile `=Moyenne(B6:B8)` :

  — Placez vous dans la cellule qui correspond au milieu des trois premières observations (cellule `G7`)

  — `B6:B8` correspond aux trois premières cellules de la colonne "CA" représentant les mois de janvier, février, et mars 2022.

— Copiez la formule vers le bas jusqu'au la cellule (`G28`)

4							
5	Mois-Année	CA	Temps	Trend	Ratio St	CA Ajusté St	MM3
6	jan-22	120	1	135,2	0,9	140,6	
7	fév-22	135	2	136,6	1,0	142,3	(B6:B8)
8	mar-22	130	3	138,1	0,9	136,4	136,7
9	avr-22	145	4	139,5	1,0	140,9	143,3
10	mai-22	155	5	141,0	1,1	142,7	155,0
11	jui-22	165	6	142,4	1,2	144,5	156,7
12	juil-22	150	7	143,9	1,0	147,5	151,7
13	août-22	140	8	145,3	1,0	146,2	140,0
14	sept-22	130	9	146,8	0,9	147,0	138,3
15	oct-22	145	10	148,2	1,0	149,2	145,0

— Créez votre graphique avec la même procédure que celle utilisée pour ajouter la série corrigée des variations saisonnières.

CHAPITRE IV

QUESTIONS À CHOIX MULTIPLES

SÉRIE 1

EXERCICE 1

En 2018, une administration territoriale a mené une étude sur l'âge de l'épouse au mariage. Elle concerne 100 familles qui se répartissent dans douze régions du royaume. Le tableau à côté montre la répartition des effectifs cumulés du nombre de familles selon l'âge de l'épouse au mariage.

Âge de l'épouse au mariage	*Nombre de familles Cumulé*
[16 – 18]	25
[18 – 20]	45
[20 – 24]	80
[24 – 30]	100

Q1. L'échantillon étudié est constitué de :

A. 30 épouses

B. 250 familles

C. 100 familles

D. 12 régions

E. 100 épouses

F. Autre

Q2. L'individu de cette population est :

A. L'épouse
B. La famille
C. L'âge
D. La région
E. Le mariage
F. Autre

Q3. La variable étudiée est :

A. L'épouse au mariage
B. L'âge de l'épouse
C. Le couple marié
D. Le nombre de famille
E. L'âge du couple
F. Autre

Q4. L'outil adapté pour représenter cette distribution est le :

A. Diagramme en bâtons
B. Tuyau d'orgue
C. Histogramme
D. Nuage de points
E. Courbe
F. Autre

Q5. L'effectif total est :

A. 30 D. 3000
B. 100 E. 80
C. 250 F. Autre

Q6. La fréquence des personnes, dont l'âge est compris entre 18 ans et 24 ans est :

A. 0,55 D. 0,45
B. 0,35 E. 0,125
C. 0,80 F. Autre

Q7. La fréquence des personnes, dont l'âge est inférieur à 24 ans est :

A. 0,55 D. 0,35
B. 0,80 E. 0,20
C. 0,45 F. Autre

Q8. L'âge modal est égal à :

A. 21 D. 23
B. 20 E. 24
C. 22 F. Autre

Q9. L'âge moyen est égal à :

A. 20,15 D. 21
B. 20,57 E. 21,15
C. 20,75 F. Autre

Q10. Le deuxième quartile sera de l'ordre de :

A. 20,15 D. 21
B. 20,57 E. 21,50
C. 20,75 F. Autre

Q11. L'écart type sera de l'ordre de :

A. 1,5 D. 4,5
B. 2,5 E. 5,5
C. 3,5 F. Autre

Q12. La classe médiale est égale à :

A. [16 – 30]
B. [18 – 20]
C. [24 – 30]
D. [20 – 24]
E. [16 – 18]

F. Autre

Q13. Il y a concentration si : ΔM?

A. $= IV$

B. $= M_e$

C. $\leq N_i.X_i$

D. $\neq 0$

E. $\leq \frac{N_i.X_i}{2}$

F. Autre

Q14. Le coefficient de symétrie est égal à :

A. -0,028

B. -2,039

C. 0,471

D. -1,028

E. 2,028

F. Autre

EXERCICE 2

Un jeune stagiaire a croisé l'âge de l'épouse au mariage avec celui du mari. Le tableau de contingence suivant donne la répartition conjointe des fréquences des âges de l'époux et de l'épouse au mariage.

Âge de l'époux	16-18	18-20	20-24	24-30
15-20	0,2	0,1	0	0
20-25	0,05	0,1	0,3	0,05
25-30	0	0	0,05	0,15

Q15. La distribution marginale des effectifs de l'âge de l'époux est :

A. $n_{1.} = 3; n_{2.} = 5; n_{3.} = 2$

B. $n_{1.} = 15; n_{2.} = 20; n_{3.} = 25$

C. $n_{1.} = 5; n_{2.} = 10; n_{3.} = 20$

D. $n_{1.} = 30; n_{2.} = 50; n_{3.} = 20$

E. $n_{1.} = 10; n_{2.} = 15; n_{3.} = 20$

F. Autre

Q16. La distribution conditionnelle des fréquences de $X_i/Y_{j=3}$:

A. $f_{13} = 0,2; f_{23} = 0,05; f_{33} = 0$

B. $f_{31} = 0; f_{32} = 0,05; f_{33} = 0,15$

C. $f_{13} = 0; f_{23} = 0,05; f_{33} = 0,15$

D. $f_{13} = 0; f_{23} = 0,3; f_{33} = 0,05$

E. $f_{31} = 0,1; f_{32} = 0,1; f_{33} = 0$

F. Autre

Q17. La moyenne marginale de l'âge de l'époux $\bar{X}$

A. 21 D. 21,75
B. 21,15 E. 22
C. 21,50 F. Autre

Q18. La moyenne conditionnelle $\bar{X}_2$ est égale à :

A. 15 D. 30
B. 20 E. 35
C. 25 F. Autre

Q19. La moyenne conditionnelle $\bar{Y}_2$ est égale à :

A. 20 D. 21,4
B. 21 E. 22
C. 20,4 F. Autre

Q20. La valeur de l'écart-type conditionnel σ_{X_2} est égale à :

A. 2,5 D. 6,25
B. 3,25 E. 5,5
C. 4,75 F. Autre

Q21. La valeur de la variance conditionnelle $Var(Y_2)$ est :

A. 6,44 D. 3,44
B. 5,44 E. 2,44
C. 4,44 F. Autre

EXERCICE 3

Deux produits A et B sont observés en termes de prix et de quantités entre 2010 et 2018 de la manière suivante :

Produits	*2010*		*2018*	
	Prix	Quantités	Prix	Quantités
A	1	10	2	16
B	5	3	4	10

Q22. L'indice des valeurs base 2010 $I^v_{(18/10)}$ vaut à :

A. 100 D. 62,5
B. 125 E. 128
C. 160 F. Autre

Q23. L'indice des valeurs base 2018 $I^v_{(10/18)}$ vaut à :

A. 100 D. 62,5
B. 125 E. 128
C. 160 F. Autre

Q24. L'indice de LASPEYRES des prix base 2010 $L^P_{(18/10)}$ vaut à :

A. 125 D. 128
B. 126 E. 129
C. 127 F. Autre

Q25. L'indice de LASPEYRES des quantités base 2010 $L^{Q}_{(18/10)}$ vaut à :

A. 100
B. 101
C. 102
D. 103
E. 104
F. Autre

Q26. L'indice de PAASCHE des quantités base 2010 $P^{Q}_{(18/10)}$ vaut à :

A. 100
B. 125
C. 160
D. 128
E. 80
F. Autre

Q27. L'indice de FISHER des quantités base 2010 $F^{Q}_{(18/10)}$ vaut à :

A. 100
B. 112,36
C. 127,75
D. 114,02
E. 132,16
F. Autre

EXERCICE 4

Le tableau suivant présente entre 2016 et 2018, l'évolution des indices de prix la consommation (IPC) et de l'évolution des indices des smic (SMIC). Ces indices sont en base 100 en 2014 T1.

	IPC	SMIG
16T1	102,3	101,6
16T2	102,0	103,6
16T3	105,2	104,9
17T1	106,0	108,2
17T2	107,3	108,2
17T3	109,4	109,8
18T1	112,2	112,4
18T2	113,8	114,1
18T3	115,0	116,5

Q28. Soit la relation linéaire $SMIC_t = a + b \times IPC_t$ alors : $a =?$

A. -1,111
B. -3,333
C. -2,222
D. -4,444
E. -0,123
F. Autre

Q29. Et la pente vaut :

A. 0,016
B. 1,016
C. 2,016
D. 3,016
E. 4,016
F. Autre

Q30. La covariance entre IPC et SMIG est de :

A. 20,3
B. 21,8
C. 20,5
D. 21,2
E. 20,7
F. Autre

Q31. Le coefficient de corrélation linéaire est de :

A. 0,98
B. 0,75
C. 0,89
D. 0,95
E. 0,85
F. Autre

Q32. La moyenne mobile du SMIG associée au 2017 T1 est :

A. 105,6
B. 103,4
C. 108,7
D. 107,1
E. Calcul impossible
F. Autre

Q33. La moyenne mobile de l'IPC associée au 2016 T2 est :

A. 103,4
B. 105,6
C. 103,2
D. 104,4
E. Calcul impossible
F. Autre

Q34. La longueur de cette série oblige de calculer : (—) coefficient(s) saisonnier(s) :

A. 1
B. 2
C. 3
D. 4
E. 8
F. Autre

Q35. Retenant un schéma multiplicatif pour la série IPC alors :

A. $IPC_t = C_t + S_t + \xi_t$
B. $IPC_t = C_t \times S_t$
C. $IPC_t = C_t \times S_t + \xi_t$
D. $IPC_t = C_t + S_t$
E. $IPC_t = C_t \times S_t \times SMIG$
F. Autre

Q36. Si C_t est une droite alors la pente vaut :

A. -1,726
B. 1,795
C. 1,726
D. -1,795
E. 0,726
F. Autre

Q37. Si C_t est une droite alors l'ordonnée à l'origine vaut :

A. 90,5
B. 95,5
C. 99,5
D. 105,5
E. 115,5
F. Autre

Q38. Par conséquent C_1 vaut :

A. 101,2
B. 103,0
C. 104,7
D. 106,4
E. 108,1
F. Autre

Q39. Si C_t est une droite, le coefficient saisonnier S_8 vaut :

A. $s^1 = 0,975$
B. $s^1 = 1,996$
C. $s^2 = 0,996$
D. $s^2 = -1,996$
E. $s^3 = 1,996$
F. $s^3 = -0,996$

Q40. La composante aléatoire ξ_8 vaut :

A. 0,965
B. 1,965
C. 2,965
D. 3,965
E. 4,965
F. Autre

SÉRIE 2

EXERCICE 1

Parmi tous les étudiants de la faculté inscrits en Semestre 1, une étude a été menée durant la session 2017-2018 pour observer les âges des étudiants de Sexe masculin inscrits en formation en Temps Aménagé (TA) dans la filière "Sciences économiques et de gestion". Les données cumulées sont présentées dans le tableau suivant :

Âges	Nb. Cumulé d'étudiants
[22 – 24[	15
[24 – 26[	40
[26 – 30[	80
[30 – 36]	100

Répondez aux question suivantes :

Q1. La population étudiée est représentée par les :

A. Formation en (TA)

B. Inscrits en S1

C. Étudiants de la faculté

D. Étudiants masculins

E. Inscrits en (TA)

F. Autre

Q2. L'échantillon étudié est constitué de :

A. Inscrits en (TA)

B. Étudiants du (TA)

C. Inscrits masculins en (TA)

D. Étudiants masculins

E. Inscrits en S1

F. Autre

Q3. L'individu de cette population est :

A. La formation

B. La faculté

C. Le sexe

D. La session

E. L'étudiant

F. Autre

Q4. Le caractère étudié est :

A. Le sexe de l'étudiant

B. L'âge des étudiants

C. La formation (TA)

D. La faculté

E. L'âge du couple

F. Autre

Q5. La variable étudiée est de nature :

A. Qualitative ordinale

B. Qualitative nominale

C. Quantitative continue
D. Qualitative continue
E. Quantitative discrète
F. Autre

Q6. L'outil adapté pour représenter cette distribution est le :
A. Diagramme en bâtons
B. Tuyau d'orgue
C. Histogramme
D. Nuage de points
E. Diagramme en barres
F. Autre

Q7. La lecture du tableau nous permet de dire que l'amplitude de la deuxième classe vaut :
A. $a_2 = 3$
B. $a_2 = 5$
C. $a_2 = 2$
D. $a_2 = 6$
E. $a_2 = 4$
F. Autre

Q8. L'effectif total vaut :

A. 36 D. 90
B. 170 E. 80
C. 100 F. Autre

Q9. Le calcul des fréquences en % permet de dire que :
A. $f_1 = 25\%$
B. $f_2 = 20\%$
C. $f_3 = 40\%$
D. $f_4 = 25\%$
E. $f_3 = 100\%$
F. Autre

Q10. La fréquence des étudiants, dont l'âge est compris entre 24 ans et 30 ans :

A. 0,40 D. 0,60
B. 0,45 E. 1
C. 0,65 F. Autre

Q11. La fréquence des personnes, dont l'âge est inférieur à 30 ans est :

A. 0,15 D. 0,80
B. 0,75 E. 0,85
C. 0,25 F. Autre

Q12. La fréquence des personnes, dont l'âge est supérieur à 26 ans est :

A. 0,15 D. 0,85
B. 0,75 E. 0,60
C. 0,25 F. Autre

Q13. L'âge modal est égal à :

A. 24,7 D. 26,7
B. 28,7 E. 27,7
C. 33,7 F. Autre

Q14. L'âge moyen est égal à :

A. 26,40 D. 28,70
B. 27,50 E. 30,80
C. 29,60 F. Autre

Q15. Le deuxième quartile sera de l'ordre de :

A. 27
B. 26
C. 25
D. 24
E. 23
F. Autre

D. $\Delta M = M_e$
E. $\Delta M \leq \frac{N_i X_i}{2}$
F. Autre

Q16. L'écart type sera de l'ordre de :

A. 1,679
B. 4,579
C. 2,479
D. 5,379
E. 3,279
F. Autre

Q17. La classe médiale est égale à :

A. [22 − 24[
B. [24 − 26[
C. [22 − 26[
D. [26 − 30[
E. [30 − 36]
F. Autre

Q18. Il y a concentration si :

A. $\Delta M \leq N_i X_i$
B. $\Delta M = IV$
C. $M_l - M_e \neq 0$

Q19. Le coefficient de variation est égal à :

A. $CV = \frac{\bar{x}}{\sigma_x}$
B. $CV = \left(\frac{\bar{x}}{\sigma_x}\right)^2$
C. $CV = \frac{\sigma_x}{\bar{x}}$
D. $CV = \sqrt{\frac{\bar{x}}{\sigma_x}}$
E. $CV = \sqrt{\frac{\sigma_x}{\bar{x}}}$
F. Autre

Q20. Le coefficient d'asymétrie est égal à :

A. $g_1 = \frac{M_1}{\sigma_x}$
B. $g_2 = \frac{M_2}{\sigma_x^4}$
C. $g_1 = \frac{M_3}{\sigma_x^3}$
D. $g_2 = \frac{M_4}{\sigma_x^4}$
E. $g_1 = \left(\frac{M_3}{\sigma_x}\right)^3$
F. Autre

EXERCICE 2

Dans le cadre de cette étude, un chercheur a choisi d'examiner la relation entre l'âge des étudiants inscrits en temps aménagé (TA) dans la formation "Sciences économiques et de gestion" et leurs salaires. Les données recueillies sont présentées dans le tableau des effectifs absolus suivant :

Salaire (×100 dh)	[22 − 24[	[24 − 26[	[26 − 30[	[30 − 36]
[26 − 30[	5	10	0	0
[30 − 50[	10	10	30	15
[50 − 60]	0	0	5	15

Q21. La distribution marginale des salaires des étudiants est :

A. $n_{1.} = 3; n_{2.} = 5; n_{3.} = 2$

B. $n_{1.} = 15; n_{2.} = 65; n_{3.} = 20$

C. $n_{1.} = 5; n_{2.} = 10; n_{3.} = 20$

D. $n_{1.} = 15; n_{2.} = 15; n_{3.} = 20$

E. $n_{1.} = 10; n_{2.} = 15; n_{3.} = 20$

F. Autre

Q22. La distribution conditionnelle de $X_i/Y_{j=4}$:

A. $n_{14} = 0; n_{24} = 15; n_{34} = 15$

B. $n_{12} = 0; n_{22} = 5; n_{33} = 15$

C. $n_{11} = 0; n_{21} = 5; n_{31} = 15$

D. $n_{41} = 0; n_{42} = 5; n_{43} = 15$

E. $n_{1.} = 0; n_{2.} = 5; n_{3.} = 15$

F. Autre

Q23. La moyenne marginale des salaires $\bar{X}$ vaut en dh :

A. 4110
B. 4140
C. 4120
D. 4150
E. 4130
F. Autre

Q24. La moyenne conditionnelle $\bar{X}_4$ est égale à (en dh) :

A. 4700
B. 4750
C. 4800
D. 4850
E. 4900
F. Autre

Q25. La moyenne conditionnelle $\bar{Y}_3$ est égale à :

A. 30,75
B. 31,75
C. 32,75
D. 33,75
E. 34,75
F. Autre

Q26. La valeur de l'écart-type marginal σ_X est égale à (en dh) :

A. 807,22
B. 806,33
C. 805,44
D. 804,66
E. 803,66
F. Autre

Q27. La valeur de l'écart-type conditionnel σ_{X_4} est (en dh) :

A. 700
B. 750
C. 800
D. 850
E. 900
F. Autre

Q28. La valeur de la variance conditionnelle $\text{Var}(Y_3)$ est :

A. 3,69
B. 4,69
C. 5,69
D. 6,69
E. 7,69
F. Autre

EXERCICE 3

Considérons trois produits fictifs, A, B et C, pour lesquels les prix et les quantités ont été observés entre 2010 et 2022. En prenant l'année 2010 comme année de base, répondez aux questions suivantes concernant les indices de prix et de quantités.

Produits	*Prix 2010*	*Quantités 2010*	*Prix 2022*	*Quantités 2022*
A	16	4	8	2
B	8	4	7	4
C	2	2	10	4

Q29. L'indice de LASPEYRES des prix base 2010 vaut à :

A. 125
B. 80
C. 110
D. 128
E. 125
F. Autre

Q30. L'indice de LASPEYRES des quantités base 2010 vaut à :

A. 125
B. 80
C. 72
D. 120
E. 130
F. Autre

Q31. L'indice de PAASCHE des quantités base 2010 vaut à :

A. 100
B. 130
C. 105
D. 90
E. 80
F. Autre

SÉRIE 3

EXERCICE 1

Dans une petite localité, on a relevé de nombre de pièces(X_i) par appartement :

X_i	1	2	3	4	5	6	7
n_i	48	72	96	64	39	25	3

Q1. Laquelle des affirmations suivantes est correcte :

A. Pour cette séries statistique : la moyenne = la médiane = le mode

B. La variance de cette série = 2,76

C. Nous avons 280 appartements ont au plus 5 pièces

D. Nous avons 65,42% des appartements ont au moins 3 pièces

E. Autre

EXERCICE 2

Q2. Dans un échantillon d'étudiants de sexe masculin, on a mesuré la masse de chacun (en kg). Les masses ont été arrondies à l'entier. Les données ont été groupées en 7 classes :

C_i	155	160	165	170	175
n_i	6	12	14	7	1

A. La taille de la séries est 45

B. Le mode de la série est 20

C. L'écart-type de la série est 169,367

D. La moyenne de la série est 163,125

E. Autre

EXERCICE 3

Dans un home, on a compté le nombre d'enfants par femme

0	2	2	3	1	3	1	2	0	1	4
0	2	1	2	1	3	1	0	2		

Q3. Laquelle des affirmations suivantes est correcte :

A. La taille de la séries est 18

B. Le mode de la série est 3

C. L'écart - type de la série est 1,674

D. La médiane de la série est 2

E. Autre

EXERCICE 4

Une enquête, réalisée auprès de 100 personnes possédant une automobile, a permis de renseigner le tableau suivant, dans lequel la variable X représente la puissance fiscale des véhicules (en Chevaux CV) ; la variable y représente la durée de vie des pneumatiques (en milliers de kilomètres) :

X \ Y	20	30	35
4	0	6	15
6	4	35	7
8	20	11	2

Q4. Laquelle des affirmations suivantes est correcte :

A. La moyenne marginale de la puissance fiscale des véhicules est $\approx 28,80$

B. La corrélation des deux variables est égale à $\approx 0,73$

C. La covariance des deux variables est égale à $\approx 5,01$.

D. Pour une durée de vie des pneumatiques égale à 20000 km, la moyenne de la puissance fiscale des véhicules est de $\approx 7,67$

E. Autre

EXERCICE 5

Q5. Donner une série statistique, d'effectif total 9, d'étendue 10, et de médiane 12 :

A. 9, 11, 11, 12, 12, 13, 19, 19, 19, 20
B. 9, 11, 11, 12, 12, 19, 19, 19, 20
C. 10, 11, 12, 16, 17, 18, 19, 20, 20
D. 10, 10, 11, 11, 12, 19, 19, 20, 20
E. Autre

EXERCICE 6

Q6. Laquelle des affirmations suivantes est correcte :

A. La médiane est toujours plus grand que le mode.
B. La moyenne correspond au quantile 0,5
C. Le coefficient de corrélation est toujours positif
D. La covariance est bornée entre entre -1 et 1
E. Le coefficient de corrélation est borné entre -1 et 1

Références bibliographiques

- BAILLY P. & CARRÈRE C. 2007, *Statistiques descriptives : Exercices*. Édition PUG Collection :Libres Cours Économie.
- CHARBONNIER, J. F., & GUILLAUME, F. 2015. *Manuel de statistiques descriptives*. Armand Colin.
- Escocofier B. & PAGÉS J. 1997. *Initiation aux traitements statistiques*. Presses Universitaires de Rennes.
- FREUND, J. E., & PERLES, B. M. 2010. *Modern Elementary Statistics*. Prentice Hall.
- GOLDFARB B. & PARDOUX C. 2011. *Introduction à la méthode statistique*. Éditions Dunod.
- GRAIS B. 2000. *Statistique descriptive, tome 1 : Techniques statistiques*. Éditions Dunod.
- LECOUTRE, B., POITEVINEAU, J., & LECOUTRE, M. P. 2013. *Statistique descriptive : Nouvelle méthode pour bien comprendre et réussir*. Éditions Dunod.
- LÉVY, J. P. 2013. *Initiation à la statistique avec R*. Éditions Dunod.
- MARINI, J. 2017. *Statistique pour psychologues : Cours et exercices*. De Boeck Supérieur.
- MAZEROLLE F. 2005. *Statistique descriptive, Mémentos LMD*. Édition Gualino.
- MCCLAVE, J. T., & SINCICH, T. 2012. *Statistics*. Pearson Education.
- MOORE, D. S., & MCCABE, G. P. 2018. *Introduction to the Practice of Statistics*. W. H. Freeman.
- OTT, R. L., & LONGNECKER, M. 2015. *Introduction to Statistical Methods and Data Analysis*. Cengage Learning. Duxbury Press.

— TRIOLA, M. F. 2017. *Elementary Statistics*. Pearson Education.

Structures éditoriales du groupe L'Harmattan

L'Harmattan Italie
Via degli Artisti, 15
10124 Torino
harmattan.italia@gmail.com

L'Harmattan Hongrie
Kossuth l. u. 14-16.
1053 Budapest
harmattan@harmattan.hu

L'Harmattan Sénégal
10 VDN SICAP AMITIE 3
BP 45034 Dakar-Fann
direction@senharmattan.com

L'Harmattan Cameroun
Tsinga/Derrière polyclinique FECAFOOT
BP 11486 Yaoundé
Jacques.koukam@harmattan.fr

L'Harmattan Burkina Faso
Villa 281, secteur 23 623, rue 14.32
Ouagadougou
zagbie@outlook.fr

L'Harmattan Guinée
Almamya, rue KA 028 OKB Agency
BP 3470 Conakry
harmattanguinee@yahoo.fr

L'Harmattan RDC
185, avenue Nyangwe
Commune de Lingwala – Kinshasa
matangilamusadila@yahoo.fr

L'Harmattan Congo
219, avenue Nelson Mandela
BP 2874 Brazzaville
deunovmikhael@gmail.com

L'Harmattan Mali
Immeuble Mgr Jean Marie Cissé
Aci Hamadallaye
BP 145 Bamako
syllaka@yahoo.fr

L'Harmattan Togo
Djidjole – Maison Amela
face EPP BATOME
02 BP 20680 Lomé
didieramela11@gmail.com

L'Harmattan Côte d'Ivoire
Résidence Karl – Cité des Arts
Abidjan-Cocody
03 BP 1588 Abidjan
harmattan.ivoire@gmail.com

L'Harmattan Bénin
Rue 604, (Immeuble à l'entrée
de la rue UCAO- Cite de Saint-Jean)
Cotonou
stepcorpus@gmail.com

Nos librairies en France

Librairie internationale
16, rue des Écoles
75005 Paris
librairie.internationale@harmattan.fr
01 40 46 79 11
www.librairieharmattan.com

Librairie des savoirs
21, rue des Écoles
75005 Paris
librairie.sh@harmattan.fr
01 46 34 13 71
www.librairieharmattansh.com

www.ingramcontent.com/pod-product-compliance
Lightning Source LLC
LaVergne TN
LVHW011444061026
849535LV00004BA/938
* 9 7 8 2 3 3 6 5 4 0 0 3 0 *